U1014338

连南瑶寨

【大美村寨】

中国民间文艺家协会
总主编　罗杨
编著　唐孝祥

中国社会出版社
国家一级出版社·全国百佳图书出版单位

图书在版编目（CIP）数据

大美村寨·连南瑶寨 / 罗杨总主编；唐孝祥编著 -- 北京：中国社会出版社，2015.9

ISBN 978-7-5087-5139-9

Ⅰ.①大… Ⅱ.①罗… ②唐… Ⅲ.①少数民族－村落－研究－连南瑶族自治县 Ⅳ.①K926.54

中国版本图书馆CIP数据核字(2015)第202689号

书　　名：大美村寨·连南瑶寨

编 著 者：唐孝祥

出 版 人：浦善新

终 审 人：李　浩

责任编辑：张友华

责任校对：刘小洋

出版发行：中国社会出版社

邮政编码：100032

通联方法：北京市西城区二龙路甲33号

电　　话：编辑部：(010)58124863

邮购部：(010)58124845

销售部：(010)58124848

传　真：(010)58124856

网　　址：www.shcbs.com.cn

经　　销：各地新华书店

中国社会出版社天猫旗舰店

印刷装订：保定彩虹印刷有限公司

开　　本：210mm×285mm　1/16

印　　张：12.25

字　　数：170千字

版　　次：2015年11月第1版

印　　次：2016年3月第2次印刷

定　　价：168.00元

中国社会出版社微信公众号

《大美村寨·连南瑶寨》编委会

主　　编：罗　杨

副 主 编：周燕屏

执行主编：王锦强

序

把文化的根留住

罗杨

“竹篱茅屋趁溪斜，春入山村处处花。”在苏东坡的笔下，一幅满盈诗情画意的美好家园跃然入眼。青山翠竹、粉墙黛瓦，牧笛山歌、蛙声蝉鸣，我们的祖先曾经就是如此诗意地栖居于山水之间，在神话般的境地生活。至今，这种农耕文明的迷人景致仍然掩映在青山绿水之中，坐落在古风依存的传统村落里。它既是祖先留给我们的一笔丰厚遗产，也是培育、生成和传续中华民族优秀传统的重要载体和文化空间。

古村落不仅仅是一个地域和空间，而且保存着年轮的印痕和光阴的故事，它曾以五千年文脉涵养了一个泱泱中华。它如同一部历史教科书，记录和镌刻着我们民族的文化基因和集体记忆；它如同一条历史长河，至今滋养着中华儿女的文化心田和精神植被。

梁漱溟曾经说过：中国新文化的嫩芽绝不会凭空萌生，它离不开那些虽已衰老却还蕴含生机的老根——乡村。作为文化传统遗存和文化资源绝佳配置的古村落，都是一个个独特的社会单元，也是不可再生的文化资源和民族文化复兴的重要源泉。古村落凝结着中国传统“天人合一”的思想观念和与自然生态相协调的民生理念，具有深厚的历史积淀和文化底蕴，是顺应自然、尊重自然和利用资源的智慧、经验、情感、审美的结晶与见证。

古村落是一个完整的生命体，有自己的外观和内核，有自己的精神和灵魂。冯骥才先生曾说，中国最大的物质遗产是万里长城，最大的非物质文化遗产是春节，最大的物质文化遗产和非物质文化遗产结合体是古村落。完整的古村落不仅包括民宅建筑、桥梁、庙宇、祠堂、古树、亭台楼阁、古戏台、碑廊等丰富的物质文化遗产，同时还应包括与之密切关联的各种民俗、生产生活、婚丧嫁娶、民间信仰崇拜；包括民间神话、民间故事、民间谚语和歌谣等口头的、无形的文学样式；包括民间艺术、民间戏剧、民间音乐、民间舞蹈、民间工艺制作等艺术样式。中国民间文化遗产的丰富性留存在古村落里，中国的非物质文化遗产的精华闪烁在古村落里，中国文化的多样性生动地体现在古村落里，中国民间文化的独特魅力融聚在古村落里，中华文化的传统根脉深深扎在古村落里。能厘清古村落就可以找到中国文化的密码和历史源流，能读懂古村落就可以读懂民间文化这本大书。因此，保护古村落绝不能局限于被动地对抗岁月的磨蚀，应本着高度的文化自觉，以历史的情怀、超前的眼光、长远的规划和持之以恒的决心，注重其文化内涵的活态传承，注重对古村落人文价值的挖掘与张扬；对古村落的利用和开发一定要按规律办事，正确地面对历史与现实，正确地处理经济与文化，正确地看待遗产与利益，正确地评判政绩与公益，切忌在开发和建设中造成不可补救的破坏，使历经浩劫而幸存的古村落在不当开发中消亡。只有寻找出一个适合中国国情的古村落保护与发展的两全之策，逐步建立起科学有效的古村落传承保护机制，才能不断增强古村落的魅力和生命力，找回那种"倚杖柴门外，临风听暮蝉"的惬意与从容。

人类文明与进步是一个不断积累、不断继承和不断发展的漫长过程。历史的车轮可以碾过如梭的岁月，但不应拆毁我们回归心灵的田园之路。在经济高速发展、城市化进程日新月异的今天，科学传承、合理利用村落文化遗产意味着必须保存和守护好我们的精神家园，这是时代赋予民间文艺工作者的历史责任。

在历史面前，我们必须是虔诚的；在文化面前，我们应该是卑躬的；在故土面前，我们应该是敬重的。人类在社会发展的进程中曾经付出过惨痛的代价，历史的经验告诉我们，很多美好的东西只有当失去时才发现它的宝贵。在城市化的进程中，我们曾经失去了很多充满温馨、充满诗意的村庄，是鳞次栉比的水泥森林再次唤醒了人们对古村落的重新认识。田园牧歌式的和谐居所不仅是古人的生活理想，更是当代人的精神诉求。我们在渴望享受现代城市文明的同时，也渴望留住那些曾经养育了我们祖辈温暖了我们心灵的原生态、多样性的古村落。基于这样的思考和文化语境，我们从烟波浩渺的古村落中选取极具代表性的特色村寨，推出《大美村寨》系列图书，通过文字和图片把这些承载着民间文化精华的古村落真实完整全面地记录下来，让我们的读者和后人带着享受的心情，踏上回归精神故里寻古探幽的旅程，触摸乡土文化的温暖与润泽，品读村落文明的诗意与韵味，感受精神家园的馨香与美丽。

前言

中华大地，56 个民族团结自强，56 枝花竞相开放。在历史长河中，各民族创造了丰富多彩、绚丽多姿的文化，形成了中华民族文化多元一体的格局。在这个民族大家庭中，瑶族是一个古老的民族。瑶族在漫长的历史长河中，形成了自己独特的民族文化，不仅丰富了自己的文化体系，而且也深刻影响到其他民族，为中华文化多元一体格局的形成作出了重要的贡献。

2012 年我国开始从国家层面全面展开传统村落的研究与保护工作。上到国家下到村镇，人们已经普遍意识到传统村落保护和发展的意义与价值。如何传承与发扬传统村落文化是全民需要考虑的一个问题。在中国传统村落保护“运动”中，少数民族的传统村落备受关注，根据第一、第二批列入《中国传统村落名录》的传统村落分析可知，其总的特征为分布广、数量多、品质高、相对集中、特色明显、涉及民族多等。具体每个村落又有其独特的地理环境，悠久的历史，灿烂的文化，造型独特的建筑等微观特征。这决定了宏观地研究少数民族村落，可能会抹杀每个村落的个性特征。因此选择一个什么样的单元作为分析对象就变得尤为重要，目前来看建筑学界研究村落民居有借用地理学的“区域”概念和民族学的“文化圈”概念，进行区域研究。但这里有个问题，“区域”“圈”的疆域如何把握。“圈”太大，会出现泛泛而谈的宏大叙事的弊病。基于上面的学术思考，我们选取了广东省连南瑶族自治县南岗瑶寨作为研究对象和少数民族村落首例。南岗瑶寨在 2008 年被评为国家级历史文化名村，2012 年被列为首批中国传统村落，2014 年被列入第一批国家财政支持的 327 个传统村落之中。

这本书融合了建筑学、民族学、人类学、民俗学、社会学、宗教学、美学等学科的理论知识与研究方法，有别于中国大陆的学术研究惯于“宏大叙事”的模式，推崇的是宏大理论的构建，追求逻辑性、理论性与结构性，讲求学科知识的概念推演与归纳，采用了现代传媒（图像）技术与田野叙述相结合的新型模式，尽力将“他者”或者说是“观察者”“田野调查者”“外人”通过亲身在场把调查到的关于村落的历史地理、聚落建筑、社会制度、社会组织、民风习俗等南岗瑶寨全景文化要素呈现出来。

《大美村寨·连南瑶寨》一书共有四章，每章分为三个小节。第一章讲述的是南岗排瑶的历史地理，通过查阅文献与田野调查梳理了南岗排瑶的族源及迁徙路线，并在此基础上确立了所属支系。地理方面主要集中于居住环境的描述。第二章是关于制度文化，瑶族的制度文化与它的社会形态相契合。随着社会形态的演变，南岗瑶寨经历了瑶老制—瑶长制—保甲制，但瑶老制一直存在，并发挥作用。其宗教信仰至今还保持浓厚的原始宗教残余，有鬼神崇拜、自然崇拜等，并有了宗教神职人员。从血缘到地缘的发展论述了家族结构及“龙”的地缘社会结构。第三章涉及南岗排瑶聚落特色、建筑赏析，并在此基础上与其他地区的瑶族民居建筑作了比较。第四章从节庆、服饰、歌舞三方面系统全面地描述了南岗排瑶的民俗文化。附录部分为①广东省民族宗教研究院副院长李筱文研究员、广东省民间文艺家协会专职副主席李丽娜女士、广东省民间文艺家协会民间文化遗产抢救与保护中心副主任陈周起先生的采访录；②中国瑶族传统医药；③国家级、省级瑶族非物质文化遗产名录；④南岗排瑶旅游攻略；⑤瑶族支系分类。

directory

大美村寨·连南瑶寨 ·目录

第一章 南岗排瑶历史地理

近年来，国内社会各界越来越关注传统村落的保护，很多学者纷纷到远离城市的乡村“寻根”，这不仅仅是为了体验各地迥异于现代都市的乡村景观，更是为了探寻中华文化的源头。我国历史悠久，民族众多，每个民族都有自己独具特色的文化，它们都为中华文化的形成作出了重要贡献，中华文化是各族人民共同创造的结果。著名人类学家费孝通提出“中华民族多元一体”格局的概念。从文化学角度看，一体多元性是中华民族文化的基本格局，而多元性是中国少数民族文化的基本特征。每个民族的文化都是这“多元”格局上的“一元”。中华文化是在传统农耕文化基础上孕育的，而农耕的源头就是广泛分布的传统农村。但是由于受到现代化的“工具理性范式”文化的浸淫，广大农村面临着被“西方文化殖民”的命运。面对这样的危机，全国各地区、各民族开展了广泛而深入的传统村落文化挖掘的研究工作。少数民族地区由于交通闭塞，文化惯性阻力及高同质化，传统村落文化保持相对完整。因此少数民族传统村落在传统村落保护运动中格外耀眼。在这样的背景下，本书选择了广东省连南瑶族自治县的千年瑶寨——南岗作为研究对象，在查阅文献与田野调查的基础上，分别从历史地理、制度文化、聚落特色与建筑特征及民俗文化四方面进行论述。

在本章中首先是从历时性的角度对南岗排瑶的族源和祖先的迁徙线路进行梳理，从而对南岗排瑶的历史有一个清晰的认识，并在此基础上确立南岗排瑶所属族系；其次从共时性角度对南岗瑶寨的聚落空间环境整体把控，这样读者就会对南岗瑶寨获得一个理性的时空认识。

第一节　南岗排瑶的族源和迁徙

瑶族是一个起源于中国黄河、长江中下游的民族[1]。在古籍中有不少记载瑶族起源的神话和传说。南岗排瑶，属于盘瑶支系[2]的一个分支，他们主要信仰的祖先神是盘古王公、盘古王婆和盘瓠。南岗排瑶主要有两个关于起源的传说，一个是盘瑶支系共同的祖先，即盘瓠神话；另一个则是在瑶族中广为流传的伏羲兄妹造人的传说。

◆ 盘瓠神话的传说

南岗瑶寨与其他盘瑶支系一样，认为世界是由盘古开天辟地而形成的，因此盘古王公和盘古王婆是他们公认的祖先。盘瑶支系崇拜的祖先（盘瓠）的形象是一只神犬，被称为龙犬。关于龙犬的传说可以从盘瑶各支系民间流传的古籍《评皇券牒》（又称《过山榜》）中读到，同时在汉文籍《后汉书・南蛮传》《山海经》等中也有记载[3]。《后汉书・南蛮西南夷列传》载："昔高辛氏有犬戎之寇，帝患其侵暴，而征伐不克。乃访募天下，有能得犬戎之将军头者，购黄金千镒，邑万家，又妻以少女。时帝有畜狗，其毛五彩，名曰槃瓠。下令之后，槃瓠遂衔人头造阙下，群臣怪而诊之，乃吴将军首也。……帝不得已，乃以女配槃瓠。……经三年，生子一十二人，六男六女。……今长沙武陵蛮是也。"文末有注云：见汉末应劭《风俗通义》。稍晚于汉末应劭的东晋人郭璞注《山海经・海内北经》："有人曰大行伯，把戈。其东有犬封国。"条云："昔盘瓠杀戎王，高辛以美女妻之，不可以训，乃浮之会稽东海中，得三百里地封之，生男为狗，女为美人，是为狗封之国（宋本、藏经本国作民——珂）也。"

"龙犬"这一形象在南岗排瑶女子的刺绣和节庆活动工具上很是常见，当地人说的龙犬就是盘瓠，是一条神勇聪慧的大犬（如图 1-2 所示）。传说记载：很久以前有个高辛王，也就是《评皇券牒》里的评皇，他有三个非常美丽的女儿。高辛王昏庸无能，被邻国的藩王接连攻占领地，于是就下告示悬赏能人志士去杀掉藩王，允诺赐予金银财宝和他的一个女儿。告示张贴后无人揭榜，却有龙犬盘瓠揭下告示来找高辛王。高辛王看龙犬盘瓠似是通人性，便

[1] 奉恒高主编 . 瑶族通史 [M]. 北京：民族出版社，2007.
[2] 瑶族的一个分支，详见第一章第二节。
[3] 奉恒高主编 . 瑶族通史 [M]. 北京：民族出版社，2007.

图 1-2（1）盘瓠面具

图 1-2（2）盘瓠护王印（连南文化馆提供）

与他说只要他能杀掉藩王，告示中的奖赏依然作数。于是龙犬盘瓠便跑去邻国，经历一番波折后，终于将藩王杀死。失去了头领，邻国军队溃不成军，因此高辛王收复了失地，居民得以安居乐业。但是待到高辛王兑现赏赐的时候，他有些不乐意完全兑现诺言，认为哪有将人嫁与狗的呢！他的大女儿和二女儿也都非常不想嫁给龙犬盘瓠，只有美丽善良的三公主，认为父亲许下诺言若不兑现，必将失信于人，以后又怎能服众，遇到困难又怎能再让民众出力呢？高辛王经过反复思量，觉得不该失信，就同意了招龙犬盘瓠为驸马。龙犬盘瓠知道这三个公主的态度后，对三公主好感倍增，于是高辛王就为他们举办了婚礼。结婚后大公主和二公主都暗暗嘲笑三公主，但是三公主却一直心满意足，和盘瓠的关系也非常融洽。后来她告诉家人，他白天是狗，晚上却是个美男子，他身上的斑毛是一件光彩灿烂的龙袍。大公主和二公主知道后后悔不已，她们的父母放心下来，却也希望龙犬白天黑夜都是人该多好啊！高辛王也同意若是他白天也能变作人的话，就封他为王。三公主就和龙犬商议此事，盘瓠觉得很好，告诉公主说他若是在蒸笼里蒸上七天七夜，就可以脱掉身上的毛完全变成人了。公主听了照办，但是到六天六夜的时候，三公主担心蒸死丈夫，就揭开盖子确认一下丈夫的安危，发现龙犬果然变成了人，但是因为蒸的时间不够，所以他的头上、腋窝和脚胫上的毛发没有脱掉。因为盖子掀开了已经不能再蒸了，就只好把有毛发的头部和脚胫用布条缠绕，这一习俗相传至今，排瑶男女仍然缠着头巾、脚绑。瑶家人不吃狗肉，正是因为要敬祖先的缘故。

在这则瑶族所传始祖盘瓠故事中的"评皇"即帝喾，经考证在汉文史籍称为"高辛氏"，为商人始祖。《世本·帝系》中说："帝喾年十五，佐颛顼有功，封为诸侯，邑于高辛。"帝喾因其封地而得名"高辛氏"。商人起源于东方，在融入华夏族以前，是东夷的一支，其发祥地在今山东、河北、河南交界一带[1]。瑶族始祖盘瓠很可能是与高辛氏有密切关系的人物。传说中提到的龙犬盘瓠帮助高辛氏战胜了藩王，应该是说高辛氏率领的部落联盟中，以盘瓠为首领的部落为高辛氏战胜了藩王，龙犬则是这个部落的图腾。

除却盘瑶这则关于盘瓠的传说，苗族和部分布努瑶世代相传蚩尤是他们的远祖和英雄，还编有"蚩尤舞"纪念这位远古的祖先，而蚩尤这个名字中，蚩是苗的自称，尤是瑶的自称。另外在瑶族中还流传有关于伏羲兄妹造人的族源传说。而蚩尤和伏羲属于东夷集团，可知苗、瑶俱源起于东夷，瑶族的始祖与古代的九黎和三苗关系匪浅[1]。

◆ 南岗排瑶的迁徙史追溯

在具体南岗排瑶祖先的迁徙路线中，根据各学者的考究溯源，如练铭志在文章《从考古、地名及民族学资料看粤北排瑶的来源》一文中说，"排瑶非粤北土著，其大部分系宋清之间或稍前从湖南徙入殆可定论"[2]；在《连南瑶族自治县瑶族社会历史调查》一书中也有推断，根据可考察到的族谱，"南岗瑶族定居下来至少在明初以前，大约距今 600 年"[3]。据此可以基本确定最晚在元末明初的时候，已有瑶族人在南岗定居。

从地域和名称更替上来讲，在远古时代，盘瓠是高辛氏时代一个以犬为图腾的氏族部落，早期活动范围在现山东境内。这个部落和其他部落打仗获胜并与高辛氏之女联姻，离开故地南下进入山区，并逐渐形成了 12 个小部族。按照民族学的说法，山东一带应属于东夷文化圈，肇始于蚩尤九黎。蚩尤九黎的后人南下，就是传说中的尧舜禹时期出现的三苗集团，这一时期的瑶族先民是包含在三苗集团内的[4]，其分布地域如《史记·五帝本纪》所说，"三苗在江淮荆州"，即今长江中下游之湖北、湖南、江西、安徽相连接的地区。到了夏商周时期，原三苗活动地域代之而起的是史籍中称为盘瓠后裔"盘瓠蛮"的荆蛮、南蛮[5]。《后汉书·南蛮传》："吴起相悼王，南并蛮越，遂有洞庭、苍梧。"苍梧，实指今九嶷山及五岭南北地区，包括今

---

[1] 奉恒高主编．瑶族通史 [M]. 北京：民族出版社，2007:59.
[2] 广东省民族宗教研究院，中山大学人类学系，连南排瑶文化教学科研基地编．排瑶研究论文选集 [C]. 广州：广东人民出版社，2013:71.
[3] 广东省编辑组，中国少数民族社会历史调查资料丛刊修订编辑委员会．连南瑶族自治县瑶族社会历史调查 [M]. 北京：民族出版社，2009:3.
[4] 奉恒高主编．瑶族通史 [M]. 北京：民族出版社，2007:91.
[5] 奉恒高主编．瑶族通史 [M]. 北京：民族出版社，2007:95.

湖南的宁远、蓝山、江华、临武，广西的桂林、全州及广东的韶关、连州、连山等地，因此可推断在先秦时期，现在的连山地区已经有被称为南蛮的瑶族先人定居。从这时开始，粤北连山、连南地区就一直是瑶族的聚居地。在名称方面，粤北地区的瑶族人在汉代被称为五溪蛮，《晋纪》载："武陵、长沙、庐江郡夷，盘瓠之后也，杂处五溪之内。……以祭盘瓠，即其子孙。"南北朝、隋唐朝被称为莫瑶，《隋书》："长沙郡又杂有夷蜒，名曰莫瑶。……熙平（治今广东连州市）皆同焉。"宋代被称为瑶人。元明清时期，随着瑶族向南和西南迁徙，以及各地瑶族社会、生活、自然环境的差异，地域文化和族群文化逐渐凸显，最后在瑶族内部形成了勉语支系（即盘瑶支系）、苗语支系、侗水语支系和汉语方言支系四大支系。

南岗当地的族谱有"在道州分了户，在江华分了支"的记载，称其祖先来自道州（湖南道州千家峒）。在实地考察南岗、油岭瑶寨时，当地居民都一致认为其祖先是自道州而来。考据道州的瑶族人流传下来的文献可得知，在元代大德年间有一次重大的灾祸变迁，当地瑶人分三支辗转迁徙，其中一支便是直接由北向南，从湖南道州进入现粤北的连南地区定居。而在道州之前，可追溯至梅山十洞的五溪蛮，在史料记载中常被称为莫瑶，位于道州以北湖南境内，时间基本上是在南北朝及隋唐时期。在此之前根据《评皇券牒》《后汉书》和其他演义、传记的零星记载，可得知在汉代时的辰州，信仰盘瓠的长沙武陵蛮可能是其先祖，且在汉代末年，盘瓠子孙已经散布在今安徽、河北、河南、山西等省份[1]。若假定苗、瑶、畲三者同源，具有对盘瓠的共同信仰，那么他们应该是上古"三苗"的后裔，武陵蛮是其中的一支，而根据现存的上古传说，三苗以蚩尤为代表，是与黄帝同一族里分开的，在蚩尤黄帝涿鹿之战后败逃山东之前，是从黄河上游的甘陇一带发源的。而连南本地在道州的这一支瑶族迁入之前，并不排除有本地的土著民居住，根据这一假设，有学者提出百越说[2]和多元说[3]的意见，但并不如武陵蛮（五溪蛮）说翔实可靠。排瑶部分族体似直接源于辰州蛮，与武陵蛮有渊源关系。他们之间的关系可以这样表示：武陵蛮、辰州蛮—排瑶。

瑶族人口较少，又久居山林，对外交流较少，因此社会文化发展相对缓慢，现在大大小小的瑶族支系都认为是过山瑶迁徙到不同的地方定居下来的瑶人，他们保留了部分本族的习俗，又吸收了当地的文化进而形成了新的分支。瑶族在国内不断迁徙，广布多个省份，在云南、

[1] 广东省民族宗教研究院，中山大学人类学系，连南排瑶文化教学科研基地编．排瑶研究论文选集 [C]，广州：广东人民出版社，2013：21.

[2] 百越说主张瑶族出于百越，但具体又有古越族说和山越说之分。前者认为，瑶族源于古越族一支，早期故乡在我国东南沿海的会稽山一带，广布江淮闽浙。后者由徐松石教授于 20 世纪 30 年代提出，由已故苏康甲教授作详细的论证。

[3] 多元说以覃茂福为代表。他主张，瑶族中的盘瑶源于长沙武陵蛮，布努瑶源于古越人或洪人。

广西与越南交界和广东、福建等地定居后，由于受到其他族群的排挤或者战乱等原因，又接着向国外迁徙，如今在欧美国家、东南亚等地区都有瑶族聚居区，面对异文化的包围，他们仍然顽强保留着自己独特的风俗习惯和信仰，并形成了稳定的海外瑶族群体。

关于瑶族不断迁徙的原因，目前比较受学界认可的有如下五个：第一，历代的封建统治阶级实行残酷的民族压迫政策，瑶民遭受排挤和歧视，进而起义反抗。在遭到封建统治者的镇压和残杀后，被迫走上了不断迁徙的坎坷道路；第二，天灾的影响，当旱涝灾害使瑶民难以生存，他们就举族迁移；第三，经济生活的需要，瑶族属游耕民族，实行刀耕火种，必须不断迁徙，寻找可开垦的山林；第四，战争征调，如海南的苗族就是明代从广西征调过去的瑶族；第五，是习俗文化上的差异及其自身的民族性格影响导致了瑶族的迁徙活动[1]。

如前文所析，现在的广东连南地区居住的瑶族人并不是同出一源。根据之前一些学者实地考察和采访南岗瑶寨（本地）居民得知，现在居住在南岗的各姓瑶人的祖先大都不是广东的原住民，而是从别处迁徙过来的，现在他们已经融合成为一个自我认可的族群，有着相同的饮食习惯、生活习俗、宗教信仰及祖先崇拜，但追根溯源，他们的祖先或许分属各地。有关八排瑶的族源，地方志史上是这样记载的："连南的八排瑶均称来自湖南，其中唐姓来自辰州（即今沅陵县），房、邓、沈、李、龙等姓多称来自道州（即今道县），部分李姓称来自长沙，盘姓部分称来自道州，部分则只知来自湖南，具体地址不详。"[2]这些排瑶先人定居连南后，经过长期的融合，形成了新的族群体，在此基础完成了连南排瑶文化圈的建构。

具体说来，根据《连南瑶族自治县瑶族社会历史调查》中的说法，大唐[3]氏是从道州迁至辰州，再转至广西住了一段时间后，再迁到了广东连县、土马坪、三江、和水河、长塘、新寨而后南岗，相传在南岗已经过了600年，18个世代。小唐氏在南岗据说和大唐是同一个始祖，但某一个世代的祖公和配偶离了婚，原本养有两个儿子，老大留在了南岗，老二在祖公前妻嫁到军寮排时被一同带了过去。在军寮排长大的老二常常受到继父的虐待，生活艰辛，他的母亲心里也不好过。于是将老二送回了南岗生活。可是南岗的亲生父亲不乐意认回这个在外长大的儿子，于是他的母亲不得已和老大商量让他认回自己的兄弟，并且答应定期给一些费用让他照顾老二，老大就和老二一起住了，由此便分成了大唐和小唐两个不同称呼的家族。

邓氏是来自道州而后南阳而后至湖南、广西而后到连州，先在九陂定居，继而迁至南岗。邓姓的开山始祖是"邓惠许守大王"。在九陂时娶一妻，在"亚地田"（音译）和长岗两地

[1] 奉恒高主编．瑶族通史 [M]. 北京：民族出版社，2007:31.

[2] 广东省地方志史编纂委员会编．广东省志・少数民族志 [M]. 广州：广东人民出版社，2000:59.

[3] 大唐：南岗瑶寨中姓唐的族人分为两房，一房的姓为大唐，另一房的姓为小唐。

各再娶一妻，到南岗后又娶一妻，前后共四妻，前三任妻子都留在原处，只有在南岗娶的房氏妻子怀孕后跟在他身边，养了四个儿子，老大送给房姓外家。这四个小孩子都是在“佛涧卖”（音译）长大的，除了一个儿子留在了南岗，其余两个儿子一个搬到了“大掌”（地名），一个搬到“黄瓜冲”。邓惠许守大王在“佛洞卖”去世，据说他在“亚地田”的时候是个大财主，死后埋葬在南岗新寨附近。

盘氏相传当初是住在布王顶，后至仙人洞，至土能干村，至特等龙，至雯光，至七宫，再到下口河，到葫芦江，随后迁到九龙村顶，在里坑尾住的一代人有七兄弟，某年突遭雪灾粮食不够七兄弟吃的了，于是七兄弟分散走上七条山路，走到横坑、油岭、南孚。在南孚发了财，买田置地好不风光，南孚当地的人便十分妒忌他们，将他们逼走。当时盘姓兄弟和南岗的小房氏的人称兄道弟，他们便迁到南岗定居下来。这是盘姓人的一个传说，但在考究盘姓的世系年代谱（如图 1-3 所示）时，从他们在南岗的始祖盘先师八郎算起到现在共有 24 世系，每一世系若以 25 年来计算，那么第一世距今已有

附表一：南岗排盘姓世系表
（1957 年 1 月 8 日制）

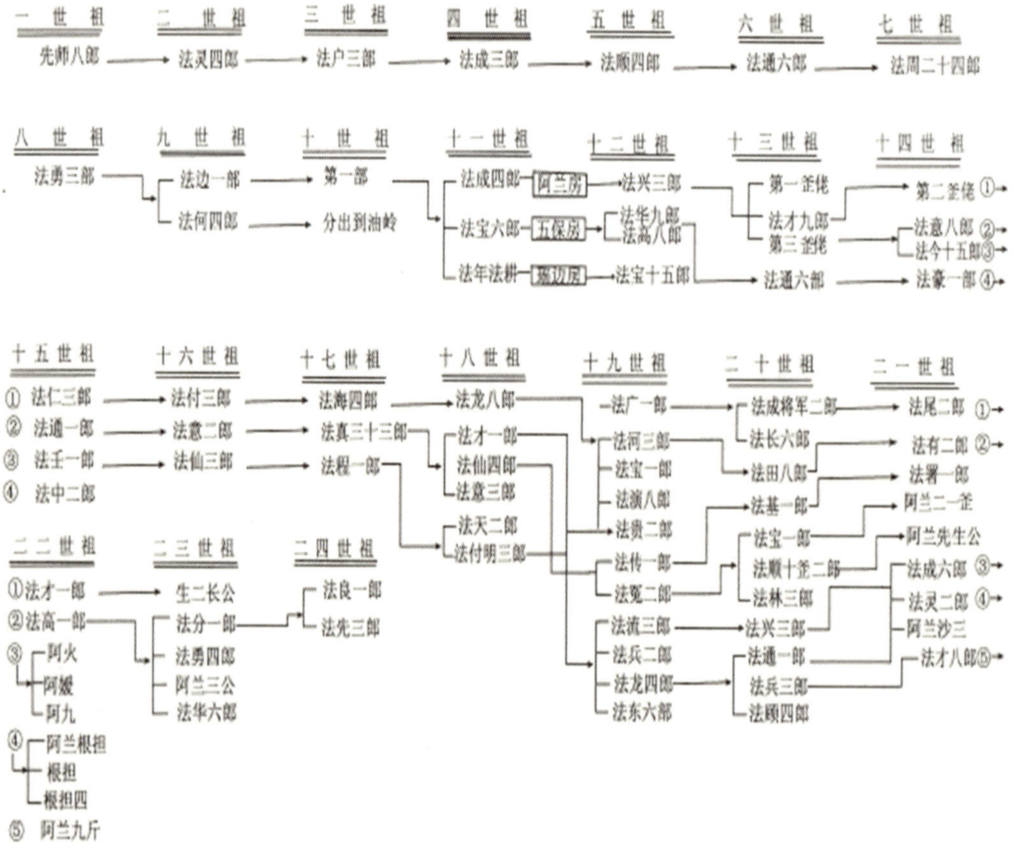

图 1-3 盘姓世系表

600 年左右，也就是可追溯到明初或元朝末年。由此可以粗略推断出盘姓族人来到南岗定居至少是在明代初期之前。

房姓的老人也说他们最初是经由道州迁来的，但是迁到广东定居的年代不详。在迁到南岗前曾居住在东保塘、横坑东。至今大概是十八九代人，但现在的老人们还是没能够数出他们的宗祖世系，现在所知的内容也是根据不完全、不准确的口头谈及整理推断出的[1]（如图 1–4 所示）。

瑶族是个迁徙的民族，在不断的迁徙过程中与当地的汉族接触，经过文化的碰撞、冲突、调适、融合，形成了新的瑶族文化，这通过活性态的物质存在，如建筑、服饰、文字等得到佐证。目前我们可以在这些活性态物体上看出汉族的文化印迹，最明显的就是瑶族人说瑶语但文字却是汉字。

族源是一个民族的“根”，这个“根”对少数民族尤为重要，探讨瑶族的迁徙史既对完善瑶族文化具有重要意义，同时也能强化民族成员的凝聚力。居无定所，经常变换居住地让族人缺乏安定和归属感，所以瑶族非常盛行祖先崇拜。为了强化族人的血脉意识，增强族系内部的团结稳定来应对不可抗力的自然灾害、外敌入侵，瑶族人定期或者在特殊节日举行祖先崇拜或“寻根”的仪式。直至今天，南岗瑶寨的瑶族在重大活动节日上还会组织“过九州”的仪式，并借由“过九州”这一宗教活动形式来“寻根”，祭告并祈求先人荫庇子孙。在“过九州”这个仪式上提到的九个地名中的辰州和

附表二：南岗排房姓世系表
（1957 年 1 月 10 日制）

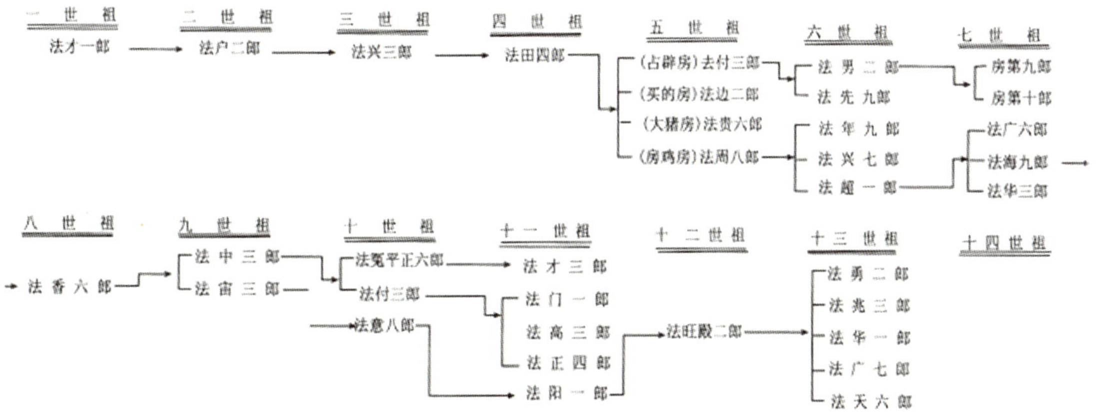

注：房姓这个世系尚未完全，中间缺数代，老人无法记忆，仅做片段，以见一斑。

图 1–4　房姓世系表

[1] 全国人民代表大会民族委员会广东省民族社会历史情况调查组编 . 广东省连南瑶族自治县南岗、内田、大掌瑶族社会调查 [M]. 广州：全国人民代表大会民族委员会广东省民族社，1958.

道州，是瑶族迁徙时经历过的两个地方，其他七个地名或许因为时间太久而有了误差，是否存在也无从考证了。

◆姓氏制度——“动态性名称”

通过“寻根”仪式，强化族群成员关系，将整个族群从远古时代就开始的漂泊和分离而带来的不安定和寻根的感情寄托在对祖先的崇拜和对祖先足迹的追寻上，在生活的很多方面瑶族都会体现出对祖先迁徙过程的纪念，比如用“瑶绣”表现出的对迁徙过程的提炼，各个瑶寨独有的图腾图案和代表盘瓠神的图案，比如在每个盛大活动中都要进行的仪式——“过九州”——是对祖先跨越时间空间来到现居地的纪念，再比如说对祖先神的崇拜，瑶族人牢牢地牵住了自己的根并以此为自己的精神信仰。在这些祖先留下的印痕中，姓氏或许是最可靠、最易追根溯源的东西了。他们的姓名可以代表其在家族中的位置，也就是说南岗的居民起名字是有规律的。一个人的全名是由好几个部分组成的，最多可达六部分，排在第一位的是姓氏，紧跟着的是其所在房（关于房的解释在第二章第一节中）的宗族姓，之后是宗族之下又分出的支系姓（即其长辈的小名），之后是父母长辈称呼的小名也即幼年称呼，再之后是根据他在兄弟姐妹中的排行起的称呼，最后是表示性别和身份的名字，因此当两个互不相识的瑶族人知道对方的名字后马上就会知道他是谁，家住何处，父亲是谁，祖先是谁。

以“唐火生孟拜大鼻三贵”这个名字为例，可分为六部分（见表1-1）：

第一部分：“唐”是姓氏。

第二部分：“火生”是宗族姓也就是房姓。

第三部分：“孟拜”是父名，即这个人父亲的幼年称呼。这个称呼原本是作为某个人的小名的，但当他的子孙繁衍数代后，以这个父名为核心的家庭规模越来越大，那么孟拜就可以成为火生这一房下的小房，也即宗支的姓氏。

表1-1 命名表

	姓氏	房姓	父名	小名	排行	身份称谓
全称:	唐	火生	孟拜	大鼻	三	贵
简称:	唐			大鼻	三	贵
日常称谓:	唐				三	贵

第四部分：“大鼻”是这个人的小名，只有长辈和同辈人才能称呼的名字。在给子孙起小名时较为随意，如大口、大鼻、老虎、大山、青菜等都可以是小名，有些小名也寄托着父母的一些期望，比如在生了四个儿子后想再要一个女儿，那么可能就会给第四个儿子起名叫“五

女”。

第五部分：“三”是他的排行，但这并不完全是代表了其兄弟排行，也可能因男女并不分开排序，或者是父母的意愿又或是其他因素的影响而致使次序混乱。

第六部分：“贵”是排瑶中未婚男子的称呼。在这一部分的称呼中，会遵循以下规律：年轻未婚的男子被称为“贵”，女子被称为“妹(mui)”；婚后的男子被称为“扁（bie）”，婚后未生育过的女子被称为“莎”，在生育过后被称为“妮”；等到年纪再大一些有了孙子孙女后，上了年纪的男子被称为“公”，女子被称为“婆”；若年纪再大一些，有了曾孙辈的男子被称为“黄公”，女子被称为“黄婆”。排瑶人的名字按照这个规律在人一生中不同的阶段都会不同，这就是排瑶特有的“动态性名称”。

姓氏在瑶族中可以代表更多的东西。排瑶人的全名都很长，难记忆，在日常生活中按照全名互相称呼也非常不方便，大家同在一个村子生活，彼此相熟，故称呼时通常只在姓氏后加上小名或排行和辈分，也可以不加姓氏，只在小名或排行前加上父名。这种简化了的称呼在南岗也是一样，若南岗人被问及名字时，一般报出的都是这样的简称，不会是全名。

除去以上谈及的常见名字外，还有一类名字是大家根据这个人的职业、技艺、特征或其他原因而给他起的称号，这一称号蕴含着尊敬、赞扬之意，时间一久便成为这个人名字的一部分。比如沈欧堂打铁公、唐买帽先生公、唐卖胡医生扁，这三人分别因打铁技术好、做先生公和医生而得名；比如唐郎崩大也考扁，瑶语中“大也”是大力的意思，这一名字的由来就是其祖上力气很大；再比如唐斗尊老君公，“老君”这一名字的得来是因此人非常虔诚地信仰太上老君的缘故。此外对于入族[1]者的姓名按照排瑶的习俗，入族者的姓氏应该与他结拜的兄弟的姓氏相同，比如久居南岗的汉商颜亚残，与唐担印大口公的儿子结拜为兄弟，便取名为唐担印三。而按照排瑶习俗，排瑶极少少女招赘，招赘者绝大多数为寡妇。凡入赘者，不管其之前的族属、籍贯和姓名如何，均需改从该寡妇之亡夫姓名。

自改革开放以来，传统的瑶寨受到巨大冲击，能完整保留下来的排瑶瑶寨数量极少，南岗瑶寨正是其中一座。现在的南岗瑶寨应该说是一颗美丽的明珠，受到政界、学界、商界的关注，旅游业蓬勃发展。目前南岗瑶寨正在进行原住民搬迁、房屋修缮和规划的工作，在过程中应该尽可能地保留瑶寨的特色并维护南岗瑶寨的民族风情，如此就可以让游人更加真实体验瑶族人民的生活习俗，也为后来的学者进行学术研究提供一个物质存在体。但在实际过程中可能因为实践经验不多，保护方法不够成熟，实际结果出现了一些偏差，需要接下来的工作者予以重视和改进。

[1] 详见第二章第三节。

第二节　南岗排瑶所属瑶族支系

前面讲述了瑶族的族源和迁徙的历程，对南岗瑶族的族源历史及其发展脉络有了一定的认识，接下来对南岗排瑶所属族系进行全面的剖析。因为瑶族不断地迁徙，使瑶族的分布非常广泛，如今在欧美和东南亚等地区都有不少瑶族同胞。在此，主要展示与南岗排瑶有关的内容。瑶族在中国 55 个少数民族中属于规模较大、分支较多的一个民族，各个分支之间相互差别也比较大。根据我国 2010 年第六次全国人口普查的结果，我国的瑶族人口约有 279 万人，瑶族人口分布最多的省份是广西，约占全国瑶族人口的 63%，在广东地区的瑶族人口约占全国瑶族人口的 8%，主要集中在乳源瑶族自治县、连山壮族瑶族自治县和连南瑶族自治县。而主要聚居在粤湘边界的连南瑶族自治县的这一支瑶族就是排瑶，故排瑶也称“连南排瑶”，又因其较大的排有八个，故又称之为八排瑶[1]。

◆盘瑶支系

瑶族是一个不断迁徙，从游耕到定居的民族，在长期的历史发展过程中，由于居住分散，形成了语言差异大、风俗习惯不同、有不同的自称[2]和他称[3]等特点的不同族群。因此瑶族是一个由几个不同的支系构成的民族共同体，瑶族分支有很多，划分方法和类别也很多，其中广被学者采用和认可的划分方法是根据其语言来分类。按照不同的瑶族支系说的语言分类，可划分为四大支系：勉语支系（即盘瑶支系）、苗语支系、侗水语支系和汉语方言支系。其中，盘瑶支系下又可分出 5 个分支 23 个小支（其中 3 个小支与分支同属），这一支系语言属于汉藏语系苗瑶语族瑶语支，包括的分支和小支如下：

◇ 盘瑶（优勉土语集团）——过山瑶、盘古瑶、红头瑶、顶板瑶、大板瑶、土瑶、本地瑶、坳瑶、小板瑶；

◇ 蓝靛瑶（金门土语集团）——蓝靛瑶、山子瑶、平头瑶、沙瑶、坝子瑶、贺瑶、黑瑶、白裤瑶、青衣瑶、长衣瑶、民瑶；

◇ 排瑶（藻敏方言集团）；

◇ 东山瑶（标敏土语集团）；

◇ 交公瑶（交公勉土语集团）。

南岗排是排瑶的一部分，排瑶是属于盘瑶

[1] 广东省民族宗教研究院，中山大学人类学系，连南排瑶文化教学科研基地编 . 排瑶研究论文选集 [C]. 广州：广东人民出版社，2013:1.

[2] 自称是一个民族的自我意识的反映，指瑶族本民族人对自身所属支系的称呼。

[3] 他称是指非瑶族人对瑶族某支系的称呼，在文中提到的称呼都是大家认可的称呼。

支系的一支。盘瑶和排瑶都信奉盘古王公为他们的祖先神，在每年的农历十月十六共同庆祝最隆重的节日“盘王节”（如图 1–5 所示）。这两个支系下的人数最多，历史最久，是瑶族的主支，而且分出的每个分支都独具特色，在服饰、舞蹈、歌谣、文化等方面都在长久的时间洗礼下形成了自己别具一格的风格和体系，在形式上已经相当成熟，都有着一定的不可替代性和不可再生性。

◆ “排瑶”

从历史上看，“排瑶”一词最早见于清康熙年间成书的《连阳八排风土记》，从族系划分看排瑶属盘瑶的一支。排瑶是他称，在盘瑶支系下的排瑶；是汉人对居住在广东连南、连山两县的瑶民的称呼，因为这里的瑶民居住在山上，依山势建房，沿等高线建成一排排的样子，房屋左右前后的间距都很小，同一高度上的一列房屋关系紧密，同时后排与前排有较大高差，从侧面看上去整体呈阶梯状向上升高。这种一排排房屋紧密相邻、依次沿山层叠组成村落的形式比较罕见，在接触到这里的瑶民时，村落的形态是这些聚落给人的第一印象，因此古代居住在周围的汉人用形容村寨样貌的词语“排”来称呼这些村落，即“排”就是“村”的意思，比如说“南岗排”就是“南岗村”。此类称呼在很多地方都有，也并不是只有排瑶的村落才被称为“排”，过山瑶的村寨也会被称作“排”。但是为了区别其他支系的“排”，把文化风俗不同于过山瑶的瑶民用“排瑶”来称呼以作区分，即排瑶的村落一定是以“排”命名的瑶排。

排瑶的村落一般都建在半山之上较为开阔

图 1–5　盘王节（连南文化馆提供）

的地方，世代定居在一个地方，除非遭到重大变故很少迁徙，这是和过山瑶区别最大的一点。过山瑶不断地在迁徙，有一种说法叫“吃完一山过一山”，与其他文化有交融却都很短暂，对过山瑶自身文化习俗的影响比较小，所以其语言、文化传承较为稳定。在过山瑶迁徙的过程中，部落里有一部分人在落脚的地方定居下来，开始过传统的定居农耕生活，融合当地的文化和习俗，和传统的过山瑶的文化差异变得越来越大，直到最后已经不能用相同的标准来定义它们了，就形成了新的瑶族分支。排瑶这一分支就是这样从过山瑶中分离出来的，因此在某些方面和过山瑶有着相似之处，比如都有边打鼓边跳舞的风俗，但鼓的样式、手法和舞蹈的风格却有很大的差别，各个瑶寨里女孩子都非常擅长刺绣，但刺绣的图样、色彩和针法都很不同。

◆ 八排瑶

排瑶目前所知最大的聚居地是广东省北部的瑶族自治区，根据上文中对“排”的解释和其出现的背景可知，就是指处于连山、连阳的八个瑶族村寨，目前可确认的最早使用这一特称的是李来章的《连阳八排风土记》，也就是“八排瑶”。“八排瑶”所指的范围比“八排”要大一些，除了这八个较大的村寨外还包括了周围那些较小的村落，即这一地区中八大排二十四冲的瑶民。排，意为村寨；冲，意为小村寨，或称小排。现在提到八排瑶，就是对现今聚居在广东省连南瑶族自治县境内排瑶的专称，八排分别是：油岭排、南岗排（旧志中多记作“行祥”或“行项”）、横坑排、军寮排、火烧排、大掌排（大掌岭）、里八洞排和马箭排，二十四冲现在多是泛指，是连南境内除八排外其他小一些的排冲的全称，在历史上也有二十四个小冲真实存在过。由于这些排冲规模较小、变化较大，在此不作详述，下面也主要是对八大排进行记述。

八个大排现在都还有瑶民居住，其中横坑排、火烧排、军寮排、里八洞排和马箭排虽然都还是瑶族聚居的村落，但人们已经不在原本的瑶寨里居住了，都从老排中搬到了山下重建了新的村落，老排的建筑早已破败不堪，各种传统风俗也保留得较少，从中很难窥见以前瑶民的生活痕迹；另外三个瑶排油岭排、南岗排和大掌排的老排都还保存了下来，油岭和南岗保存得相对完好一些，虽然也已经不复往日的风采，有些毁损和破坏，但若能够投入一定力度进行保护和修缮，相信这不仅会是瑶族的一朵遗世奇葩，也是我国少数民族的明珠，更可以作为我国民族特色的一张名片。

八排瑶中的南岗排，就是现在的南岗瑶寨。南岗，用瑶语发音是 hang hong，因此在旧志中的记录多写作“行祥”和“行项”。“项”，在瑶语中的含义是“柴”，“行”的意义是“留”。这一名字在瑶语中的意义就是，砍柴的时候要砍一条留一条，不可以全部砍伐掉。先祖给这个村寨起的名字——“留柴”——满含着对子孙后代的谆谆教诲，后人却在数百年后伐光了南岗老排周围的山林。

第三节　南岗排瑶的居住环境

广东省连南瑶族自治县的南岗瑶寨，是目前所存不多的较为古老原始的瑶寨之一（如图 1-6 所示）。南岗古寨始建于宋朝初年[1]，至今已有一千多年的历史。初建时，南岗瑶寨方圆几公里是不见人烟的山林。环绕着青瓦砖墙的老房子，只有几条山石铺就的小路通向外界。不过现在的瑶族人已经开始慢慢搬离瑶寨，瑶家人身上的山林气息也慢慢消失，已经步入了现代化的文明。相比于作为游览景点，南岗瑶寨更值得被保存下来的意义在于它作为瑶族世代聚居的生活场所，因此我们可以通过建露天博物馆的方式，还原大部分八排瑶人的历史生活，从而可以保留这一份关于排瑶人民的记忆和历史。而且瑶族人居住的地理环境和生活环境也是排瑶文化体系的重要组成部分。一方水土养一方人，排瑶的社会发展变化与他们所处的区位地理和居住环境密不可分。

图 1-6　南岗瑶寨俯瞰（连南文化馆提供）

◆南岗排瑶的居住环境景观

排瑶深藏在粤北的山林中，从广州出发到达北面的清远市后再沿清连高速公路到达连南县，接下来开始在绵延的群山里顺着绕山而修的盘山公路一路前行，沿途风景变幻（如图 1-7 所示），四周都是青翠的山头好像没有变化，但仔细看去每个山头随着车的行驶每一刻都在不停地变化，群山异峰突起，一座连着一座似是要延伸到天边。南岗瑶寨隶属于连南瑶族自治县下属的三排镇，从地图（如图 1-8 所示）上看南岗瑶寨的位置，南岗瑶寨北面是牛栏洞村和南岗排瑶石棺，西面是大东坑，东面是十二坪，南面是郎基，其余都是连绵的群山。

[1] 陈志练 . 排瑶古寨社会研究 [D]. 西北民族大学硕士学位论文，2008:7.

图 1-7 群山

南岗瑶寨的村民站在寨前的平台上，遥指西北方对我们说，翻过这座山岭就是油岭瑶寨了，然后转身朝南，指着面前的山谷说，沿着这条山谷向前，直到对面那座山脚下，就是另一个寨子，再接着向西便是我们南岗的新村，之后又指着西方说……仿佛瑶寨周围的山林就是他家的花园一样，那样熟悉、亲切，似乎翻过一个山头并不是很远的一段距离。在通往南岗排的公路还未修好前，居民出门的唯一办法就是步行。南岗先人进出村寨的狭窄古道也依然存在（如图 1-9 所示），现在还有些村民进山打猎时会走这些小路，在林间穿梭的他们身形矫健，远非城市来的人可比。

南岗瑶寨的居民进出山林和外界联系的交通途径，除了原始的古道外，政府为方便住在南岗排的居民，于 1953 年修筑了从南岗到县城三江圩、阳山县梨部圩、油岭乡的便道，以及从横坑乡到第四区的寨岗圩、第三区白芒乡的

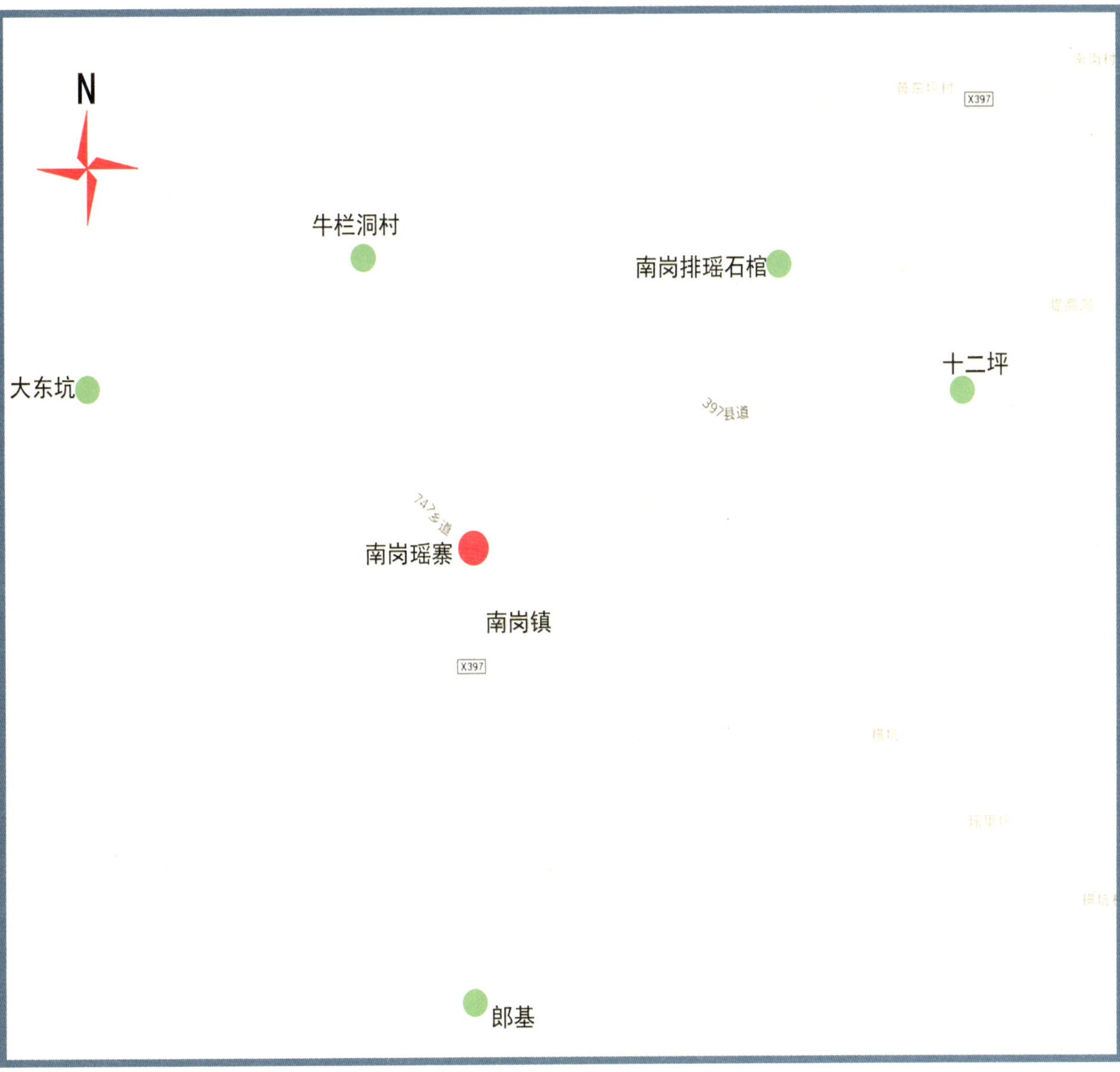

图 1-8　地图

图 1-9　山林小道（连南文化馆提供）

便道[1]，这些便道的通行对南岗排居民的物资交流和出行有很大的帮助。近几年连南县大修公路，如今连接南岗、油岭等老排的公路已经全部通车（如图 1-10 所示），有力地推动了南岗的旅游开发事业。从广州到南岗，经过广清高速、清连高速到达连南县后，再由 261 省道到达连水，接着就可以沿着盘

[1] 全国人民代表大会民族委员会广东省民族社会历史情况调查组编．广东省连南瑶族自治县南岗、内田、大掌瑶族社会调查 [M]. 广州：全国人民代表大会民族委员会广东省民族社，1958.

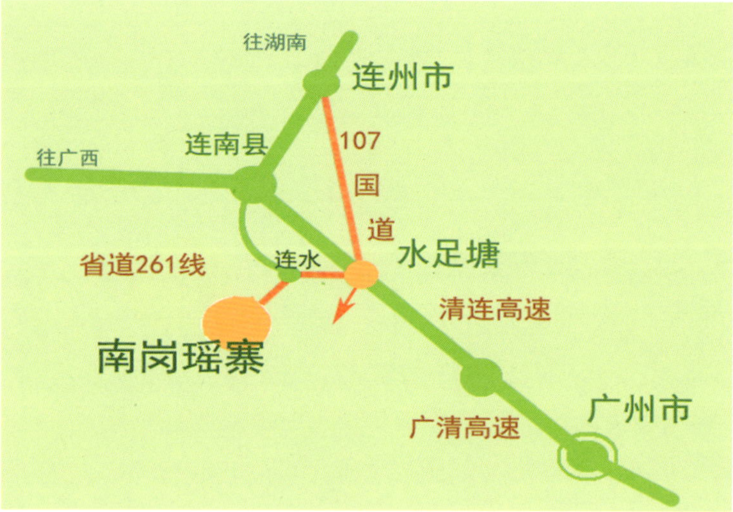

图 1–10 通往南岗瑶寨的公路交通图

山公路到南岗了。沿着盘山公路从连南县城到南岗排需要 40 分钟左右，沿途的风景很独特，是石灰岩地区丹霞地貌所特有的景色，相当吸引眼球。

从大石块垒砌的南岗瑶寨寨门进了寨子，走在建于高山陡坡上的房屋之间，山腰上的瑶寨建筑布局就是“鳞次栉比”最好的解释。中间仅有几条狭窄的巷道，从排脚到排顶，弯曲的通道都是石砌的阶梯，两边往来多靠增宽屋檐下的空间作为通道，有些地方狭窄得仅容两人通行。全排只有一条较大的巷道供举办丧事和活动，大体位于整个排的中轴处，瑶族的非物质文化遗产活动“耍歌堂”以前就会在这里进行。

◆ 南岗瑶寨的地理环境特征

南岗瑶寨的地形地貌独具特色，主要表现在四个方面。

首先，这一带属于华夏古陆，从远古时期开始就饱经侵蚀，同时华南高温多雨，风化及冲刷作用较明显，因此南岗一带多丘陵。所以当我们在前往南岗的山路上、在南岗寨前观景平台上眺望远方，无数山丘起伏尽收眼底，高低缓峭，峰谷相连直指天际，如同海面上微风荡起的波涛。这些山峰的形成受到风蚀作用的影响，故山头大多都稍稍向西南方向倾斜，居住在当地的瑶民，将这种自然景象称为“万山朝王”（如图 1–11 所示）。地高山多，这是南岗排的第一个特征。

其次，粤北西部、滇东、桂东和黔南地区合称为世界著名的石灰岩地形区，分布着大规模的丹霞地貌（如图 1–12 所示），恰好南岗也在这片地区。平铺的砂岩常在高温多雨的季节受到流水侵蚀，南岗村前的山丘石块和大坪山（图 1–13 所示）就是如此，从而成了危崖壁立、层叠如城垣，又似摩天大厦的景象。石山广布在南岗排周围，也算是另一个特征了。

再次，从山脚沿小路到达建在山腰的南岗排，沿路崎岖难行，路窄且陡，据说一路行来至少要登 50 分钟的石阶路（如图 1–14 所示）。而要从城镇到南岗排下的山脚，就更不止 50 分钟了。当年瑶族先人为何要将家园建在这样的地方呢？从瑶族形成到清末民国，历朝的统治者都在不断地对这个民族进行清剿和同化活动，南岗排的先人也不例外，在迁来南岗前后都曾遭到多次的进攻和入侵。由此再来看南岗排外那一夫当关万夫莫开的羊肠小道，高大的寨门和险峻的山路，正是这

图 1-11 万山朝王

图 1-12 石山、丹霞地貌

图 1-13 白面峰

图 1-14 南岗村寨旁的山路（甘民壮提供）

图 1-15 瑶寨旁的梯田

样险要的地形让他们能够一次次打退外敌的进攻。南岗排所处的这样险要的地形，是第三个特征。

最后，住在南岗的村民为了扩大耕地面积，将附近平缓的山坡犁成层层退台的梯田，种植水稻等农作物（如图 1-15 所示），远远望去，层叠的梯田随山势蜿蜒起伏，也是南岗村寨的一大景色。

南岗瑶民是大山的子民，他们的先人们选中这块地方定居生活，是由于这个地方具备生活生产所需的条件：水源近且足，山林密且猎物多，土地肥沃产出多，地势高易守。现在的南岗老排的居民生活用水依然是取自山泉，只是不再像古代用竹筒通水而是将水管埋设于地下通往每户（如图 1-16、图 1-17 所示）；老排四周向下走一段距离后依然可见茂密的山林，但据老人说，以前的南岗老排是被密密的林子包围住的，只不过在新中国成立初几年里进行了大规模的砍伐，使林子的面积减小了很多，言语间脸上满是对山林缩减的惋惜之色。

图 1-16 水道

图 1-17 水道

◆南岗瑶寨的气候环境特征

连南属亚热带季风气候，四季分明，春暖夏热，秋凉冬寒。全年平均气温为19.7℃，最高气温达38.8℃，最低为零下4.8℃。山上与平原相差2—4℃。一般在11月下旬开始降霜，至下年2月中旬终霜。霜期年平均17天。降雪年平均2.6天。全县年平均降雨量为1629毫米。降雨大部分在3—8月，其中4—6月的降雨量约占全年的一半。地处粤北高海拔山地地区，这里的气候环境也不同于一般的南方地区。南岗排周围山区一般在农历九月后早晚已渐渐变冷，枫叶也渐渐地开始变红，从十一月下旬到次年正月底二月初常有积雪出现（图1-18—图1-21所示）。三月过后会逐渐变暖；夏末秋初白天会比较闷热，而夜间却比较凉爽怡人；八九月间的气温比较温和，因为处于地势较高的山间，白天不会像同纬度其他地区一样高温灼人，夜晚山风阵阵是一年中较好的时节。这一带因地形关系，每年都是春雨连绵。至夏初为全年雨量最高的季节，以前由于水土保持不好，往往因为连续下雨，致使山洪暴发，低洼稻田农作物会尽数被冲毁，造成很大的灾害，不过现在因为开垦了大量的梯田，有效地增强了山体水土保持的能力，减少了发生山洪灾害的次数；而到了农历八月以后，雨水渐少，冬季很干燥，有时会有旱情出现。但不论季节只要是下小雨，总会云雾遮天，可视距离小，从南岗排向四周望去都是白茫茫一片，仿佛置身云雾中、孤岛之上（如图1-22、图1-23所示）。

图 1-18 春（连南文化馆提供）

图 1-19 夏（连南文化馆提供）

图 1-20　秋（连南文化馆提供）

图 1-21　冬（连南文化馆提供）

图 1-22 南岗瑶寨的雨景（连南文化馆提供）

图 1-23 南岗瑶寨的雾景（连南文化馆提供）

第二章 南岗排瑶制度文化

在20世纪50年代以前，少数民族发展不平衡，社会形态复杂多样，用一条链环将这些社会形态连起来就是一部活的社会发展史图景。瑶族的制度文化与它的社会形态相契合，社会组织（瑶老制）是典型的原始民主型，宗教信仰还保持浓厚的原始崇拜残余，社会结构仍强调氏族的血缘性。它们是产生于原始公社制或者是农村公社向阶级社会的过渡阶段。瑶族人一直游离在所谓正统的文化体系之外，但因为游离所以独特，特殊的地域、特殊的文化形成了特殊的社会制度及社会规范。由于地理环境的闭塞所以至今存留有原始宗教的残余，因为不断地迁徙，所以不断地吸收各族人民的宗教因子，最终形成一套适合于自己文化体系的宗教观。为了生存强调血缘的亲疏远近，为了与他族交往，重视地缘、业缘。这是一个不断发展的民族，他们创造了自己独有的制度文化，下面将从排瑶的社会制度、宗教信仰、社会结构三方面分析其制度文化。

第一节 排瑶社会制度

南岗排瑶的社会制度产生于原始公社制或者是农村公社向阶级社会的过渡阶段。经历了漫长的自我发展过程形成了以乡约民俗和习惯法为基本内容的自我管束的瑶老制，定居南岗后，遭到封建统治者多次围剿与镇压，汉文化逐渐渗入排瑶社会内部。汉族统治者为了便于统治排瑶人民，在瑶老制的基础上结合内地的管理机制形成了具有民族特色的瑶长制。到了国民党统治时期又转换成我们熟知的保甲制。但是，排瑶因其地理位置偏远，生产生活方式在较长时间内并没有发生变化，人们的同质化程度高，意识层面相对稳定，因此根深蒂固的瑶老制一直都没有被废弃，即使是在封建政府和国民党主持下的瑶长制和保甲制实行的阶段，推动社会运转的仍然是“土生土长”的瑶老制。直到新中国成立前夕，瑶老制仍然占据着八排政治社会的主导地位，瑶长制实依附于瑶老制，瑶老制仍是维护社会的支柱[1]。除了大家公认的管理制度瑶老制和后来的瑶长制、保甲制外，在南岗瑶寨中还有一些约定俗成的村规民约，在文化人类学中称其中一些约定为习惯法[2]，下面也会讲述其中某些约定俗成的规矩。

瑶老制是排瑶历史上自然形成的管理社会和公共事务的一种政治制度与组织形式。排瑶尊重德高望重的老人，这个组织的主要成员习惯上由年事较高的人组成，所以称为“瑶老制”。瑶老制是八排瑶突出的文化特征之一。这种制度作为组织形式，1949 年之前在八排瑶中的南岗排中保留得比较完整。瑶老制作为八排瑶社会特有的一种政治制度存在并延续了很久，有着其深刻的社会历史根源，并且在八排瑶社会中有着它赖以生存的基础。

◆ 瑶老制的内部结构

瑶老制的组成成员主要有天长公、头目公和管事头。

天长公是瑶老制的首要成员。每排一个，主要职责是处理排内纠纷，维持社会秩序以及

[1] 广东省民族宗教研究院，中山大学人类学系，连南排瑶文化教学科研基地编．排瑶研究论文选集 [C]. 广州：广东人民出版社，2013:137.

[2] 习惯法是独立于国家制定法之外，依据某种社会权威和社会组织，具有一定强制性的行为规范的总和，是一类产生于原始社会末期的社会规范。

代表本排对外交涉等。南岗排分为三个龙，南岗排的天长公就是每年从各个龙中轮选出来的。天长公的职责是处理排内纠纷，维持排内秩序。凡是盗窃犯都要交给天长公拘禁在他的家里；由各房60岁以上的老人轮流担任看管。遇到械斗，天长公就是当然的军事首领之一。

天长公每年在农历的十月十六日盘古王婆节选出。十月十六日以后，排中办事的来人和头目公等就带酒肉到新任的天长公家里共饮，以示庆贺。天长公也找大家交流，彼此交换意见，以示日后合作办事。天长公除了给瑶人办事有报酬之外，每户每年都要给他一斤米作为报酬，60岁以上的老人可以不交。天长公如果贪污或者办事不公平，引起大家的不满，也有可能因为大家的反对被罢免，新的天长公再由大家集体选出。

南岗排有三条龙，每条龙里有一个头目，故也有人称为“龙头”，共有三个头目公。不过头目公是两年一任，而每年又会选出一个新的头目公，所以实际上每龙有一新一旧两个头目公，整个南岗排算来共有新旧头目公6人。这些头目公由每龙各自从本龙年纪大的人中选出。头目公除了管理龙内的事务外，也协助天长公办事。他们主要的职责就是协助天长公缉捕盗窃人犯，办理纠纷事务；每年农历十二月十五日带酒到先生公那儿选定明年与农事有关的日子，立秋的时候要请先生公选好日子修路，除草铺石，修补漏屋。选定日子后，就由头目公通知大家，到时要按照吉日行事。岁末天气干燥，容易发生火灾，头目公也要登高呼喊，提醒大家小心火烛。

头目公除了办事有报酬外，每年另有本龙的人每户出一斤米作为报酬。头目公平时和大家一样参加生产劳动，有事情时才负责办事。

管事头可以说是军事首领，一般都是身强力壮有胆识的青年人。管事头只有遇到“搞是非”或者械斗时，才会产生。当发生对外的战事时，每条龙各自选出6名管事头，全排共18人。一龙内只有一姓就由这一姓下不同房分名额，有不同的姓在一龙内，就由不同的姓先分配名额再在各房内选出。选人时除了对青年人的身体、头脑有要求外，还必须选择出生时辰有“未”的人才可以，人们认为未年、未时出生的人是吉星。

管事头负责率领本龙的战士出战，每天可以得到3个银元的报酬。此外，杀死或者俘虏敌人也有额外的赏银。相反，如果管事头能力不足，也会被免职，另选他人替代。而排内的家族之间发生械斗时，也有管事头出现，其差别在于事情的大小不同，选出的管事头数量不同。

◆ 瑶长制

瑶长在瑶排上的设立，是清道光十二年之后的事情。据《连山县志》上记载，道光十二年，征服八排瑶人后，因瑶人没有统属，有人犯法作案很难管教查判，就让八排瑶人推举德高望重的老人，即为瑶长，瑶长下设瑶练，整个八排共16个瑶长，64个瑶练。每个月都发放饷银，瑶长所得是瑶练的一倍。在南岗排最初被封为瑶长的是邓卖尾一公和唐胡唐一公，他们将全排化为十个兵，每个兵设一个瑶练掌管该兵的事务。瑶长是世袭的，如果瑶长办事不公，那么大家就可以推举他房内的另一人来代替他。瑶练则经常更换，每年轮选一次，不是世袭的。

但据有关资料反映，在瑶山，瑶长不能掌握瑶排的行政和司法权，政府的法令、规定也很少得以在瑶山切实施行，瑶长、瑶练只是充当官府与瑶排之间的联系人，最多只是代表官府收取粮、银、税。瑶民有事还是会寻求瑶老的帮助而不是瑶长。直到新中国成立前夕，瑶老制仍然占据着八排政治社会的主导地位，瑶长制实依附于瑶老制，瑶老制仍是维护社会的支柱[1]。

在南岗排中，关于瑶长制的起源有这样一个故事，是关于豆腐八王的。

某一年汉族社会动乱，自然灾害很严重，八排瑶区受影响也比较大，盐和米都很难买到。在山区里有个贫苦的青年，人们都叫他“豆腐八”。他胆子大、力气足，人们认为他的运气也很好。他和几个伙伴在荒山里开垦荒地挖出来一条大鱼，人们认为是山精妖怪变的都不敢去惹它，而豆腐八把鱼拿回家里吃掉了却也没有什么事情发生。在开垦荒地的时候，山岭里经常有碍事的大石头和根茎结实的树，伙伴们都搬不动的石头、拔不动的树，豆腐八却都能轻易地搬走石头，拔蒜一样拔动树木。因此大家都很佩服他，都说：“我们瑶人出了个王啦！”这样口口相传，豆腐八王这个名字便响了起来。

豆腐八王有了这样大的力气和胆量，人们又很认可他，便商议着发动八排瑶胞起义打天下。通知发到各排，准备在大石岭起义祭旗，先攻占盘石，再经过白芒过上洞，然后分两路进攻：一路由豆腐八王率领从白芒到铜干，过九陂到连州、广州、南京到北京；另一路由一个叫阿牛的率领攻打三江过连州，相约在连州会师。但是阿牛这一路力量不够，过不了三江，就退回了瑶山。而豆腐八王顺利地攻陷连州和其他地区，却一去就没了消息，再也没有回到过瑶山。

经过这次起义，汉族的统治者有些害怕瑶人的势力，为了防止瑶人再起义，就设下了“以瑶制瑶”的制度，在八排中物色统治人物。

在南岗瑶寨，三江衙门找到了邓卖尾一公和唐胡唐一公两人。唐胡唐一公是个富人，家产富足，邓卖尾一公则是他的好友。这时阿牛和邓卖尾一公发生了矛盾，阿牛骂邓卖尾一公说他打天下没有出力，现在却和衙门打交道来坐享江山。阿牛威胁邓卖尾一公交出720两白银才算事情了结，并让他回南岗分批交款回来。邓卖尾一公家产不多，用了铜银当作白银给阿

[1] 广东省民族宗教研究院，中山大学人类学系，连南排瑶文化教学科研基地编．排瑶研究论文选集 [C]. 广州：广东人民出版社，2013：137.

牛，后来又怕事情暴露，让房计公将阿牛杀死，并将阿牛的首级带到了三江衙门。至此，汉人统治者赐给邓卖尾一公、房计公和唐胡唐一公各一顶红缨帽子，要求他们管束瑶人不得出乱子。三人商议认为他们的力量不足管束所有瑶人，就只接了一顶红缨帽子，而三江衙门就分给每排一顶红缨帽子。这就是瑶长制的开始，从此瑶人与官府打交道，就由瑶长出面了。

◆ 瑶老制在南岗排瑶社会中的功用

在实行瑶长制之前，瑶老们裁决事件解决纠纷的时候，所依据的大部分是排瑶社会世代遵循的各种族规和不成文的民约。甚至在瑶长制实行期间，依然是按照这些族规民约行事的。这些族规民约的效力甚至要高过当时的朝廷条例，并且涉及瑶族生活的各个方面，大到排与排的交际，小到家庭里的婚丧嫁娶。以下列举几条均是这样约定俗成的族规民约。

首先是关于舅权[1]。在瑶族社会中，一个人的舅父往往在这个人的婚嫁、法事、丧葬和生活方面有着比较重要的地位，比如在女子择夫时，要迎娶女子的男子必须先和这个女子的舅父处好关系，最好征得他们的同意才可进行下一步；在女子去世后，若遗体不在本家，则应该由这个女子的舅父前去她的夫家出面处理；在瑶人进行打道箓中过九州的程序时，要由他的舅父带领他过九州；如果瑶人在外地发生意外，被人伤害，则要通知这个人的舅父到外地处理商议赔偿的事宜等。而在血族复仇的事件中，排瑶更是出现过“牵连十二外家”“吃尽十二外家”的事例，“外家”就是指舅公家，“十二外家”是指按照舅甥关系上溯到的所有舅公家（见下文“吃人命”处）。

还有关于族群关系的习俗：入族和出族。如果本姓的成员犯有严重的错误，就有可能被驱逐出族。这种事情虽然不多见，但也曾经发生过。同时，每姓每房的人也可以接受别的非同姓同房的人加入本房本姓，就是所谓的入族，甚至是汉族也可以被接受入族。

出族：唐大口六贵三扁（bie）（已死亡），有一次到牛路水，在那里犯了罪，被人抓住，要罚巨款。他无力赔偿，牛路水的人就要其兄弟赔款。他的兄弟不堪连累，就请全排的老人饮酒，并放土铳，声言把唐大口六贵三扁（bie）驱逐出族，以后有事就与房人兄弟无关，并剥夺他参加扫墓、祭祖的权利。唐大口六贵三扁（bie）仍然居住在原来的地方自耕自食。两年后，房人见事情平息，唐大口六贵三扁（bie）又勤劳耕作不再做坏事，于是又叫他回族，并恢复了他在房族内的一切权利。

入族：颜亚残，汉族，原是连南县官坑乡人，祖父一代来南岗经商，至父亲一代正式在南岗

[1] 练铭志，马建钊，李筱文. 排瑶历史文化 [C]. 广州：广东人民出版社，1992:266.

定居下来。他30多岁时，父亲去世，生意日渐衰落，生活也日益困难，想回官坑汉区，但又无亲朋依靠，便与南岗排的唐担印大口公的儿子结拜为兄弟，以后娶妻加入担印房，改名为唐担印三。

入族者首先要找到结拜兄弟，双方商量好后，征得本房同意，才请先生公择日子，举行入族仪式：请先生公念经拜祖，并邀请全排老人饮酒，声明以后正式加入某房族，并与某人做亲兄弟，最后进行命名，就算完成入族。

至于入族手续的繁简，还要看入族者的身份来历而有所不同。比如，颜亚残是世代居住在南岗排的汉人，被当地瑶人熟知，所以手续比较简单，只要通过择日拜祖后，买百余斤酒，几锅豆腐，请十多个老人吃一餐并改了名字，就算作入族了。但如果来历不明，或在汉区犯了罪才到瑶排落籍的人，除了上述过程外，还必须杀一头牛，备大量烧酒，请更多的老人。

凡入族者，入族后，原来房族里的公尝及扫墓、分猪肉等都有与房族人同等的权利。入族者有事可以得到房族人的援助，而排内及房内有事时，入族者也同样要承担义务。如拜祖宗、修庙宇、修水利等都必须与房族内各户一样出工出款，瑶人也没有歧视他们的心理。就像颜亚残入族后连续生了三个孩子，大家都很欢喜，认为他为房族人添了人丁[1]。

关于这种亲缘关系的风俗，还有一种就是“认契爹”。瑶人迷信，生孩子后怕因为自己的命数不好，难以将孩子养活，于是让孩子认他人为契爹（干爹），意思就是托别人的福荫。不但南岗排排内的瑶人互相认契，还有人到汉区认汉人为契爹的。认汉人为契爹的孩子就命名为“坚贵”或者“坚单”，全名如“邓坚单二”“邓马冷坚贵一”（意为汉人之子）。此外，古时汉人深信，若孩子福气太好而自家条件差，不能好好地养育他，孩子就会被仙人带走或者再重新投胎，相反如果孩子的命不好则“阎王爷都看不上”，遇到灾祸往往能逃过一劫。因此也有些汉人认为瑶人的命数不好，而带子女到瑶排认瑶人为契爹的。认契爹后，凡婚丧、节日都有来往并送礼[2]。

除了上面几种关于亲缘关系的习俗，还有就是一些公认的解决问题的手段和方式了。比较常见的是“搞是非”和“吃人命”两种。

“搞是非”是排瑶社会公认的解决问题的一种手段。排瑶社会法制结构不完善，当出现矛盾双方又难以调解时，没有服众的人物和法规予以解决问题，就只能用原始的两方力量上的对比较量，也就是械斗，来决定最终应该判定哪一方是最后的利益获得者。“搞是非”这

[1] 广东省编辑组．中国少数民族社会历史调查资料丛刊修订编辑委员会．连南瑶族自治县瑶族社会历史调查[M]．北京：民族出版社，2009:66.
[2] 广东省编辑组．中国少数民族社会历史调查资料丛刊修订编辑委员会．连南瑶族自治县瑶族社会历史调查[M]．北京：民族出版社，2009:19.

一活动的起始就是有两方发生争端，出现无法协调的矛盾，于是进行大规模的械斗，械斗之后有一方占据上风或双方都产生了严重的伤亡且愿意进行调解，再进行调解，最后双方达成协议，双方共同饮酒赔罪算作结束。持续时间长短不定，根据记载有些甚至会持续达20年之久。这是排瑶原始文化的残留，目前已经基本见不到了。

而关于排瑶人“搞是非”的传统，在南岗瑶排也有一个传说。相传许多年前，南岗排有一个大户人家，家主叫唐三十一扁，从南岗一直到过油岭排一带的田地几乎都是他的。唐三十一扁有个妹妹嫁给了一个穷人邓新京六，他们家的粮食都不够一家人吃饭的，于是夫妇俩就商量着将一个儿子送到唐三十一扁家看牛。唐三十一扁却对他的外甥非常刻薄，不给吃好喝好。夫妇俩为了他和另一个孩子能吃上饭却也没有办法。

有一天这个孩子在放牛的时候看到一头白色的牛跑进了自家牛群，又大又壮，毛皮油亮发光。他回家告诉了邓新京六，他们决定把这头牛牵到家里来。但是第二天这头白牛出现时，是这个孩子独自行动拿着麻绳牵牛，他的力气太小，白牛带着麻绳跑掉了。他紧随其后，看到这头白牛隐没在山上的石岩洞里了，只在洞外露出二三尺长的麻绳。这个孩子回家跟邓新京六说了这件事情，当天晚上父子俩上山寻找白牛，却意外地发现了山洞里的三罐白银。

邓新京六意外地寻到这三罐银子，不动声色地雇来了工匠模仿他舅家的房子大兴土木。等到房子建造好了，请他舅家来吃进伙酒，这时唐三十一扁就横起心肠来，硬说是他妹夫偷了他的银钱盖房子。这时邓新京六也有了银子，对他舅舅的诬陷很气愤，两亲戚之间就开始互相争论是非。南岗一排的人，平时看不惯唐三十一扁的趾高气扬，欺负穷苦人家，没有人去同情他。相反的，人们都替这位一向贫苦的邓新京六鸣不平。

唐三十一扁仗着他钱粮多，出钱请油岭排的人来替他打仗。而他的妹夫也不示弱，请军寮的人帮忙截击油岭的人，事情最后竟牵连了三个排的人，互相厮杀，结果油岭排里有几十个人丢了性命，油岭人就要唐三十一扁赔偿人命。他就把油岭一带的田赔给油岭人，但这些田都是南岗人耕种的，南岗人坚决反对，结果还是由别的排出面调停，南岗和油岭商议竖立了界碑（至今还可以见到这一石碑，这石碑刻着嘉庆十七年）。从这件事起，唐三十一扁也就倾家荡产，仅仅剩下了糊口的一点点田地。

“吃人命”是一种习俗，也是习惯法的内容之一。习惯法规定，杀人者（为习惯法所容许者除外）处以“吃人命”。“吃人命”，瑶语为gnan meng，直译为“吃命”，意思是以“吃”治“人命”罪，就是死者亲属按习惯法向凶手索取高额经济赔偿的过程。先有人命案，始有“人命”之“吃”。这里的人命案包括各种形式的谋杀和暗杀、误杀以及一切为习惯法所不允许的非正常死亡。这种命案即使发生在兄弟之间亦不能例外。

命案发生后，死者的亲属分别携酒将凶讯告知死者的舅父（母亲一方）和父亲的舅父（父亲一方）。他们知道消息后，认为要替死者报仇“吃人命”，就饮酒少许，然后再各自携该酒报知自己的舅父。如此一直传至第六重舅父。父母两方共十二重舅父。因舅父大多都已经故去，这里的舅父只是他们的后裔，俗称外家，这就是十二重外家。有些传至十二重，则有二十四重外家。若死者有契爹，加上契爹的舅父，则有三十六重外家。通常来说，聚集的人数少者100人左右，多者可达200人，甚至更多。他们联合起来，一齐涌向凶手之家，在那里架炉、杀猪、煮饭、饮酒，并将一条猪腿挂在凶手门口，这就是表示要“吃人命”。而凶手家可以有两种应对方法，一种是凶手遵从习惯法，愿意按惯例赔偿，应是“吃人命”的最初一般结果。后一种不答应赔偿，即不按惯例而要以双方实力的对比，也就是用“搞是非”的方式来决定是否赔偿和赔偿的数额。

第二节　排瑶宗教信仰

南岗排瑶的宗教信仰，在瑶族社会演进过程中，历经了不同发展阶段和社会环境，形成了独特的内涵和民族色彩。“在任何多神教或一神教的民族中，神与鬼的分别都是很严格的，普遍认为神是有权威的应受人敬奉的，而鬼则是漂泊的，生人应该远而避之，且神皆为统治者而鬼则为被统治者，两者中不容混淆，但瑶人对于神与鬼的观念，却似乎很不清楚。”[1]也就是说，瑶人观念中的神、仙、鬼之间并没有严格的界限来区分，都称为“缅”，而作法经文有驱鬼的也有驱神的，这是排瑶瑶族人独特的宗教信仰。下面将分几方面详细说明瑶族的宗教类型、宗教组织与制度。

图 2–1　画像（连南文化馆提供）

◆ 多神崇拜

多神崇拜是与一神崇拜相对应的，不同于基督教和伊斯兰教认为上帝和安拉是唯一的真神，多神崇拜就是说除了人之外的有灵智的、可以对人们产生影响的智慧的存在，都有可能成为受人们畏惧敬仰的神灵而被供奉拜祭。瑶族人和汉族人一样，并不是供奉单一的神灵，属于多神崇拜。传言瑶族人的先生公最初是由

[1] 杨志成等 . 瑶族调查报告文集 [C]. 北京：民族出版社，2007:352.

汉族的道家法师传授的本领，教其识字念经画符做法事，因此现在可见先生公所用的宗教道具上都是汉族文字（如图 2-1 所示），而且在人们平时拜祭的神灵中，除了瑶族人特有的盘瓠神、各个祖先神和自然神之外，还有一些道家的神灵如太上老君、八大仙人等。多神崇拜是瑶族人宗教信仰的类型，其宗教内容主要有三个部分：鬼魂崇拜、自然崇拜和受道教影响的部分。

◇ 鬼魂崇拜

鬼魂崇拜是排瑶原始宗教中除自然崇拜外最主要的内容，在排瑶的宗教意识中，灵魂不灭是一个十分重要的观念。他们认为人生前都有魂，当人死后，灵魂依然存在，魂脱离了肉体变为了鬼而不为人所见，无论是在另一个世界生存或者留在人间继续游荡，都能对生者的生活、精神产生影响。排瑶认为祭拜这些鬼魂可以使自己免受不好的影响，所以一些鬼魂和神仙一样被排瑶人当作尊崇和拜祭的对象，从而形成了现在的鬼魂崇拜这一类宗教信仰。这类信仰的形成也是因为当时发生的一些与死者有关的现象，因为当时没有足够的能力和知识来解释这些现象，所以将一些无法解释的现象和病痛与已经过世的人联系起来，通过对已过世的人的拜祭和崇敬，在无论如何也不能实际解决问题的情况下，来求得心理上的慰藉。在

图 2-2　南岗庙里的祭祀活动（连南文化馆提供）

这类崇拜信仰中，人们将鬼魂分为善鬼和恶鬼两类。

各排善鬼的数目不一。以前在南岗排瑶，善鬼有36个，这些鬼都被列入大庙中，受人敬拜（如图2-2所示）。这些善鬼有盘古王公、盘古王婆和盘瓠(瑶族人认为他们是自己的始祖)，行祥(南岗)洞内房十二公、梅氏七娘、梅氏八娘、刘十五公、邓十五公、黄面将军、黑面将军、白面将军、木炫唐法真一郎、海高师邓户手大王、西海四娘、房十五公、盘法交三郎、盘法清八郎、沈小法华十郎、沈小代家公、唐十三公、唐五白公等[1]。人们认为这些鬼生前是好人，又得善终，都是不害人的祖先鬼，因而被作为善鬼供奉在大庙。根据南岗村民的说法，最后一个被放进南岗庙中受人拜祭的是倒数第二任瑶长邓卖尾八公。

属于恶鬼的有如下几种类型：

四兄妹大鬼。指房成海公、房民瑶公、房成门下白公和出嫁姑人四兄妹。相传他们是排瑶先人。生前靠做贼为生，无恶不作，死后成为最大的恶鬼。

八排二十四冲本庙鬼。这些指各个瑶排的庙鬼。这些鬼在本排大部分被认为是善鬼，但在其他排则成为恶鬼。

杂鬼。这类鬼的来历有两方面：一是生前为非作歹为人们痛恶而被杀死的。如做贼被杀的有唐法天二郎、法京九郎、邓家两三郎、法龙三郎、法其三郎、沈法清三郎、沈小代家公、唐王白公等；还有“搞是非”被杀的法香二郎、法门三十二郎、法福四郎、法华六郎、法长三郎等。二是被毒蛇猛兽咬死，以及在外面横遭意外而死亡的，比如被虎、蛇咬死，饿死，被枪、雷打死，被火烧死等。

◇ 自然崇拜

自然崇拜在整个人类宗教发展的过程中都是处于启蒙和最原始的一种宗教信仰，瑶族排瑶也不例外，瑶族人认可泛灵信仰，以前，由于南岗古寨的祖先居住在高山大岭之上，交通十分闭塞，再加上当时生产力水平极为低下，人们无法理解各种诸如电闪雷鸣、刮风下雨等自然现象，更无法理解生老病死了，于是就自然而然地认为世上的万物都存在着各自的灵魂，山有山魂，树有树魂，人有灵魂等。因此，在他们的世界观里，自然界的万物都有各自的神灵管辖着。尤其在采集经济时期，瑶族人都崇拜着各种植物神。例如山有“山魂”，它和人类一样有意志和灵性，因此他们每次进山进行农林生产活动的时候都要烧香祭山。

据不完全统计，南岗古寨的瑶民崇拜的自然神灵主要有山神、水神、树神、雷神、雨神、鸟神、风神、虫神、谷神等。在崇拜的同时也相应地在生产和生活中有了各种节日习俗。

如正月初七禁风，正月十三日禁鼠，正月二十日禁鸟，正月二十九日禁雷公、月光、太阳，

[1] 杨鹤书，李安民，陈淑濂．八排文化——八排瑶的文化人类学考察 [M]. 广州：中山大学出版社，1990：128.

到了立秋日忌下田和进菜园等。例如对谷神的崇拜。瑶民认为谷物是由“谷娘娘”（或称谷婆婆）支配着它们萌芽生根，开花结实的，如果出现收成不好的情况，就预示着有灾难要降临，瑶民就要举行较大的祭祀活动，恳请谷娘娘帮助他们避过灾难，而且在春播、秋收都要举行祭祀谷神的活动，祈求丰收和感谢神的恩典。另外，瑶民捕鱼的时候要先祭祀水神等。而且这种自然崇拜在南岗排中直到现在，在瑶民的日常生活中依然有所体现。南岗古寨的瑶民把各种自然神灵当作崇拜的对象，是希望向他们心中的神灵讨好以期望他们能够保佑瑶族长久繁荣发展[1]。

比如排瑶在狩猎前，必先拜祭山神伯公，祈求其庇佑多获猎物。打到猎物后，要将其羽毛或血贴在枪栓上祭枪，认为这样就可以得到更多的猎物。有一些动物，瑶族人视为神灵，甚为避忌。如认为乌鸦是神鸟，绝对不能猎取，否则猎枪会受潮生锈，甚至引起枪筒爆裂；猫头鹰是鬼变成的，听见其叫声，便会使人招祸；遇见蛇交尾，要当场将蛇击毙，或者立即躺在地上，以示避灾，否则会导致疾病[2]。

而与深山中的农林业生产密切相关的是山神和土地神。他们认为山上有山神，地上有土地神。每年春节期间，必请先生公择定一年的生产活动日期，并祈告山神土地，然后才开始各项生产活动。对于各种农作物，也认为有神灵。每年秋收前，要采集一些即将收获的农作物，供奉在神仙前，作物收获时，还要举行“尝新节”等，反映出对作物神灵的崇拜。

还有与日常生活关系密切的火和水。排瑶三餐煮食，严冬御寒，以及“刀耕火种”，都离不开火。因此，人们一直把火看成是神圣的东西，家家户户的火塘里终年保留火种，火塘就是火神的象征。架设在火塘中的“三脚猫”[3]，禁止任何人跨过，更不准用脚踏。认为“树有根，水有源”，水也有神灵。对水源，男女老少都自觉保护。在老人去世时，要到河边烧香，并扔下几个硬币，向水神买水为死者沐浴。在人们渡河之前，也要先在河岸上压下几枚硬币来“收买”水神，保佑自己能够安全渡河。

◇ 道教的影响

道教是中国土生土长的一种宗教，它不仅与汉族文化思想互相融合、互相影响，同样也融入了排瑶的生活，对排瑶人的宗教信仰影响深远。排瑶之所以能接受汉人道教的影响，其最根本的原因在于瑶汉都是以农业为生。瑶汉文化具有相近的文化深层结构，文化深层结构是指文化的内在本质，是它的以价值观为核心的情绪、价值取向、生活方式、认识心理[4]。因为道教的符箓派用符水为人治病驱鬼，用一把剑、一块印和一套符篆就足够，这种普及化的道教派别极容易为排瑶人所接受并使用，用来解决其生活中的各种问题和保佑其长期迁徙状

[1] 陈志练．排瑶古寨社会研究 [D]. 西北民族大学硕士学位论文，2008:44.
[2] 练铭志，马建钊，李筱文．排瑶历史文化 [M]. 广州：广东人民出版社，1992:455.
[3] 三脚猫指一个铁环，焊接三条铁支脚的用来煮饭、烧水的铁件，相当于炉灶的用具。
[4] 杨鹤书，李安民，陈淑濂．八排文化——八排瑶的文化人类学考察 [M]. 中山大学出版社，1990:145.

图 2-3 开耕节祭天（连南文化馆提供）

图 2-4 法杖（连南文化馆提供）

态中各方面的需要，所以道教的内容与方法便于深入排瑶的文化结构中去，成为排瑶文化的一部分。

首先，从排瑶的崇拜对象来看。排瑶的神灵崇拜不是单纯的自然崇拜和鬼魂崇拜，除了前文中提到的各种祖先神和自然神之外，从排瑶的经书中可以看到，他们信仰的神还包括了道教诸神。旧时的排瑶先生公做法事时需要诵念经书，经书内容中涉及的神祇主要分两类，其一是排瑶祖先神，其二是道教诸神。后者几乎可见于所有经书中，从最高的“三清”“四御”至“三官”以及太岁、功曹、金童、玉女等，名目众多。

其次，从排瑶平时的宗教仪式和所用道具来看。就其宗教仪式讲，旧时的先生公作法时必须诵经，作法过程中也会借助“符箓”，带有浓厚的道教正一派的色彩。又如每隔 18 年举行一次的“打道箓”，是排瑶最盛大的宗教活动，每个排瑶人都要在这次活动中“捡法名”。这一活动则是与汉族的“打醮（jiao）”相似。先生公在作法过程中用到的法器有杯筊、道鞭、铜铃、钢刀、神杖、架桥木、大力叉和神像挂图，其中的道鞭和神像挂图同道教有明显的关系。道鞭据说能辟邪驱鬼，由五块铜钱大小的铜片以链条相连，拴结在弓形小竹条的一端。五块铜片中，四块圆形，一块方形。方形铜片中有“天”字，下有“太上老君”四字。每块圆形铜片的两面都刻有阳文，另外有八卦、十二生肖、张天师像、二十八宿字文等分别刻在四片圆铜片上。而神像挂图在连南共有四种，一种是三清观图，一种是“文承武尉”的神像，另外两种是太上老君骑着马、虎、蛇、狮等的画像[1]。

最后，排瑶的宗教融合道教文化时并不是全盘照收，而是一种创造性地接收。排瑶有特有的神，在庙中供奉的神像、瑶经中地位最高的神均是盘古王，他也是最受人尊敬的，其形象比道教神更加突出和鲜明。排瑶对道教中的神进行了改造，例如灶神君，在汉族传统里他的职责是暗中观察一家的善恶，以便年终时向上天汇报，人们对其十分敬仰。而在排瑶中有一首《灶君歌》，里面称其为“吹火奴”“灶鬼”，行为恶劣常使人患病，须得献祭供奉才能使人除病。这与汉族道教中的灶神君大相径庭。

◆ 宗教神职人员

普通的宗教活动可以做些简化，而一旦涉及正式、重要的一些仪式时，就不能随意对待了。有固定的程序和要求，有时需要念经，也要有特定的道具（如图 2-3、图 2-4 所示）。这时就需要有专业的人来帮助进行这些仪式，在瑶族中专业的人就是指先生公和问仙公。先生公在这里，称之为宗教职业者，他们并没有和农业劳动分离，而是半职业性质。平时他们和普通人一样依然参加农业劳动，并且以农业收入为主。在有人需要他时，便做宗教活动而暂时放下农事。宗教活动可以说是先生公们的副业。

先生公由于有这些副业的收入，比一般人家生活要好一些。所以人们对先生公的职业也有些向往，而希望子弟学做先生公。除了这一点之外，先生公都是有文化的人，至少要看得懂一些瑶经（如图 2-5 所示）。因此，先生公也或多或少受人们的尊敬，通常比较能说会道，给人们讲道理的也是先生公。故在瑶排里，虽然先生公平时劳动和生活上没有什么特殊

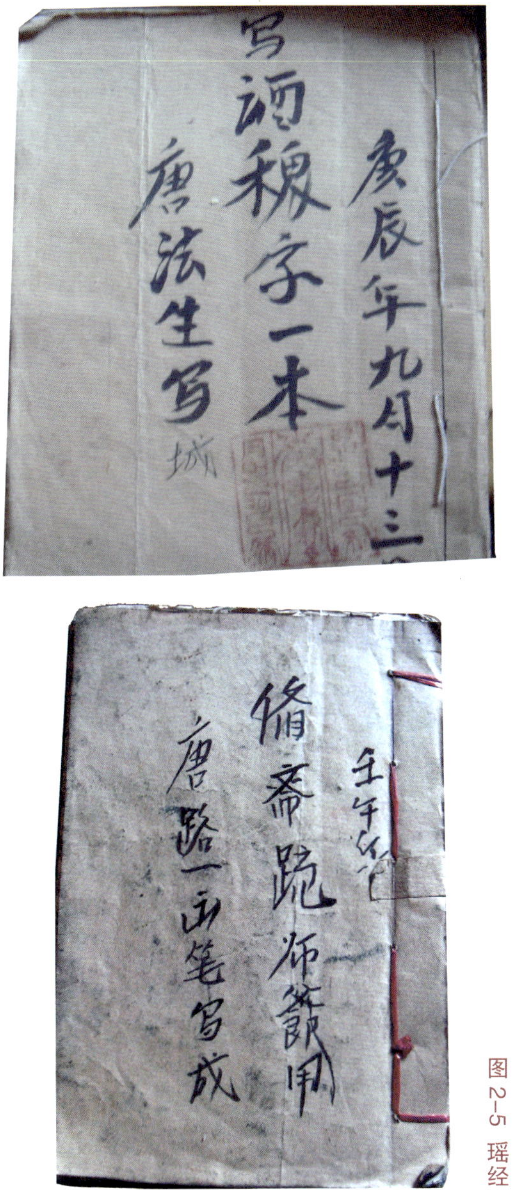

图 2-5　瑶经

[1] 广东省民族宗教研究院，中山大学人类学系，连南排瑶文化教学科研基地编，排瑶研究论文选集 [C]. 广州：广东人民出版社，2013:312.

的地位，但人们在思想上是羡慕这类人物的。

先生公是一般人希望做的，所以学做先生公，也是瑶排中一种很盛的风气（直到现在群众还要求学校请先生公教瑶经）。新中国成立前，先生公的传授通常是老先生公招收学徒，就像汉区过去的私塾一样。先生公也称教书公，有十至二十多个学徒便可以进行教授。每个学徒一年出 36 斤米，360 斤柴，油和盐各 1 斤。另外每逢年节，随便送些酒和豆腐是家长们的盛情礼节。

学徒首先学习文化，打下念瑶经的基础。没有文化基础是不行的。过上几年，文化有了一定基础，能通晓一些汉文，决定从事先生公，就得在每年新正春日子（一般是元宵节左右），先生公有空，学徒便备 1 斤肉，2 斤酒，一吊二钱（一元二角）到先生公家里去请他教授瑶经。老先生公同意了，第一年先把瑶经给他抄写并教他念，这一年所学是有关医病、赶鬼、丧事等几个科目。自己自修，随时向师傅请教。

第二年，学徒仍备酒、肉和钱送给师傅进行再进一步的学习，这时教授的科目有求雨、“耍歌堂”和“打道箓”等。第三年就必须备较多的酒、肉和七吊二钱（七元二角），这一次传授打仗的念咒语、画符，师傅便把全部的经书给徒弟抄念，直至念熟并且给师傅十二两银以后，才算是学完。

在学完科目以后，先生公（师傅）认为可以进行一次考验的时候，便选定一个吉日，徒弟自备一筒酒、一只鸡和一些猪肉到十字路口进行一次实习，让徒弟请起鬼来，念动瑶经。这时候除了师傅之外，不能让别人看见。而师傅在这一次考验之后，认为满意，这个徒弟也就可以单独做先生公，给别人赶鬼拜鬼了。在整个学习过程中，有时遇到师傅给人赶鬼拜鬼，徒弟也可以当一个助手来观察师傅的动作，这也是学习中的必要项目之一。

一个新做先生公的人，被请去送鬼看病，首先遇到病人因这一看而病好了，以后这先生公便算是有点办法的先生公，人们也就喜欢请他去送鬼（如图 2-6 所示）。万一第一次活动便遇到送鬼后病人死亡，这就给人们一个很坏的印象，以后便成为倒霉的先生公。请他的人也就不会有很多。

由于南岗排先生公的人数多，一般习惯于本姓本房的人有事，大都是邀请本姓本房的先生公。不依这习惯的话，虽然不会引起多大不妥的事，但先生公们之间情面上有点过不去。所以大多数情形，外姓外房的先生公会客气一点，先推辞一下。这种虽没有发展到行业性的规定，因为这个职业还没有同农业分离开，但到底已有点彼此默契。如果宗教活动一直往高潮发展，做先生公的人增多了，这也就必然发展到先生公们划分地盘的阶段。但现在南岗的这一趋势并不是很明显。

宗教职业者除先生公外，还有一类称问仙公（瑶语称“老面公”），问仙公不是给人们“送鬼”的，而是给人们“查鬼”的，即有人生了病，病势也许到了比较严重的时候，先生公也摸不清究竟是属于哪一类的鬼作祟，这时候便得请教问仙公。

图 2–6　送鬼（连南文化馆提供）

图 2–7　装坛祭祖（摄影　唐红英）

问仙公被生病的人家请到家里，无须备什么祭品，只需要米一筒、三支香和一些白纸钱。问仙公便站起来喃喃念咒，用一块牙板（和先生公的架桥牙板一模一样），向自己的手臂（前肢）敲打，身体在颤颤抖抖，全身震动，不一会儿，便处于昏迷状态，这时算是所谓与阴间人交往。口里继续喃喃自语，说出了病人是冒犯了什么鬼，要用什么类的祭品，在什么地方祭告。旁边的人都答应了，问仙公便在背后，背着手掷出纸钱，旁人拾起纸钱，告诉问仙公是什么类的，问仙公接着再做动作。掷一次足够了，他仍是全身颤抖着，拿过“牙板”来再在自己的前肢臂膀上敲打几下（据说这是架桥从阴间回到阳间的一种象征表示），突然间，问仙公便倒下来。这时旁边站的人马上把他抱住（不让他跌倒），问仙公慢慢又清醒过来，算是恢复了知觉。这种像萨满教的动作，就是问仙公的主要活动。

问仙公经过一次“查鬼”之后，获得报酬是一斤米和二三角钱不等。他们不是天天都有人请去的，所以他们也不是作为一种事业，只是有人需要时才做一次。平常还是和一般人一样参加农业劳动。遇到瘟疫流行，或生病人多时，他们的活动才比较频繁，平时活动不多。

这类问仙公，不是人人可以随意学习的，也不是老问仙公招收徒弟随意传授的。据了解，他们传授的办法是这样：每个清明节前后，人们纷纷祭祖扫墓（如图 2–7 所示）。（他们相信清明节是阴间冥府让鬼自由活动的一段时间。）在晚上，人们认为老问仙公年纪大了，需要找人来传衣钵，一些年轻人便可以到老问仙公的家里聚集一块儿，在厅里，对着祖先公烧香，由老问仙公请历代宗亲的祖公来，另外一些人敲打锣鼓，做完这些准备仪式。希望当问仙公的青年便坐在那儿，听着老问仙公念咒，请祖先公，如果认为祖先公来附身的话，马上这些青年人中就会有一人突然失去知觉，昏迷起来，随即像发狂似的，双手拿起一对牛角（如图 2–8 所示），在地上打转，可以挥舞很长时间，人们再配上锣鼓声（如图 2–9 所示）助威，一直可

图 2–8 宗教用品牛角（连南文化馆提供）

图 2–9 宗教用品锣鼓

以经过约两三小时后，又突然昏过去，两眼紧闭，人们把他扶起来，老问仙公便向他问起话来，这人随口说是某某祖公的附身，把来历讲了一遍。这时老问仙公便宣示这个人可以收为徒弟，随后给他念了些咒语，这个人不久也清醒过来，自认他对刚才的举动是一无所知。这样他便被老问仙公承认为自己将来的继承人了。

问仙公的继承人以后便向老问仙公请教，这位老问仙公也就教他学请祖先公的咒语，怎样念咒入阴间的一些秘诀等，学习也不是很长时间，只要学徒能背诵，牢记了这些咒语以后，最后便来一次问仙，之后把一只活鸡的头一口咬断，喝上一些鲜鸡血。经过这种仪式后，便可以给别人“查鬼”，成为正式的问仙公[1]。

在传承的问题上，先生公和问仙公都是秉持传男不传女、传长不传幼的规矩。但先生公的传承主要是父子传承和叔侄传承等，而问仙公的继承人就不是血缘传承了，并且如上文讲述中颇带些神秘的色彩。

◆ 宗教仪式分类

在“万物有灵”的观念作用下，人们笃信人间祸福与鬼神的活动有关，是鬼神左右的结果。为禳灾得福，因而产生了一系列宗教仪式。现按内容分类叙述。

生产活动类的活动。这类活动主要有求雨、驱虫、关风门、按牛栏公。因为排瑶长期居住在山区，水源缺乏，每逢久旱不雨，需请先生公举行求雨仪式。以南岗排为例，遇旱灾时，便指定一位盘姓的先生公到十几里外的横坑乡猪屎岗求雨。先生公身着便服，摆设一些酒肉香烛，口诵求雨经，奏请满天鬼神和海龙王降雨。如是一连三天。若求雨不成，要请先生公到排里的大庙，选择其中一个祖先偶像，用两根茅草将它捆绑起来，意思是推选其上天求雨。如此求雨仍不见效，则要将大庙供奉的全部偶像搬下来，放在水塘里浸湿，用大酒缸盛满污水，并放入蛇、虫、鼠、青蛙、田螺、蚂蚁等物，然后把偶像倒置浸在里面，表示天不降雨，激起民愤，让祖先受辱，激发其为大家着想，尽快想法上天求雨。行此仪式后，如果降雨，要立即捞起偶像，洗刷干净后抬回大庙，并宰猪杀鸡，备办酒肉敬奉，以示谢罪。经上述三次仪式后，若仍不见雨的话，还要在排脚的五宝塘、牛公山顶和行平冲再举行最后一次仪式，即使不见效，也只能作罢。

在求雨期间，全排人一律吃素，不能戴雨帽，不能下田施肥，不能挑青菜，以示虔诚。

而庄稼发生虫害，瑶族人认为是虫、瘟、鬼作祟，需备办鸡、肉、豆腐、米、酒及纸钱、香烛等祭品，请先生公到田头念经，祷告“田头公”驱除虫害，称为“赤田驭虫”。行此仪式后三天内，不能下田，不能施肥。若当年这块田获得丰收，还要备一份祭品到此“还愿”。

[1] 全国人民代表大会民族委员会广东省民族社会历史情况调查组编．广东省连南瑶族自治县南岗、内田、大掌瑶族社会调查 .[M]. 广州：全国人民代表大会民族委员会广东省民族社，1958:127.

关风门则是在遇台风袭击时，瑶族人认为是天的风门敞开。为保护庄稼免遭灾害，先生公自发备办祭品（不能让他人知道，否则认为不灵验），前往大庙祈告祖先公，求其上天关紧风门。据说这样做，风势便会减弱。

按牛栏公的意思就是，凡买牛回家，要准备酒、肉、米及纸钱、香烛等祭品，请先生公在牛栏里立一“牛栏公”神位，并念诵“买牛经”，祈求牛栏公保佑牛只健壮、耕作勤力、出入平安。

日常生活类的活动，比如择时日、建新房、灭火等。择时日在以前对瑶族人是很重要的一项活动。过去，无论事情大小，如播种、收获、垦荒、迎亲、出嫁、建造房屋、入伙、修墓、扫墓、“耍歌堂”“打道箓”等，都需请先生公择吉利时日行事，认为这样事情才能顺利进行。

建新房同样对瑶族人意义非同一般，也需要进行一些仪式。凡建造新房，事前要请先生公到家中吃饭，择定各道工序动工的时间（包括砍杉木、立地基、筑墙角、上梁等）。上梁当天，主家要准备1头猪、4只鸡、20斤糍粑，供奉在神桌上，并插上1把撑开的油纸伞。梁上悬挂1个装有1把纸扇和1本书的红布包，并贴上画有符咒的纸条。上梁时，先生公一边念经，一边将糍粑撒向四方(意思是分给四方鬼神享用)。仪式毕，先生公可获得1个猪头、6只鸡、36个糍粑、2斤米和1元2角钱的报酬。房子建成入伙时，同样要备办祭品，请先生公念经，并以钱物酬谢。

另外，在天气干燥的季节也会遇到失火的情况。一排中遇住房或柴寮失火，认为是有鬼作弄，要请先生公念经，祈求天下大雨大雪来灭火。这时得杀1只鸡，并备1斤酒、米及纸钱、香等祭品。火熄后，同样要备办相应的祭品，一方面酬谢天公，另一方面祈祭火鬼以后别再作祟为害。

生育类的活动，比如开坡催生、除秽、安名、架桥接花、收花、破六甲等。开坡催生的意思就是，产妇难产，要请先生公来家念“催生经”，请求太上老君借雷、锯、斧、凿等器具破开“水坡”，让“鱼儿”顺水游过水塘，以象征顺利分娩。

而妇女生育被认为是肮脏之事，要请先生公念经除秽，并备一碗清水。祭告祖先公后给产妇洗身，以示清除秽气，日后才能大吉大利。

之后就是安名了。当婴孩满月时，请先生公祭告祖先公，保佑婴孩健康成长，并由先生公替婴孩命名。

如果妇女久不生育或虽有生育但子女夭折，就要请先生公“架桥接花”。行这种仪式，一般是请1名多子女的先生公，另由2名（或4名、6名）多子女的亲人陪同，备1具纸桥（用竹片扎成弓形，上贴五色纸）、6朵红纸花和白纸花（用剪纸扎成），带小狗1只，糍粑144块及米饭、豆腐、酒、纸钱、香等祭品，前往排脚的十字路口或大树底下。摆好祭品后，先生公念诵瑶经，架起炉灶杀狗，用狗血淋过纸钱，将狗耳、狗爪、狗牙、狗尾装在2只碗内，连同12个铜钱一起埋在地下。仪式完毕，将6朵红花交给多子女的亲人带回，摆设在家里的神龛上，象征以后多得子女。

有接花，相对应的也有收花。小孩夜啼不

眠，认为是被有孕的妇女摸过或抱过后把“花”带走了，因而要请先生公“收花”。“收花”用米、酒、茶等作祭品，先生公一连三晚念经。行此仪式后如不灵验，还要进行“破六甲”。

破六甲则用于小孩夜啼不眠或体弱多病。这种情况之所以出现，瑶人常认为是碍于“六甲神”，要请先生公来家里摆阵破六甲。先生公用稻草扎成一人形，里面藏1只鸡蛋，代表“六甲娘娘”的化身。需祭品鸡1只、米5斤、酒及纸钱等。先生公念经后，从草人身上取出鸡蛋击破，象征把“六甲娘娘”肚中的六甲灵魂还给小孩。打破的鸡蛋要放进小孩睡房，草人则由先生公带走。

关于疾病的活动，一般是送小鬼、送大鬼、送疽鬼三个活动。送小鬼就是人得了病，排瑶通常认为是犯了鬼神，要请先生公送鬼。先生公按病人染病日子时辰去查阅黄历，看冒犯了何方鬼神。如初八得病，冒犯了太岁鬼，丙、申、丁、酉日得病则犯了车公鬼和四山鬼等。查明鬼神后，再备办祭品祭祀，祈其不要作祟。此谓送小鬼。

送小鬼后，如病者仍不痊愈，便要请先生公送大鬼。送大鬼仪式各排不一。如南岗排，要请3位先生公主持，祭品要杀1头四五十斤重的猪或小牛，在家里摆设火炭、饭、米、酒、青菜、黄豆、鲜牛（或猪、鸡）血4碗，另外燃4盏灯。先生公一边念经，一边挥动道鞭，以示赶鬼。当晚，还要请先生公拿牛头（或猪头）、3斤米和1只鸡，到排脚的岗头念经（称“飞大白虎”），并煮吃牛头。行此仪式后，病者及其家人要斋戒3天，待先生公再念“开门”经后，才能开斋。由于赶大鬼的经济支出较大，大部分家庭都无能力举办。

送疽鬼则是瘟疫流行时以村为单位举行的一种送鬼仪式。送鬼时，要准备猪、鸡、米、酒、茶和纸钱、香烛等祭品，还要用竹枝编1只船，作为载瘟鬼流放之用。先生公念经后，带领手执竹刀竹枪（用竹片削成）的村民，挨家挨户搜捉瘟鬼。每户人家要在家门口摆设酒肉和玉米等祭品，先生公来到后，先吃一些祭品，然后进入宅内，拾一些鸡毛、木炭、盐巴、茶叶放进竹船，表示把鬼引进船里。此后，先生公把船拿到村中所谓“龙尾”的地方，连同纸钱一齐焚烧，并在村庄的路口钉上桃木符（上面画有五雷符咒），每一路口钉36条，意思是把路口封闭，不让瘟鬼重返。

第三节 南岗社会结构

瑶族的分布呈大杂居小聚居格局，但不会或很少出现一两户、两三户的居住模式，瑶人聚居的地方便是瑶寨，大部分都是多个宗族共同组成一个瑶寨，也就是说在同一个瑶寨中有不同的宗姓，但相同姓氏的家庭会相邻而居，不同姓氏间有着明显的分界。南岗瑶寨作为排瑶的一个聚落，其内部的居住分布情况也是如此。但南岗和其他瑶寨不同，不仅依靠血缘区分他们的聚居地，还在血缘区分的基础上又融入了地缘的因素，方才形成了目前南岗瑶寨的布局情况。

除了上面所说的社会制度和宗教信仰外，瑶族人的社会结构也有一些独特的地方，虽然和大部分民族一样都是按照血缘关系来划分的社会结构，但是在南岗排瑶中，出现了以血缘和地缘——龙的划分——两条线索同时划分社会结构关系的情况。本节从南岗的血缘、地缘和家庭三个方面来讲述南岗排瑶的社会结构。

◆ 南岗瑶族的血缘结构

首先是和其他民族情况相似的血缘结构。南岗瑶族人按照血缘关系划分出族和房两个不同的族群关系，相同姓氏的人同属于一个族，而在族之下又按照血缘亲疏的关系分为不同的房（见前文的盘姓、房姓世系表）。瑶族人的这种血缘关系和汉族人的家族关系比较相似，都是依照血缘传承的关系来决定相互之间的关系和称谓。排瑶人聚居在深山中，对外交流比较闭塞，经济也比较落后，同姓族人分家后依然紧靠着同姓族人定居，而且排瑶的社会和人口状况在相当长的一段时间内没有发生较大的变化，多是因循旧制，所以南岗排瑶的族群规模相比于一般的汉族家族规模要大一些。

排瑶的族房这一概念和汉族的家族不仅仅在形式规模上不同，他们最根本的区别在于这两种血缘组织的性质和功能的不同。汉族的家族组织系宋元以来形成的封建宗法家族组织，它是以同宗族人聚居为条件，以祠堂和祭祖、家谱、续家谱及族规、族田和经济协作等作为纽带组成的，大都组织严密。族中有族长、房长和执事人员，他们统治族人有很大的权力，每个家族有其特有的祖训、家规、族规和宗约，族内的成员关系有尊卑高下之分。和家族组织不同，瑶族的族房组织仅仅是一种松散的血缘关系，相互之间没有统治和约束关系，不同的族房之间遵循同一套的乡约民俗。瑶族族房里成员与成员之间的相互责任和汉族家族中的责任也不尽相同，家族中成员之间是一种协作关系，相互利益并没有强制性的关联，族房里成员则要承担一部分同房成员的经济、生活责任，具体会在下面进行讲述。

房，瑶语中称为“rou pu”，即温补，温是家族的单位，补是以男性长辈为代表的亲属集合的总称，因此温补的含义就是以男性祖先为代表的、多于两辈的血缘亲属组成的单位，在某种程度上相当于汉族家族组织中的房。将温补叫作房，最初应该是汉人对这个称呼的意译，后来渐渐也被排瑶认可了，故可成为温补的代称，但是房在汉族中的意义和其在瑶族中的意义却并不相同，不能混为一谈。

具体来说，房作为排瑶社会组织的单位，是由出自同一实际祖先的若干代子孙家庭组成的集合体。在这个集合体内的各成员间有确定的血缘和世系关系。

在通常情况下，随着时间的推移，房的数量会不断增多，因此以房为单位的排瑶社会组织的外观结构就像一座宝塔一样，同一个瑶寨中某个姓氏的社会组织就是这样一座小宝塔，上小下大，底座是最小的房，数量也最多。

房的结构和层层叠叠的宝塔相似，按照时间顺序排列的房可以分为不同的层次，处于不同层次的房的规模也完全不同。先出现的房层次高，其下包含的层次丰富，规模大；反之，越在后面出现的房的层次越低，其后的层次越少，规模就越小。以油岭唐姓为例，最高层次的为大唐和小唐两房，它们分别包含三四个层

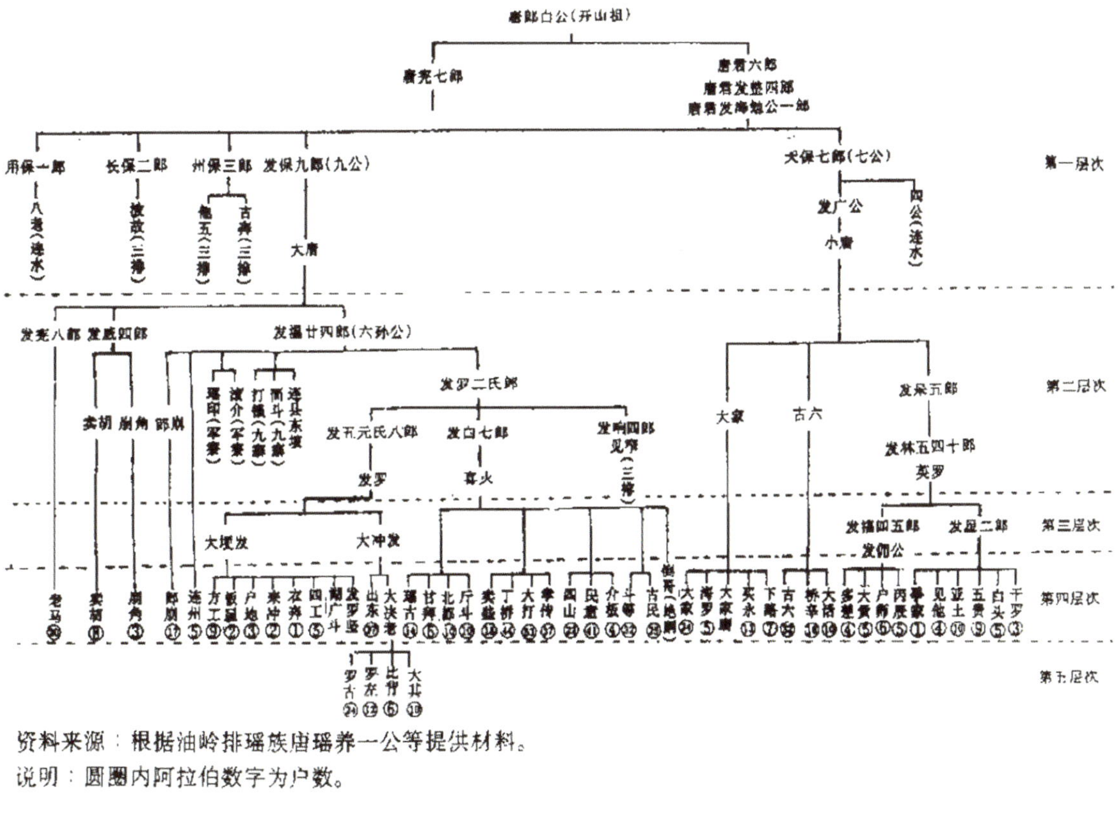

资料来源：根据油岭排瑶族唐瑶养一公等提供材料。
说明：圆圈内阿拉伯数字为户数。

图 2-10 油岭排唐姓结构

次，规模很大。比如大唐一房共有 496 户，2000 多人；而最低层次即第五层次的房中，人口最多的一房仅有 24 户，100 多人。不同层次的房的规模不同，相同层次下各个房的规模也会有很大的差距，比如在油岭排的大唐一房下，处在相同层次的喜火和崩角两房，喜火一房有 300 多户，1000 多人，而崩角一房只有 3 户人家，十几口人（如图 2-10 所示）。

在排瑶社会中，房内的成员关系仅仅是依靠彼此是出自相同的祖先这一血缘观念才维系起来的，这一关系可以从成员共同参加祭祀同一祖先的活动和被编入同一个系谱中体现出来，除此之外房内的各个成员并无太强的经济和其他方面的关系。房内并不设有族长，房内的事务都由房内年事较高的、有威信的人来主持处理。在南岗也形成了这样固定的一个房系，南岗排的房姓分支表如下（表 2-1 所示）。

房内的成员有约定俗成的义不容辞地帮助其他成员的义务，以及理所当然地在困难时接受房内其他成员帮助的权利。这些义务和权利的具体内容会因成员所处房的层次不同而有所区别：层次越低，各成员之间因为血缘关系更近所以相互的关系就越密切，承担的义务和能得到的权利就越多、越重要。按照惯例，某瑶民因“吃人命”或“搞是非”而被处以巨额罚款且无力承担时，其所在房的其他成员有义务共同负责为他补足。承担范围由最低层次的房算起，若低层次的房的成员也难以承担，那么就扩大到上一层次的房，直至第二层次的本房，第二层次上的其他房则不必在经济上履行共同赔偿的义务。

房这一组织单位的出现，在古代生产力低下，人们关系紧密的社会情况下是非常有必要的。瑶民通过血缘远近区分相互之间的亲疏关系形成的这个小集体，一方面弥补了个人力量孱弱的缺点，当遭受到天灾人祸时大家将人力物力集合起来，可以使损失降到最低；另一方面，在社会政治发展落后的瑶族社会中，瑶民对这个由血缘关系维系的集体认同感和归属感非常强烈，以此延伸出来了集体内各成员之间相互关照和保护的观念，可以在某个个体受到伤害、遇到困难时不至于走投无路，自发地形成了社会援助式的保护；最后一方面，房这一组织从生物学上将血缘脉系区别开来，并且有民俗约定同一个房（第二个层次上的房）内的男女不得通婚，避免了近亲结婚的情况。

表 2-1 南岗房姓分支表

	姓氏	姓氏分支
南岗房姓表	大唐	火生、担印、管止、瑶真、亚兀、唐山、勾胡、庙大、马零
	小唐	中火、瑶山、介九、大口、流真、户唐、中公
	邓	老巧、三公、六公、八公、养坑、沙十、卖尾、标准、京公
	房	占辟、邦鸡、买的、大猪、瑶山
	盘	伍保、亚林、瑶边

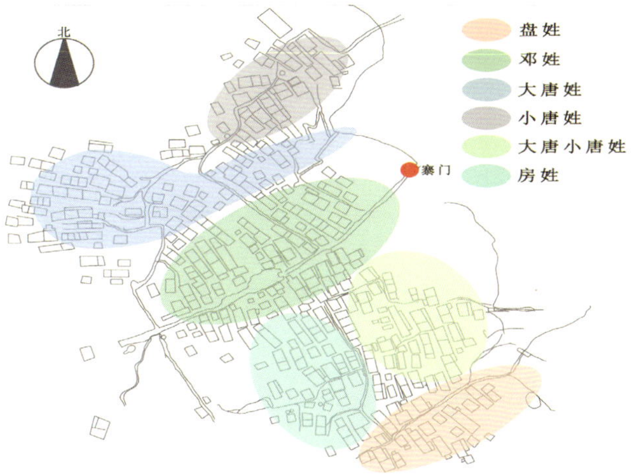

图 2-11　南岗姓氏分布图

图 2-12　龙头石

◆ 南岗排瑶的地缘结构——“龙”

除了以上和血缘有关的族房之分的社会结构，在南岗还有一层以地缘为主体的社会结构——“龙”。龙这一结构是在族房的基础上，按不同的姓氏族房的规模和分布位置（如图 2-11 所示）划分出的又一个层次的族群关系。龙的组织仅存在于南岗排。

所谓龙，就是按照堪舆家说的所谓风水龙脉，将南岗分成三份，在每份上端中央竖立一块大石头，称为“龙头”，每一份称为一“龙”，南岗瑶寨内共存在三龙。每条龙基本上按照瑶寨中三条主道路中的一条为主轴。南岗排西侧的一龙为大唐九房和部分小唐居住，东侧的一龙内有盘、房二姓和大唐、小唐姓居住，中间的一龙是邓姓一族居住的地方。图 2-12 是大唐和小唐一龙的龙头石，以及龙头石后蜿蜒的一龙。

可以看出，三龙中的两龙仍基本是按照血缘划分出的血缘组织（如图 2-13 所示），西侧的一龙是大唐和小唐居住，两房的居住地块有明显分隔。东侧的一龙则是以地域为基础，由三姓宗族组成。在东龙一区内，三个不同的姓氏宗族仍是分别聚族而居，盘姓居住在东侧，西侧是房姓以及大唐、小唐姓，房姓占据南侧一片区域，

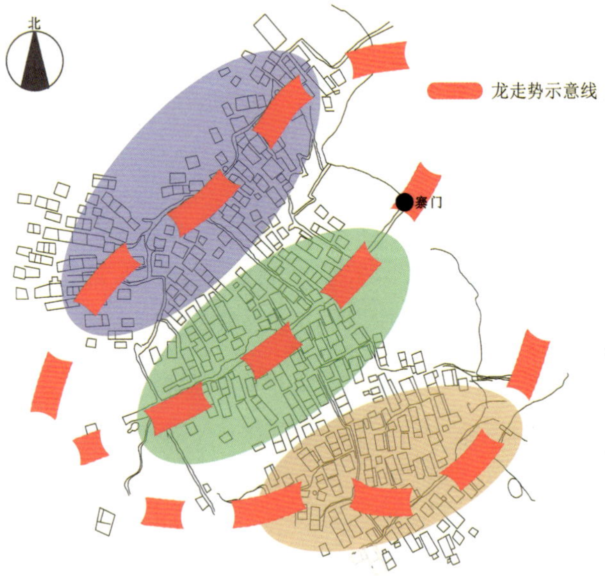

图 2-13 “龙”的示意图

大唐、小唐姓则住在北侧一片区域，三姓之间依然是泾渭分明互不混淆。即在由地域分出的西龙和东龙中仍然有按照血缘划分出的组织。

从外观看，龙是血缘和地缘结合产生的一种组织形式，在功能上是政治组织与社会组织的连接点，或者说是政治组织赖以建立的基点。新中国成立前夕的龙是作为传统瑶老制的基本单位而存在的。龙内选出头目公（又称“龙头”），管理龙内事务。全排的天长公由三龙轮流选举产生。作为地缘组织的龙，内部的社会组织似已不复存在，只在每一龙的最前端都有一个石头垒砌起来的“龙头”（区别于头目公），按照当地村民的说法，每个龙里的村民会在特定的日子在龙头上摆放祭品，以求龙脉旺盛保佑本龙居民生活顺利。除此以外，似乎龙在社会组织上便没有其他的意义了。造成这种情况，是由于政治组织所起的作用使社会组织功能萎缩，抑或龙从未曾作为社会组织的单位而存在。

◆ 南岗排瑶的家庭结构

以上是南岗瑶族的族群关系，是组成南岗瑶族的社会框架，其基本的小单元则是一个个的小家庭。在南岗的瑶族家庭有四种：首先是一个人一家的单身家庭；一种是由父母和子女组成，即核心家庭；一种是子女婚后和父母分居后，独留老夫妻两人组成的双亲家庭；另一种是主干家庭，就是父母与“订小亲”的未成年的小夫妻同吃同住（如图 2-14 所示）。

瑶族的家庭组成和汉人的家庭结构也比较相似，但仍有其不同之处。差异比较明显的是双亲家庭的出现，当一个家庭中的子女长大，结婚另组家庭，在新夫妻有了自己的小孩子后就会从父母的家里分出去，从父母处得到一份家产如田地、房屋、耕牛或农具等。父母也可以跟儿子继续一起生活，但多数都是独自生活，子女只是在经济、生活上给予一定的支持和照顾，只要有能力，老人仍然会自己出力劳作来养活自己，对子女的依赖并不像汉人家庭那么多。这种双亲家庭里的老人还是自己耕作，一年四季种田劳作都亲力亲为，至今在南岗排里仍可以看到年岁很大的阿婆和阿公拿着农具出门劳作的情况。

排瑶在家庭类型方面有两个特点：一是特殊类型，双亲家庭的出现并大量存在，和单身家庭相比数量较多。按八排瑶习俗，男子婚后第二年便与父母分居，小夫妻俩独自谋生。到所有儿女都成家后，家里就剩下老夫妻俩，过着自食其力的独立生活。这便是“双亲家庭”。双亲家庭的双亲并非无子嗣，亦非为子女遗弃。

图 2-14 家庭合照

它的出现有着深刻的社会历史根源。这种双亲家庭为汉族社会所少有。家庭规模小是排瑶家庭第二个特点。排瑶家庭基本上由单身家庭、双亲家庭和核心家庭三种类型构成。核心家庭本已规模不大、结构简单，而前两者则更为小型。因此，排瑶的家庭可称小家庭制。其具体表现在家庭平均人口少，由清代时统计的户平均人口 5 人，到近期统计的 3.3—4 人，其人口在波动式增长的同时，其户平均人口却在波动式下降，说明其家庭规模日渐变小[1]。

核心家庭的全部劳动包括家务劳动和生产劳动，由家内各成员共同负担，他们之间无明显的分工界限，其原则是量力而行，共同协作。瑶民以勤劳著称于世，从童稚起直至老死，都离不开劳动。儿童约从七八岁起便开始从事采摘猪食和野生植物、喂养禽畜、牧牛以及带弟妹等家务和劳动强度不大的其他劳动，至十四五岁或稍大即转入户外生产劳动，以后逐渐成为主要劳动力。与汉族不同，排瑶夫妻共同负担家庭大部分的劳动。其劳动项目虽有某些侧重，

[1] 练铭志，马建钊，李筱文 . 排瑶历史文化 .[M]. 广州：广东人民出版社，1992:307.

比如缝纫、刺绣仅由妻子操作，而犁田、伐木、放排等重体力劳动则专由丈夫去干，纯属自然分工，其余大部分劳动都由夫妻双方共同完成，未有男尊女卑之别。这一特点的形成其原因也不外乎是当地生产力水平较低，必须人人都尽力而为进行生产才能满足家庭生活的需要。另外就是在家庭中男女双方地位的平等也是因其在经济生活劳作方面的贡献相差无几，男人在供给家庭所需时并不是处于决定性的位置，与妻子是相互协作的关系，因此在生活交往上男子在心态和别人眼中的地位也是和妻子处于平等、相同的地位。

小家庭制形成的直接原因，应该是儿子婚后分家产的习俗。家庭形态或家庭制度、家庭结构的变化，除了与婚姻形态和社会发展阶段的发展变化直接有关外，归根到底，它要受到家庭所赖以存在的经济基础即生产力水平的制约。排瑶的小家庭制的形成尽管原因很多，但主要应该与他们的社会生产力水平低下有关。排瑶徙居粤北后，跨越了奴隶制，由原始社会末期直接过渡到封建社会，其社会、政治、经济和思想等却无法一下子适应已经发生了的深刻变化，其中之一就是生产力水平仍然很低，对农业生产水平举足轻重的水稻生产效率仍然甚低。若再加上土地不足以及自然条件(如水利、阳光、温度和土质等)差等因素，夫妻俩即使夜以继日，亦无法维持包括父母及子女在内一家三代人的正常生活，因此，必须分家析产，各自谋生，让老人在可能的情况下自食其力，才能勉强维持最起码的生活水平，使物质生产和人口再生产不致出现障碍，社会得以继续发展[1]。此外，《排瑶历史文化》中提到，“排瑶村落多在半山之上依山势而建，房屋进深浅，居住面积狭小”，无法与人口众多的大家庭相适应，认为这也是排瑶小家庭形成的原因之一。这里应提出疑问，或许正是因为有子女婚后分家形成小家庭的传统，才致使排瑶人兴建宅舍时节约空间，建造适合小家庭生活的房屋。

[1] 练铭志，马建钊，李筱文．排瑶历史文化．[M]．广州：广东人民出版社，1992：307.

第三章 南岗排瑶的聚落特色与建筑特征

我国各族人民在长期建村立屋的过程中积累了丰富的经验，创建了各具“文化地域性格”的村落与建筑。南岗瑶族的传统村落与建筑是我国民族建筑史上的一朵奇葩。其聚落格局充分反映了人与自然和谐相融的环境审美观。存留于世的民居建筑，不但体现了瑶族先人精湛的匠作技艺和系统的营造思想，同时也是充满智慧的艺术形式，是一首充满哲理的诗。

图 3-1 连南南岗排

第一节 南岗排瑶聚落特色

瑶族作为中国的56个民族之一，其传统聚落有着自身的特色。连绵不绝的群山，日夜长流的水涧，行云般的石板走道，封闭的石头城墙，鳞次栉比的民居，散落星辰状的附属建筑，绿绿葱葱的高大植被。独特的聚落环境赋予了南岗瑶寨朴实与美丽，山水与村落融为一体，化成一道亮丽的风景线（如图3-1所示）。

◆ 南岗瑶寨的聚落格局

南岗排又名行项排，位于石灰岩与红壤的交界地带，自然风光优美。前有层层叠落的梯田，两侧是茂密的森林和陡峭的峡谷，南岗瑶寨就坐落在这层峦叠嶂之中，土墙瓦屋，聚族而居。南岗瑶寨独特的自然环境和民族文化形成了其独具特色的聚落格局——“龙”的布局模式（如图3-2所示）。

南岗排瑶占地面积14.39公顷，海拔655—735米，平均坡度约为30°。南岗瑶寨依山而建，朝向东北。寨中有三条平行的主要交通干道，由东北向西南依次升高（如图3-3所示）。同时，古排按照唐（包括大唐和小唐）、房、邓、盘姓四大姓氏，分别以这三条平行的主干道为聚居轴线，居住在各自干道两侧，形成三个聚落组团，当地称“三条龙”，即所谓风水龙脉，反映了排瑶按姓氏聚居的社会组织形态。在每条龙中竖立一块大石，称为“龙头”（如图 3–4 所示）。其中，以大唐九房和部分小唐占据西面一龙，邓姓位于中间一龙，盘、房二姓和大唐、小唐三姓居东南面一龙[1]（如图 3–5 所示）。南岗排的龙组织形式的独特在于它不仅将宗室房族的血缘组织模式与地势环境的地缘组织模式相结合，同时也是南岗排传统社会政治组织——瑶老制的重要组成部分。

南岗排内，石板路纵横交错，三条呈阶梯

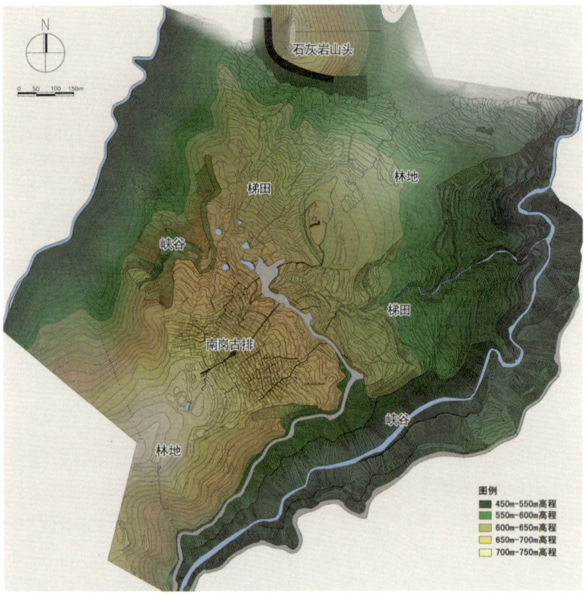

图 3–2 连南南岗排总平面

图 3–3 南岗排龙的布局模式（杨炽明提供）

图 3–4 南岗排龙头石

[1] 许文清 . 神奇的千年瑶寨 [M]. 国际炎黄文化出版社，2003:5.

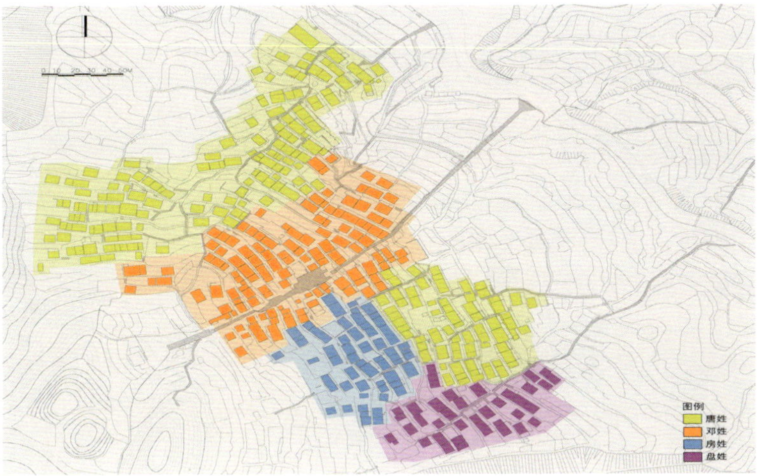

图 3-5 南岗排姓氏分布（连南文化馆提供）

式延绵而上的主要干道，与房前屋后平行于等高线的次要道路相结合，形成三条并列的鱼骨状道路网，主次分明，贯通全寨[1]。此外，在古排中间主干道中央，有一块较为宽阔平整的台阶，称为“歌堂坪”，是村落的公共活动中心。当举行集会和排瑶民俗节庆时，如“开耕节”“开唱节”“尝新节”“耍歌堂”等，南岗瑶民便在歌堂坪上载歌载舞，欢庆佳节。沿歌堂坪拾级而上，山顶便是供奉盘古王的南岗庙。站在庙前，可俯瞰山脚下层层梯田的壮美，欣赏万山朝王的景致，更能沉醉于依山就势、排排相叠的一栋栋青砖灰瓦屋中。

◆ 南岗瑶寨的景观特色分析

南岗排历史悠久，聚落景观别具特色（如图 3-6 所示）。南岗排传统建筑保存较为完好，造型独特、风貌完整；细细的竹笕[2]，日夜不息地向村寨输送清水，构成整个村寨一条流动的风景线；石板走道，梯田，民居房屋，这些构成整个南岗建筑聚落的重要因素。站上南岗庙的台阶，俯视整个村落：古排占据着周围的制高点，其前方是“万山朝王”，众多的山峰迎面而来。人们置身其中，仿佛是来到了一览众山小的天宫。层叠的梯田，拾阶而上的林木，把整个南岗聚落衬托得美轮美奂，这梯田似乎有灵性，弯弯曲曲地向着古排的入口拾阶而上。它怀抱着村落，村落像婴儿依偎母亲的姿态，安详地注视着自己的母亲。村落的两边是陡峭的峡谷和茂密的森林，而在它的身后则是高大的群山。

◇ 石板路

南岗寨坐落在万山之中（如图 3-7、图 3-8 所示），房屋鳞次栉比，层层向上。漫步在村落走道的石板上，脚下是延伸开去的层层叠叠的房屋，此时，眼前的屋面显得十分亲近。村寨里面的路都是山石凿成的石板铺就的，很难想象，在那个生产力落后的年代，瑶族乡亲铺筑这条石板路是多么的不易。对于生存在山中的民族，道路是他们在山中进行一系列生产、生活的前提。南岗寨遍布的石板路向我们透露了如下的信息。

一是在物质资料不十分充足的条件下，人们非常注重因地制宜，就地取材。这既是出于经济的考虑，

[1] 郑力鹏，郭祥 . 南岗古排——瑶族村落与建筑 [J]. 华中建筑，2009(12).
[2] 竹笕：引水的长竹管，安在檐下或田间。引自陆游《闭户》“地炉枯叶夜煨芋，竹笕寒泉晨灌蔬”。

图 3-6 连南南岗村落地形风貌（连南文化馆提供）

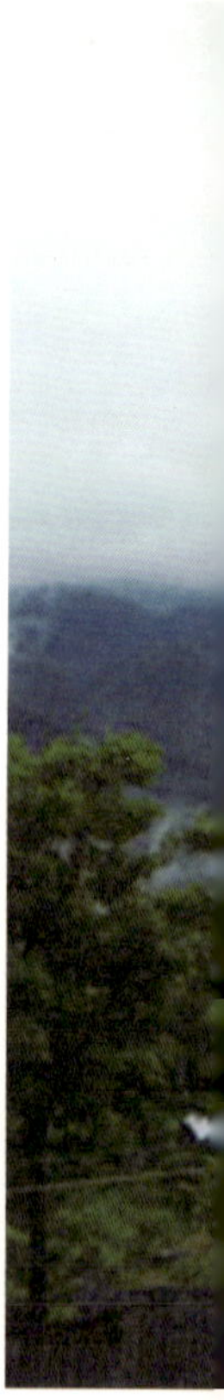

图 3-7 南岗古排入口（连南文化馆提供）

也是人们对自然适应性的理解（如图3-9所示）。

二是村寨的走道曲曲折折，互通有无。这种建筑路线是对村寨简朴的生活习性的一种体现，走道的简单布置，怡人的尺度，透出村民对于生活的洞察力。在村寨中，走道更像是一个纽带，将各个分散各地的房屋连接在了一起，体现了居民团结共生的生活乐趣和生活智慧（如图3-10所示）。

三是屋前屋后相通的走道不仅便于居民之间的交流，更为重要的是便于在非常时期互通消息及逃避险害。

图3-8　连南古寨俯视（连南文化馆提供）

图 3-9 连南古寨门

图 3-10　连南古寨村落走道

◇ 供水系统

竹笕是村落的生命线，它顺着山势高低错落，从石板路的台阶中，从村落的屋顶上，从城墙的另一边，向着村落每一个角落输送着水源。

整个村寨存有两套供水系统，一套即用竹子中空的部分连接引水，将山上的泉水引至村寨中的集水池，各家各户再从集水池里取水饮用。整个村寨的集水池分布在村落主要的交通大道上，方便村落的居民取用。这一部分的水主要是作为整个村寨居民的日常生活饮用水。另一套的引水体系，则是沿着村落的主要干道开辟水沟，这套系统主要是用作农业用水。村寨饮用水系统和灌溉水系统，无可置疑地成为村落的生命线，源源不尽地为村落提供着生存的乳汁。随着村落的发展，对灌溉系统进行了修缮和改造。原先还没有开发成旅游区之前，村落中的两套体系之间相互互补，水质天然。现今将村落中的水沟拓宽、加固，并完善了灌溉体系，将原先村落中的饮用水体系，即特色的竹笕运输体系保留了下来，仅作观赏之用(如图 3-11、图 3-12、图 3-13 所示)。

◇ 古道

整个南岗瑶寨在交通欠发达的时期，主要的交通就是山脚下的石板铺就的古道了。古道连接着南岗寨的寨门，在这里，古道是连接村寨内外的主要媒介，并且具有十分重要的军事战略意义。在明清时期，南岗村寨主要的防御就设置在这条古道上。

南岗村寨的走道特别有意思的是，它是村

图 3-11 连南南岗集水池

图 3-12　连南南岗水系竹笕

图 3-13　古寨水系水道

民自建自用的，没有专业的规划和设计，更多考虑的是适应自然环境、社会环境。通俗地说就是方便建造，节约成本，利于生活，便于交通。走进古寨，古道仍保留着雨水冲刷的印痕。村落走道的建造尺度是怡人的，是顺应地势的自然选择。在这里，质朴的青石板向我们诉说着慢慢流淌的岁月。每一块石板的间距都是符合人体工程学的，每一个台阶都是根据人走路的尺度设计的。从古道密布的石板可以看出南岗村民付出了巨大的工作量，以及吃苦耐劳的精神。除此之外，石材具有各式纹理，这在一定程度上反映了瑶族人对自然美的追求。

◇ 梯田

南岗村落的梯田主要分布在村寨入口山下走道的两侧，从山上引流而下的泉水顺着坡度灌溉到这里，周而复始地滋养着庄稼。山上瑶寨排排相叠的有序布局与山下梯田层层叠叠的壮美景观融为一体，和谐统一，瑶寨就如同从山上生长出来一般，充分体现了建筑的自然适应性。纵观南岗聚落环境，人们会形成这样一个印象，层层叠叠的梯田，与层层叠叠的房屋与葱郁的群山连成一个整体，梯田成了村寨美的“绿叶”(如图 3-14 所示)，南岗的梯田为南岗寨增添了几分魅力。村民用自己的智慧和勤劳创造了这个“大地艺术”，也为自己创造了良好的人居环境。梯田，千百年所形成的农业景观，它的初衷却是实实在在为了解决人民的粮食问题。水稻的种植需要大面积的平地，为

图 3-14 南岗古寨梯田景观（连南文化馆提供）

了解决粮食问题，移民至此的瑶民构筑了梯田，用一道道的堤坝涵养水源，使得大面积种植水稻成为可能，解决了居民的生计问题。

◇ 龙头石

龙头石对于整个南岗村寨而言，是这个村落发展壮大的忠实信仰。整个南岗村寨总共有三个龙头石，龙头石毋庸置疑是整个南岗村寨的保护神。每逢重要的日子，很多村民祭祀龙头石，带上自己的祝愿，祈求美好生活(如图3-15、图3-16所示)。

图 3-15　南岗古寨龙头石

图 3-16　南岗古寨得金石

第二节 南岗排瑶建筑赏析

南岗排建筑是整个村落布局的重要组成部分，且是村寨的主要特色之一。我们可从南岗排的建筑造型审美和意境审美两方面来剖析瑶族建筑的民族特色和文化内涵（如图 3-17、图 3-18 所示）。

◆ 南岗排建筑造型审美

在建筑审美活动中，首先作用于人的审美感官以激起审美观照的，是建筑的外观造型及其风格（如图 3-19 所示）。走进瑶寨，我们首先便被依山就势、排排相叠的排屋的恢宏气势

图 3-17 连南南岗瑶王屋

图 3–18 连南南岗庙

以及土墙灰瓦、吊脚木构的自然质朴吸引住了。排瑶习惯聚族而居，住房依山而建，一排排层层相叠，形成山寨，被汉人叫作“排瑶”。瑶民在一层层的阶梯形台地上依次建房，密密排排，重重叠叠，堆垒上山，往往是前面房子的屋顶和后面房子的地面平高，其间有一条石走廊过道。横街直巷，巷道纵横交错，主次分明，把各家各户串联起来，形成排瑶的格局。“行祥排，坐西面东，奇峰矗立，瑶屋庐屋叠居半山上，左密林，右深坑”，便是对南岗排瑶的描写[1]。从远处看，建筑顺着山势层层而上，如同嵌入山地之中一般。排排叠叠的质朴建筑与山地环境的壮美风景紧密结合，相互渗透，建筑与环境相得益彰，和谐共生。

南岗瑶寨的现存建筑类型多样，具有浓郁的民族特色（如图 3–20 所示）。不仅有瑶王屋、瑶练屋等民居建筑，谷仓、柴寮、牲畜棚等附属建筑，还有石棺墓、寨墙、寨门、竹笕、集水池等，另有近年来重建的盘王庙、谷仓、猪圈、柴寮等小型附属建筑多为木结构，茅草屋顶。民居建筑多为砖木结构，外墙青砖，木质屋架，多为穿斗式梁架结构，瓦面双坡。屋顶装饰简洁，常见有素瓦脊饰，屋角起翘，为建筑立面增添几分生气，赋予人们“如鸟斯革，如翚斯飞”的审美想象。

图 3–19 南岗瑶寨全景

[1]（清）袁咏锡编 . 连州志卷八 · 瑶排志 .

图 3-20 南岗瑶族民居

在建筑平面上，民居建筑多采用对称式方形平面，多为三开间，单开间，少数为双开间。以三开间民居为例，中间一间为正厅，厅堂后墙设神龛，安放祖先神位，左右两间为房，两房在进深三分之二处分隔成前后两部分，前部设火炉塘取暖和炊事，后部为卧室，卧室宽度仅能放下一张床，如家中成员渐多时，则在火炉塘边设床休息。左右两房在正立面单独开有小门，在卧房后墙还开有小窗，厅堂和卧房之间以木板墙分隔，厅堂上层铺设木板形成阁楼。一般只有一层住人，另一层作为储藏等用途。同时，这种民居多将屋顶大梁伸出墙外一米余，形成一个悬挑二楼的阳台，结构十分独特。两开间则一间为厅堂，一间为房，其他布局与三开间类似。一开间民居则分为前大后小两部分，前为厅堂，后为卧室。同时民居外部通常还配置谷仓、菜畦或蓄养圈（如图3-21、图3-22所示）。

在南岗瑶寨，除去祭祀建筑、居住建筑以外，还不能忽略形态各异的民居附属建筑，如谷仓、柴寮、打铁铺、烧瓦工坊、腐竹制作坊等。它们广泛分布于村寨的各处，为满足村民日常生活所需。这些附属建筑为整个瑶寨增添许多生气，既点缀了村寨，也方便了村民日常生活。

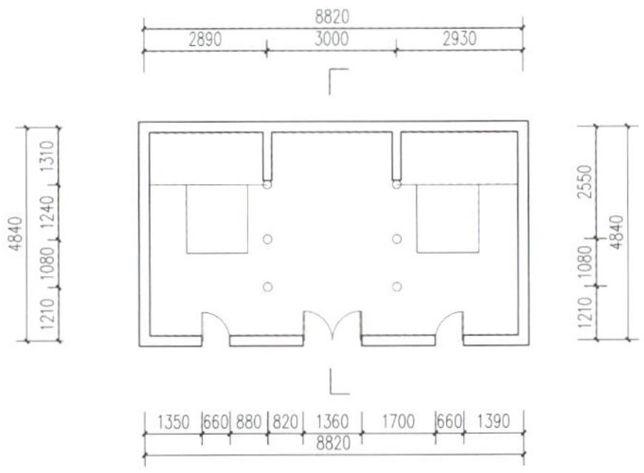

民居 B 平面图 1:100 单位：mm

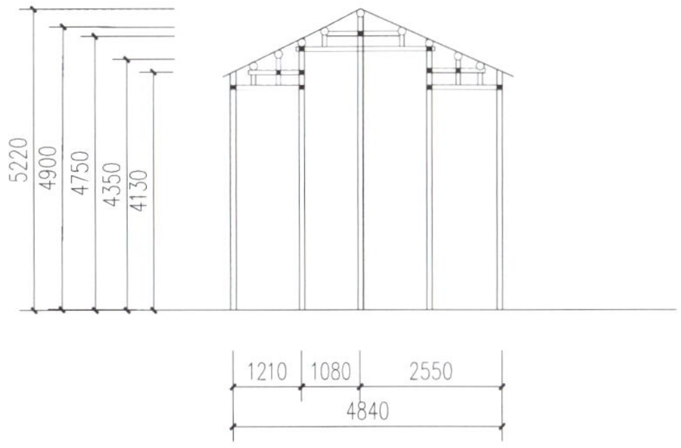

民居 B 剖面图 1:100 单位：mm

图 3-21 南岗瑶族民居平面图与剖面图

谷仓的建筑形式简单而明快，分布于村寨各处，一般靠近民居，富裕人家单用一个谷仓，经济条件稍差的则两三户共用一个谷仓（如图 3-23 所示）。谷仓是典型的干阑式结构，底层架空，屋顶出檐 30—40 厘米，底层有梯子通向二层。靠近上层主要用于储藏粮食，底层则是蓄养牲畜，而对于居住空间不足的家庭，谷仓也常常是他们睡觉的场所（如图 3-24 所示）。

吊脚楼多为单开间和三开间，它由楼层间的承重梁悬挑而出，悬挑长度不等，但不会超出屋顶的挑檐，这样能保证悬挑部分不被淋雨。在悬挑梁的外沿的边角处立柱，柱顶以嵌榫连

图 3-22 南岗瑶族民居屋顶细部

图 3-23 南岗谷仓

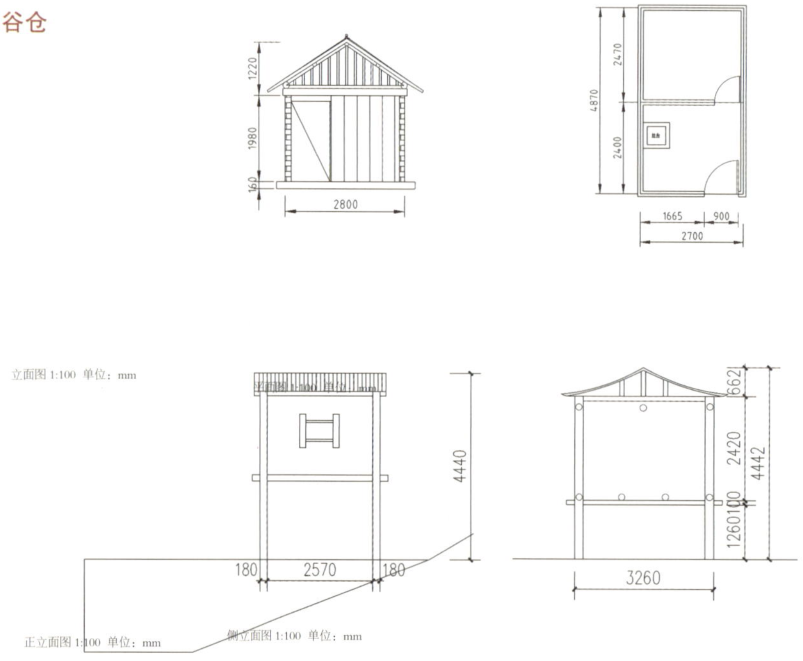

图 3-24 南岗谷仓平立面图

图 3-25 南岗吊脚楼

接挑檐梁，其余边沿处设置成栏杆式，高 1 米余（如图 3-25 所示）。从使用功能看，在寸土寸金的瑶寨也不失为一种增加空间的良方；从审美视角看，由于民居主体是砖砌体，有笨重之嫌疑，但是这个“挑箱”是整个建筑的点睛之笔，它看上去轻盈通透。同时也是室内空间与室外空间的过渡带，使民居与自然相互嵌插，实现人与自然和谐相融的审美理想。

打铁铺，为居民提供了生产生活中所需的铁质用品（如图 3-26 所示）。现存的打铁铺位于村落的唐姓龙头石旁，建筑面积 10 余平方米，建筑用青砖砌筑，灰瓦铺顶，为单层建筑。建筑立面适应气候的要求，通透轻盈，面向走道的一侧开门窗。室内摆放着各种打铁工具。对于以农耕为主的瑶民，打铁铺扮演着重要的角色。抵御外敌用的刀剑，耕作用的犁耙，缝补衣服的针头都离不开它。铁具的使用及冶铁技术的成熟反映了瑶族文明程度的提高，抑或是汉文化传播的结果。

寨门对于山地民族而言，无疑是至关重要的防御性关卡（如图 3-27 所示）。南岗排原来有两道寨门和较完好的寨墙，主要用于防备外敌入侵，特别是官府的镇压。如明正德五年（1510 年）连山瑶首李公旺以“僚兵攻州城”；正德十二年，桂阳瑶首龚福全进军连州、连山、乐昌等地，与当地瑶人联合出击反抗的事件说明统治阶级与瑶民之间的不可调和的矛盾（详细参见《天下郡国利病书·广东下》）。过去，

图 3-26 南岗打铁铺

图 3-27 南岗村落寨门（连南文化馆提供）

南岗排有两道寨门和坚固的寨墙，第一道寨门寨墙在山寨外半公里的地方，我们现在看到的是第二道寨门寨墙，原来这道寨门有粗木挡拦，不经允许，任何人都进不了山寨。瑶寨两个寨门呈现不同的构筑形式，为石材垒筑，呈拱形，体现了瑶族工匠熟练的匠艺。在它的两侧有防御性的附属房屋。据村民口述，门两侧的房屋是为守卫村寨的勇士准备的。在特殊时期，守备的勇士夜里就在这里站岗护村，他们时刻注意着周边的动向，为村民的安居生活创造了良好的外在条件。寨门全部用厚重的石材砌成，石材之间的缝隙密不通风，寨门与寨门之间的城墙蜿蜒于山间，将整个村落连成一个整体。寨门是按照人体工程学设计的，它的尺度适应村民的活动需要，从心理上来说，门的高度不会让人产生一种畏惧高大的震慑。

对于南岗村民来说坟墓则代表了古寨居民对于祖先的敬畏，是连接过去与未来的桥梁。南岗村寨现存着两座石棺墓，据村民反映，其中的一座石棺墓被破坏且已经重新翻新过，还有一座整体保存了下来。现存的其中一座石棺墓位于村寨古道路边，高 1.2 米，宽 1.7 米，石棺上刻有碑文和属楚人文化色彩的图腾。据专家考证，属于明代墓葬。另外在这附近尚有一座刻有碑文但没有图腾至今保存完好的石棺墓，也属明代墓葬。两座石棺墓的碑文中均刊刻了墓主“打道箓”后安的法名，说明至少在明代，道教就已经传入了南岗排瑶。

◆ 南岗排建筑意境审美

建筑意境一般通过建筑空间组合的环境气氛、规划布局的时空流线、细部处理的象征手法来表现。下面我们将从空间组合、时空流线和细部处理三方面来探讨南岗排的建筑意境审美。

◇ 空间组合

南岗村落的建筑空间布局，明显地表现出层次性。从整个聚落环境来看，村寨、梯田、高山呈三个层次。但站在梯田抬头仰望，村落的形态与梯田的形态都呈层叠状，在形态上保持高度的一致。村落像是从大山中长出来一样，是那样的自然与亲切。村寨内部的三条垂直主干道，即“三条龙”（如图 3–28 所示），次干道连接三条主干道，进而将整个村落连为一个整体。这些次要干道呈弯曲状，随形就势，呈自然状分布，体现了得体合宜的设计思想。

◇ 时空流线

南岗庙位于村寨的最高处，处于游览流线的末端。它也是南岗排中最为尊严的场所。南岗庙的建造体现了瑶族同胞的祖先崇拜，也体现了祈求祖先庇护的美好愿景。南岗庙静静地站立在村落的至高点上，时时关注着自己的子孙后代。建筑正对中心干道，视野开阔（如图 3–29、图 3–30、图 3–31 所示）。据村民回忆原先的南岗庙是一个开放的空间，没有门，十分通透。但后来因蓄养的牛羊经常闯进庙里，因此重建时就改为三面围合中间开门的形式。庙正开间的厅堂供奉着瑶族信仰的祖先盘古王公、盘古王婆，以及其他各姓氏杰出的祖先，

图 3–28 南岗排主干道

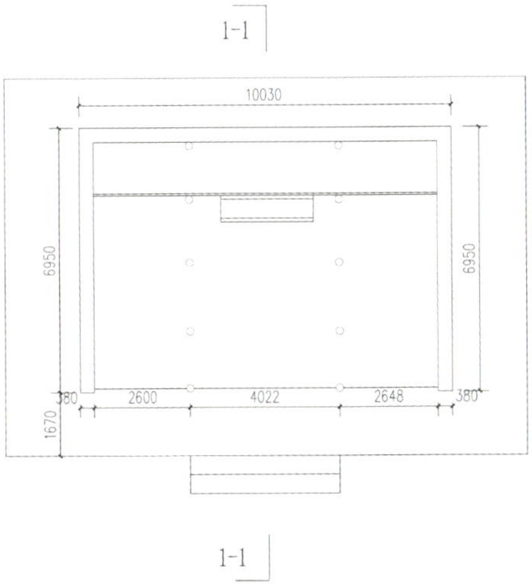

平面图 1:100 单位：mm

图 3–29 南岗庙平面图

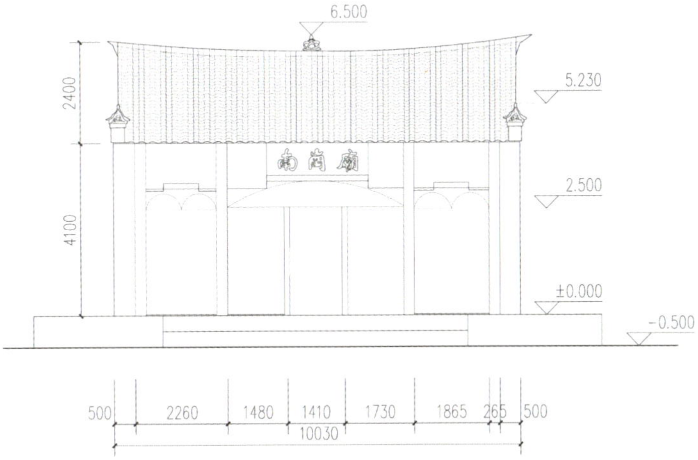

立面图 1:100 单位：mm

图 3–30 南岗庙立面图

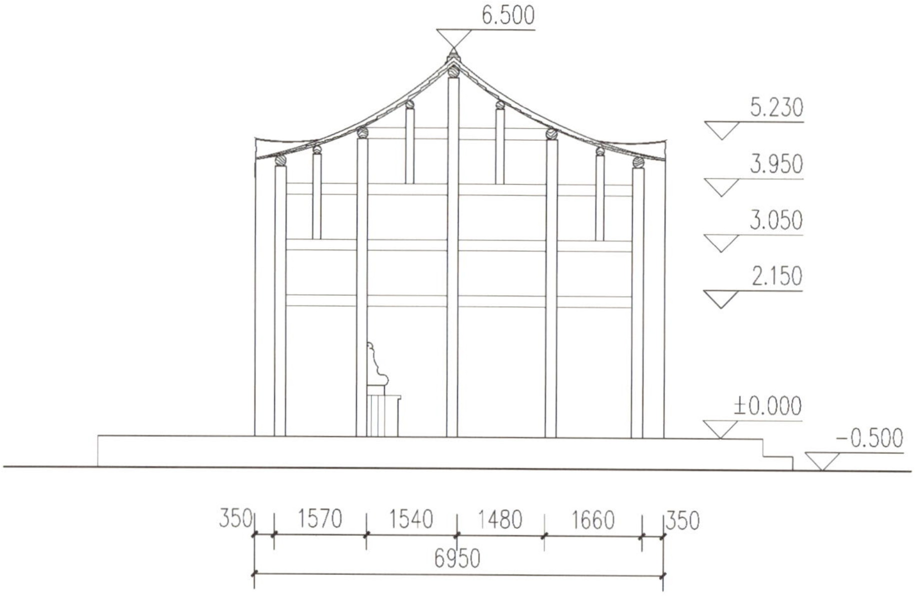

1-1 剖面图 1:100 单位：mm

图 3-31 南岗庙室内剖面图

共计 18 个神像。据留守在庙里的烧香公回忆，原来这里供奉着南岗寨的 18 位祖先，现今只剩下 6 个祖先神像坐落在这 1 米多高的供桌上。此外南岗庙的地面铺砖也很有特色，表面不平整并呈现一定的坡度，中间向下凹陷一定的深度，有的则有一个脸盆大小的突起，起起伏伏。拾步在这空间，人仿佛是在聆听一支交响乐的演奏，旋律的回旋曲折让人回味无穷。加之柱子周围光影的变幻，让人忍不住

图 3-32 南岗庙室内

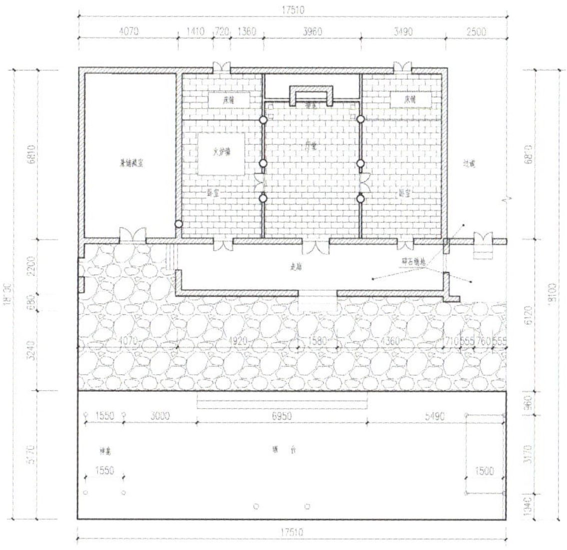

瑶王屋平面图 1:100 单位：mm

图 3-33 瑶王屋平面图

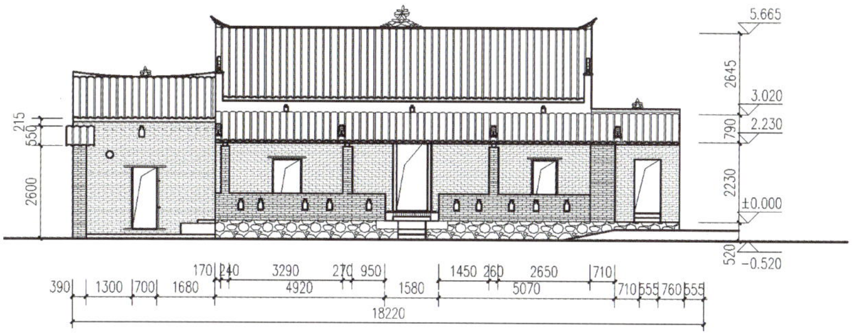

瑶王屋立面图 1:100 单位：mm

图 3-34 瑶王屋立面图

止步思索时间流淌在这里的定义。

从南岗庙出来往前走左转便到了瑶王屋。站在瑶王屋前，视野开阔，颇有“万山来朝”之势。在瑶王屋门前的地坪上，摆放着有“瑶山第一鼓”之称的大型长鼓，它造型独特，引得游客频频合影留念。我们可以设想，在村子遇到大事要召集村民讨论之时，响动着的大鼓声音传遍整个村寨的情景，响声震动，令人浮想联翩，或紧张欢喜，或举家狂欢。走进瑶王屋（如图3-33、图3-34、图3-35所示），三开间，呈一

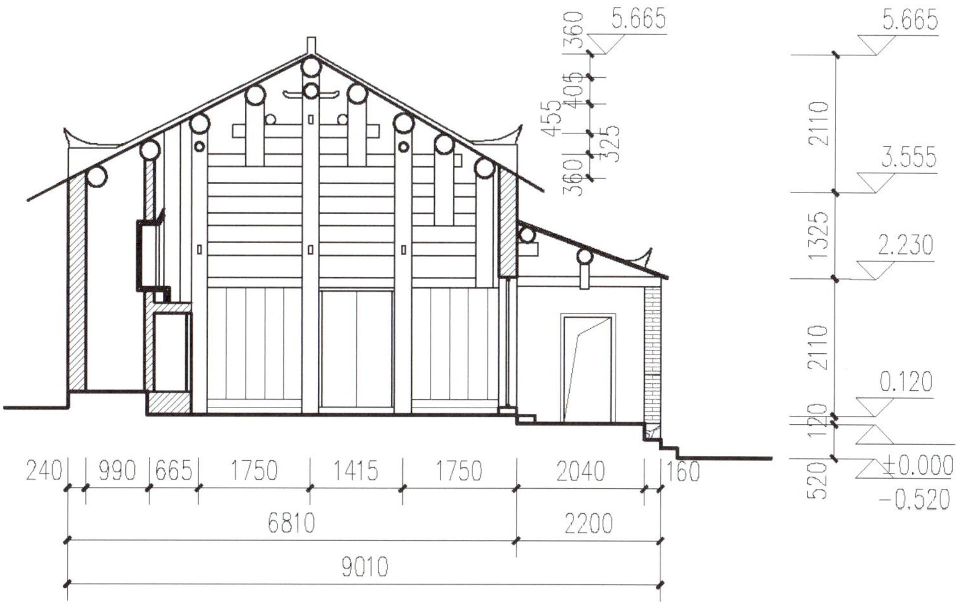

瑶王屋剖面图 1:100 单位：mm

图 3-35 瑶王屋剖面图

明两暗格局，约100平方米。相较于其他民居，瑶王屋规模较大。瑶王屋前面有一个宽大的晒台，站在晒台上你可以远眺村寨，一览整个南岗半山腰的风景。可以想象在一个天晴的午后，瑶王坐在屋子正间的虎头椅子上，神情自若，远眺对面的三座山峰。进入室内，厅堂是瑶王平时用作处理村寨事务的场所，中间摆放着一张四方高桌，较为特殊的是瑶王屋厅堂两侧的梁架上挂着许多椅子，这是村寨开会时给各个姓氏的阿公们就座的，闲时就挂吊在两侧的梁

图 3-36 瑶王屋前的大鼓

图 3-37 瑶王屋环视：从瑶王屋看万山朝王

架凸出的横木上，这种做法体现了建筑营造者对空间的极致利用及对充满人情味的理念。如今椅子还一直挂在上面，好像是在向我们诉说那个时代，人们在这里处理纠纷、解决村落事务时的情境。在厅堂前有一只烧饭的锅桩，左房是“瑶王寝室”的木床。

从瑶王屋出来是瑶练屋（瑶王屋和瑶练屋并没有挨在一起），瑶练屋以前是瑶长制下的一个头目居住的场所，具有历史的瑶练屋是一座三开间的普通民居，是带夹层的单层建筑，前带

图 3-38　瑶练屋外景

雨廊，面阔 9 米余，总进深近 10 米。瑶练屋坐落在主要干道的一侧，在大同小异的建筑周围，瑶练屋显得不起眼。在瑶族村寨内部中，原始平权社会的遗风始终贯穿在村寨的日常生活中，少有对权力、财富的炫耀，因此整个村寨少有突兀的建筑（如图 3-38 所示）。

◇ 细部处理

南岗村落中，建筑装饰，色彩的描绘，体现了劳动人民的生活态度和审美趣味。建筑的屋檐翘角、风火山墙、正脊上的瓦饰、瑶王屋中的毛主席相片、南岗庙中的盘王像、建筑室内的神龛，吊脚楼的“吊箱”等，为我们展示的是南岗村建筑细部。

民居的屋檐翘角，在大山的衬托下，人们抬头仰视，气势恢宏，似乎在向人们诉说着它历史的辉煌。风火墙也是一大特色，它按照开间砌筑，坡度随着山墙蜿蜒，线条柔滑，这很好地中和了山墙的生硬。整个村落无数的风火墙像万条灰色带子随风飘动，使整个村落有流动的美感。脊饰虽然没有涂油敷彩，但造型优美，极富观赏价值。尤其是屋脊的中间分割处的脊饰空灵通透，极富意蕴。瓦饰可用来压制煞气以及保佑房屋的安全。各式各样的瓦饰安静地矗立在屋顶上，向我们展示着这特有的民宅风貌。而对于室内的装饰，手持明镜的盘古王公、盘古王婆却十分平易近人，给人一种亲近的心理感受。瑶王屋室内的照片，是在 1950 年的秋天，邓卖尾八公在北京受到了毛泽东主席的接见。两人握手之际，毛主席眼光慈祥，而邓卖尾八公仰着头，满脸崇敬。这一瞬间被摄影师捕捉了下来，如今的照片挂在瑶王屋的墙上，向我们诉说当时的情景。在民居内部，神龛的作用尤为重要，家家户户的正厅上都安放着祖宗的灵位，神龛位置十分显眼。这显示出南岗瑶族人对祖先的尊崇。造型独特的吊脚楼，这种建筑细部处理的手法在运用的过程中，不仅仅考虑了建筑的空间效果，同时兼顾了生活中作为男女交流的重要通道，不失为南岗居民善于发现生活，善于创造的智慧。

第三节　瑶族民居建筑特色比较

在我国55个少数民族中，瑶族人口相对较多，广泛分布于我国湖南、广西、广东、云南、贵州等地，以及泰国、越南、老挝等东南亚国家，形成了大分散、小集中的分布特点。在长期的历史发展过程中，由于居住分散，不同的地域环境造就了瑶族民居的多样性。瑶族民居不仅有湖南永州叉叉房的独特造型，广西金秀连片筒子楼的壮丽景观，风雨桥的古朴风情，还有

图3-39　万山朝王

贵州干阑式建筑谈婚洞的奇特，云南吊脚楼的古朴风情等。这种多样性主要表现在瑶族民居的选址、平面布局和营造技艺的地域差异上。下面将从选址环境、平面功能和材质技艺三方面来探讨瑶族民居的建筑特色。

◇ 选址环境

瑶族具有不断迁徙的山地民族特性，瑶族聚落多选址于南方丘陵、山地等环境，在聚落布局上，因地域环境的不同呈现出较大差异。

瑶族是一个迁徙频繁的山地民族，早在元明以前，瑶族人便开始了漫长的迁徙历史。其迁徙路线一般自湖南入广东，经广西进入云南；或自湖南入广西，再进入贵州或云南；也有自福建经广东进入广西、云南。从这几条迁徙路线可以看出，湖南是瑶族人迁徙的起点。由于迁徙路线的不同，最终落脚到我国南方不同地区。

南岗排相传自湖南道州迁徙而来，于元末明初在连南南岗定居。南岗排位于广东省连南县城西南26公里的三排镇，海拔803米，位于一片群山起落的山林环境中，喀斯特地貌奇特。在三排镇油岭与三排两大山脉之间的深谷间，石山林立，怪石嶙峋，千姿百态，仿如千军万马，汹涌而来。这里座座石山背朝东北，面向西南。这形态气势，既有八百罗汉朝拜盘古王的庄重礼仪，又有万马奔腾的磅礴气势，还有瑶族人朝拜始祖盘古王的虔诚神韵，故此也有“万山朝王”的美誉。而南岗排便选址在这片“万山朝王”的王中之王之中，依山而建，建筑顺着山势错落有致地排列在半山坡上，因而这类聚居在半山上的瑶民被称为排瑶（如图3-39所示）。

将村落选址于半山上，其中一个重要考虑便是防卫。如果说汉人的防卫机制主要是平地筑城，那么排瑶选择的应是依山建寨，凭着山势的陡峭和地形的险恶，来阻挡外人的入侵。这一点在古代著作中便能探知一二，如清同治

图3-40 南岗排全景（连南文化馆提供）

袁咏锡的《连州志》卷八《排瑶志》就使用了“地亦绝险”“居山绝顶”“悬崖峭壁”“不通人径”和“恃险不法”这一类的描述[1]（如图3-40所示）。

瑶族其他支系与连南排瑶的聚落选址环境类似，多位于南方高山密林地区等较为恶劣的环境，也有少部分处在丘陵、河谷和平原地带，因此有过山瑶、平地瑶、高山瑶之称。瑶族聚居地大致可分为大山区或丘陵地区、河流沿岸和山谷地带几种。如全国瑶族人口最多、面积最大的瑶族自治县——湖南永州市江华瑶族自治县，境内地貌便多以山地为主。云南金平瑶族则多居于半山，以耕作水田为主；还有广西巴马瑶族，则选址于高山向阳坡或依傍山谷的平坦地带；广西河池瑶族则大多居住在石山或半石山地区；更不用说位于广西中部的大瑶山地区，更是我国著名的瑶族聚居地，史称大藤瑶山（如图3-41所示）。居于大山区的瑶族聚落，由于生产水平极为低下，基本上还停留在刀耕火种的原始阶段，长期过着烧了这山烧那山的“过山”生活，生产中仍保留着一种氏族社会集体劳动的残余形态，此外，由于大石山区少有大片平整的耕地，所以瑶族传统聚落常被重重梯田所包围；而居住在丘陵地区和河流沿岸、山谷地带的瑶族人，则以农耕为主，居住环境较为优越，且有些与汉族或苗、傣等其他少数民族混居，如广西龙胜县、云南金平县等瑶族的生产方式、耕作制度与汉人相似。瑶族聚落的朝向依山势而定，只要是靠近水源和耕作区域、易找建筑材料、野兽出没较少的向阳处，便可建寨。

在历史上，瑶族长期受到朝廷和汉民族的

图3-41　广西大瑶山聚落全景

[1] 谢剑．广东连南排瑶聚落模式的初步研究[J]．广东民族学院学报（社会科学版）．1991(1).

图 3-42 南岗排石板路

严重歧视和压迫，相对于那些风景秀丽、土壤肥沃、交通便利的良好居住环境，瑶族人只能被迫选择居住在交通不便、土地贫瘠、资源贫乏的大石山区或高山上。瑶寨安置在险峻的高山上，四处设防，壁垒森严，在当时的历史条件下，居高临下的地理位置对于抵抗外侮也起到相当的防御作用，因而民间有“无山不有瑶”一说，这样的选址也利于排水，不至于在雨季形成内涝，同时还能争取到良好的朝向与通风，体现出瑶寨建筑的自然适应性和社会适应性。虽然，瑶民没有汉族村落那样舒适的居住环境，但瑶族人民在长期的社会实践活动中，不断改善他们既有的恶劣环境，展现出瑶族人民的勤劳和智慧。

瑶族聚落布局因地域环境、社会环境的不同呈现较大差别。这种聚落布局模式在一定程度反映了当地瑶族人民的生活习惯与宗教信仰。

排瑶常选址在地势险要的山坡上，在一层层的阶梯形台地上依次建房，密密排排，重重叠叠，往往是前面房子的屋顶和后面房子的地面平高，其间有一条石走廊过道。横街直巷，巷道纵横交错，主次分明，把各家各户串联起来，形成排瑶的格局（如图 3–42 所示）。

古排两侧是陡峭的峡谷，前有寨墙，后有缓坡和通道作为退路，出入口皆有寨墙和寨门，具有很强的防御性。

南岗排这种按姓氏和房族划分的血缘组织形式，与鱼骨状道路系统呈现的地缘组织形式有机结合，形成血缘与地缘相结合的独特聚落组织，即“龙的组织”。而这种独特的组织形式是与南岗排传统的政治组织——“瑶老制”相匹配的，每条龙相当于一个小的政治组织联盟（这在本书的第二章中有详细介绍）。南岗排这种与社会政治组织紧密结合的聚落布局形式，在瑶族聚落中独树一帜。我国其他瑶族聚落多依山傍水，布局模式与自然环境充分结合。

如湖南江华瑶寨在崇山峻岭的衬托之下，显得瑶寨建筑体量和尺度小巧，依附在自然山水之中。湖南江华瑶族聚落形态可分为垂直或平行等高线、沿道路或沿河的线型、平地排列型、分散型、孤瑶寨和大瑶寨五种类型，分别居住着高山瑶、梧州瑶、平地瑶[1]（如图 3–43 所示）。而广西巴马瑶族聚落在不同的自然环境之下，也表现出散点型、单线型、复线型等多样的空

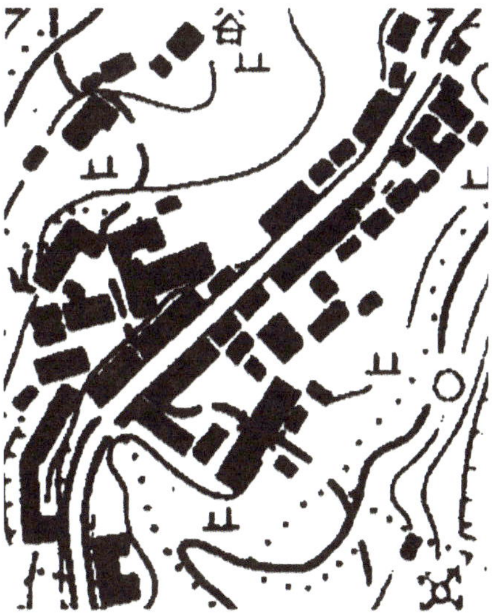

图 3–43 江华瑶寨湘江村

[1] 成长 . 江华瑶族民居环境特征研究 [D]. 湖南大学硕士学位论文 . 2004.
[2] 陈源林 . 广西巴马地域建筑设计研究 [D]. 华中科技大学硕士学位论文 . 2011.

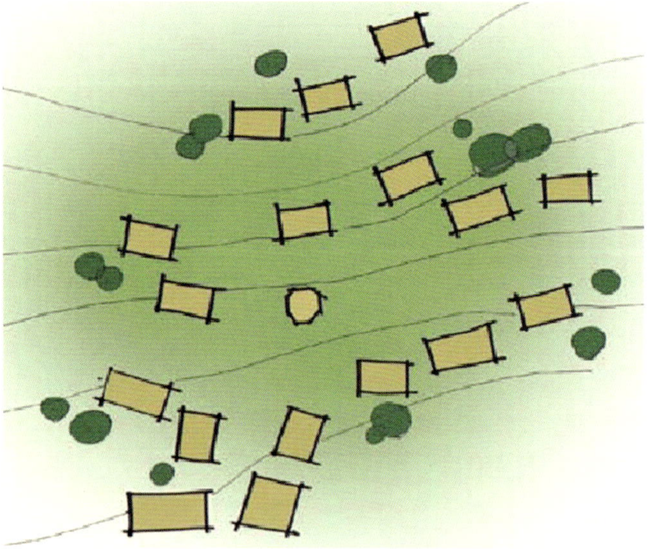

散点型布局示意图

单线型布局示意图

复线型布局示意图

图 3-44 广西巴马布努瑶寨聚落形态

间形态[2]（如图 3-44 所示）。散点型聚落往往规模较小，建筑的分布比较稀疏，不形成任何形式的街和巷。建筑群体布局呈自由散落的状态，视野开阔，不十分讲究朝向。这种类型的聚落内部联系较弱，但在巴马大石山区也最为常见。单线型聚落一般是以一条主要街巷为轴线，贯穿聚落的轴线两端是聚落主要的出入口，公共活动及居民生活都集中在这条主要轴线上。这种聚落组合形式简单，沿主要街巷两侧布置建筑，建筑较为注重朝向。建筑与街道直接连接，局部形成开敞的公共空间。由于大石山区中不易形成较大的单线型聚落，于是大型的聚落道路都是相互交叉，呈“十”字、“T”字或“人”字形，以此衍生出众多的街巷和建筑，形成“复线型”布局。街巷的交叉处往往是聚落的中心，布置有公共建筑或形成开放性的公共空间。聚落中的道路随地形变化，比较自由。

比如，位于广西巴马东山乡的布努瑶寨巴根屯——是巴马保存得最为完好、最具代表性的瑶族传统聚落，具有比较典型的单线型空间布局。一条用石子铺筑的环路贯穿全寨，且村寨只有一个出入口连通县道。村寨南端的入口处有一独特的木质寨门，寨门正中的牌匾上书写有“布努瑶山寨巴根”。进入寨门后最先看到的不是房屋，而是郁郁葱葱的树林和大片的耕地。顺着寨门后蜿蜒的石子路便可通达山脚下的房屋。寨中的房屋分布在主要道路的两旁并沿等高线在向阳坡逐级修建。房屋的基地被处理成了台地，完

图 3-45　广西巴马布努瑶寨巴根屯景观

图 3-46　广西金秀瑶寨景观

美地顺应了地形，营造了丰富的空间感和层次感，保证了每户的采光与通风，并且符合负阴抱阳的传统风水格局。由于地形条件的限制，寨中房屋的间距不等，部分房屋的横向间距不到 1 米。全寨的中心位置建造有一独特的木质大亭子，这是全村最主要的公共活动空间，用来举行重要活动或仪式，闲暇时也有不少村民在此娱乐休憩[1]（如图 3-45 所示）。巴根屯的选址完全符合瑶族传统聚落有关水、耕地、地势的选址原则，且全寨的生产、居住、公共空间的分布合理有序，很好地满足了村民们的生活生产需求。村寨单线型的空间形态也完美地

[1] 陈源林 . 广西巴马地域建筑设计研究 [D]. 华中科技大学硕士学位论文 . 2011.

适应了特殊的地形及地域气候，营造出了宜人舒适的生活环境。

此外，广西金秀村布局也呈现出较为严谨的线型封闭结构（如图 3-46 所示）。金秀村的聚落特色主要表现在相邻两户民居共用一面山墙，依次连接成排，每排少则六七户，多则十几户。排与排之间有宽约 2—3 米的巷道，巷道两头一般设有闸门，一般巷道与巷道相通，结构紧密。这种连成排的聚落格局与南岗排瑶有相似之处，不同之处在于金秀村在排与排之间，有些房屋设有封闭的干阑式架空通道相连，且相邻户与户之间设有左右两个特殊小门——间门，通道和间门的设置最初是出于防御性的考虑。旧时金秀瑶族受到外族入侵，常有械斗发生，这些间门平时关闭，一旦发生战事等特殊情况，全村各房子间门都打开，即变成户户相连的通道。通过这些排与排之间的架空通道和户与户之间的间门，村民不走巷道就能一直安全地跑出村外，钻入山林，进入安全地带。作战时，通道和间门便于瑶胞通行、相互支援，保卫全村安全，使得金秀村成为一个相互支援的整体。如今，通道和间门的防御性功能减弱，更多地方便瑶胞的生活交流需要。如结婚生子举办酒宴时方便借用邻居的房屋使用，重大活动时方便出入等，形成金秀村居民交流的空间通道。

事实上，金秀村不论是村寨的整体布局，还是建筑单体，都反映出金秀瑶胞强烈的防御意识。首先，金秀村地处深山老林，古时老虎、狼等猛兽出没频繁，经常袭击人畜，造成了很大损失，金秀村这种构造布局能够防止野兽攻击（如图 3-47 所示）。金秀村建筑开间小，进深大，且以山墙面向外连续延伸，围合出整个村落空间，全村只设有两个寨门。如果寨门一闭，全村便形成一个封闭系统。间门一关，村落内部便形成一个个封闭单元，天衣无缝，整个村落十分安全。其次，传说金秀村茶山瑶是由于遭到明朝统治者压迫而迁居到金秀的。初到金秀时，茶山瑶人口稀少，住户分散，一些盗贼趁“弱”打劫，致使瑶族人民的物质财富和生命财产受到威胁。分散的村落布局没有防卫能

图 3-47 广西金秀民居

力，为了维护村民的利益，便修建起封闭结构的村落。此外，金秀村的建筑单体——别具特色的筒子楼（下文有详细介绍）也充分考虑了防御需要，在开间小、进深大的民居中，设置了多道门，少则四道门，多则七道门，多门的设置也是考虑到在作战时，多一道门便多一份安全。金秀村的这种封闭式聚落布局和户户相通的建筑形式，极大地增强了村民的安全感，同时也增强了本族的凝聚力和抗击外来骚扰的信心和力量。一旦有战事发生，敌人从某一边进攻，全村人可通过间门从各方来支援，火力密集，易守难攻，真是“一夫当关，万夫莫开”！如果敌人攻进来了，便将层层间门全部关起来，令敌人成为笼中之鸟，无处可逃[1]。这种封闭性聚落布局有利于保护村民生命财产安全，增强村民的凝聚力。但我们不得不注意到，这种固化的封闭格局会影响人们的生活方式和思想观念，人们不主动与外界交流，具有排外心理，从而导致民族的落后。

瑶族传统聚落的选址原则与聚落空间布局是瑶族人民在特殊的地理条件和社会环境的影响下，在长期的生活生产的过程中，改造恶劣

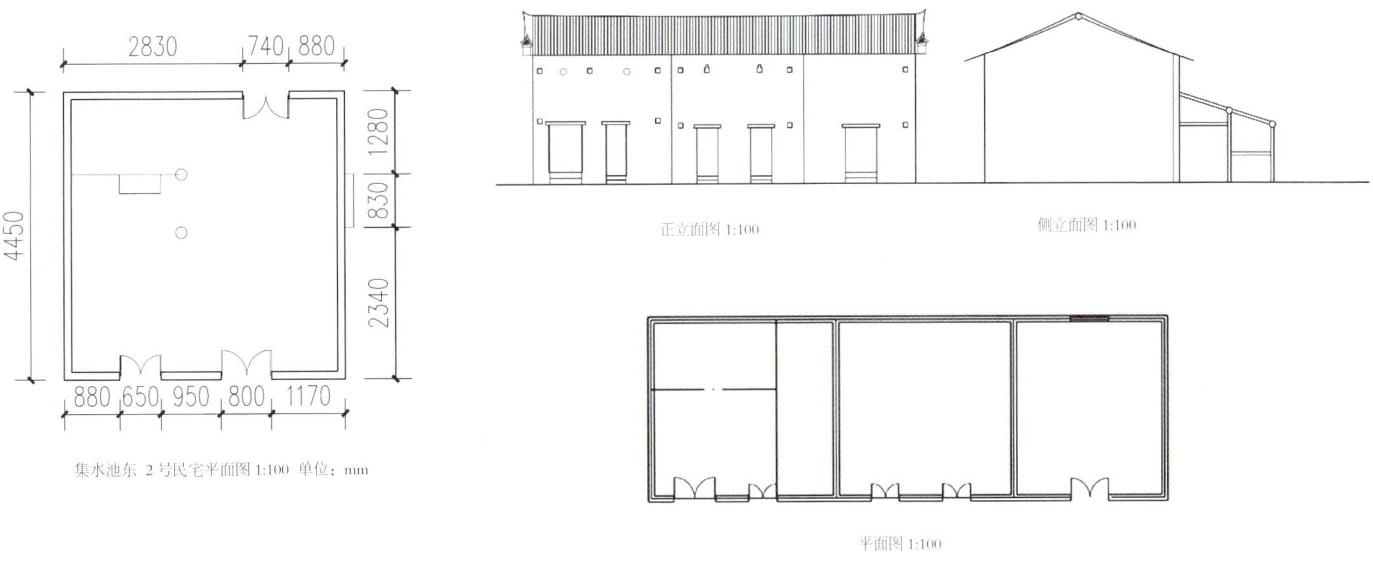

图 3–48　南岗排民居住房、谷仓、寮房图

[1] 任立昭 . 广西瑶族文化与设计研究 [D]. 湖南大学硕士学位论文 .2004.

自然环境，适应复杂社会环境的结果，反映了瑶族人的聪明智慧。

◇ 平面功能

瑶族民居在平面与功能上也因地域不同呈现丰富的多样性。南岗排的传统民居建筑大致可分三大类型，即住房、谷仓、寮房（如图 3–48 所示）。居住建筑平面一般为长方形，按面宽间数可分为一开间、两开间和三开间三种平面类型，其中以三开间数量最多。多为一层或两层，两层房屋一般只有一层住人，另一层作为储藏等其他用途。屋后则有猪栏之类的设施，有时也用作厕所（如图 3–49 所示）。谷仓常常与猪舍或牛栏同建，上层储粮食，下层蓄牛猪，在住房附近。

与广东境内其他瑶族相比，南岗排民居建筑形式较为单一，规模不大。粤北瑶族有两种，一种是分布在连南瑶族自治县的排瑶，另一种是居住在乳源瑶族自治县和连山壮族瑶族自治县的过山瑶。广东瑶族民居建筑形制大致可分为茅寮式住宅、单屋住宅、独户楼房住宅、连

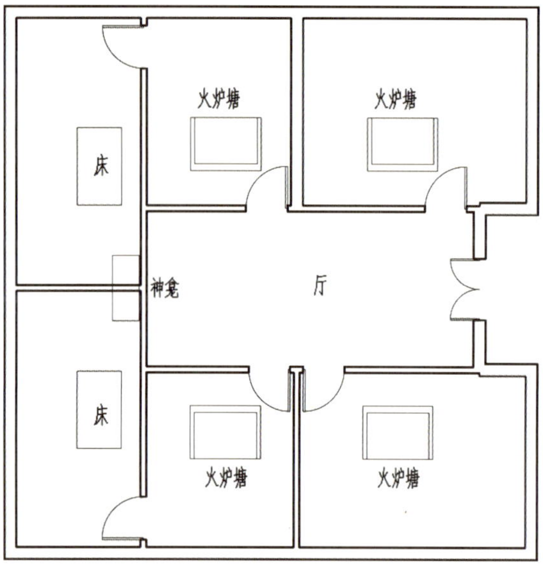

连南瑶族民居平面二间式

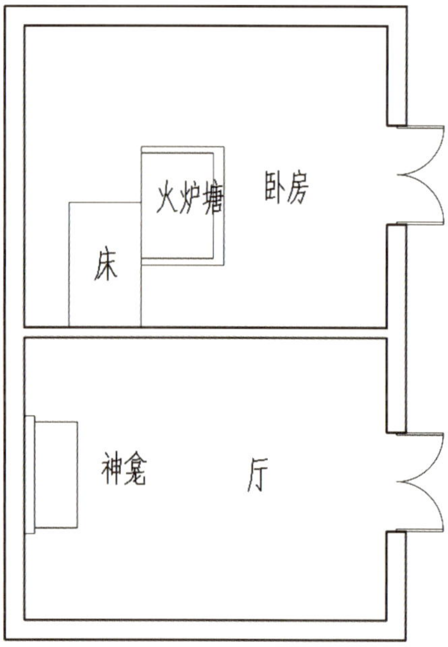

连南瑶族民居平面三间式

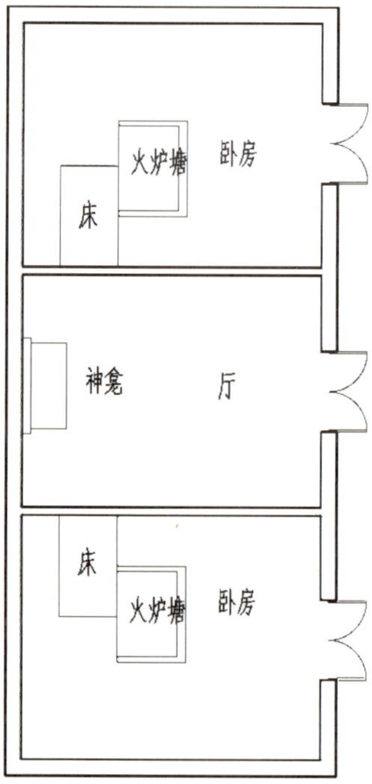

连南瑶族民居平面二间式

图 3–49 南岗排民居三类型平面图

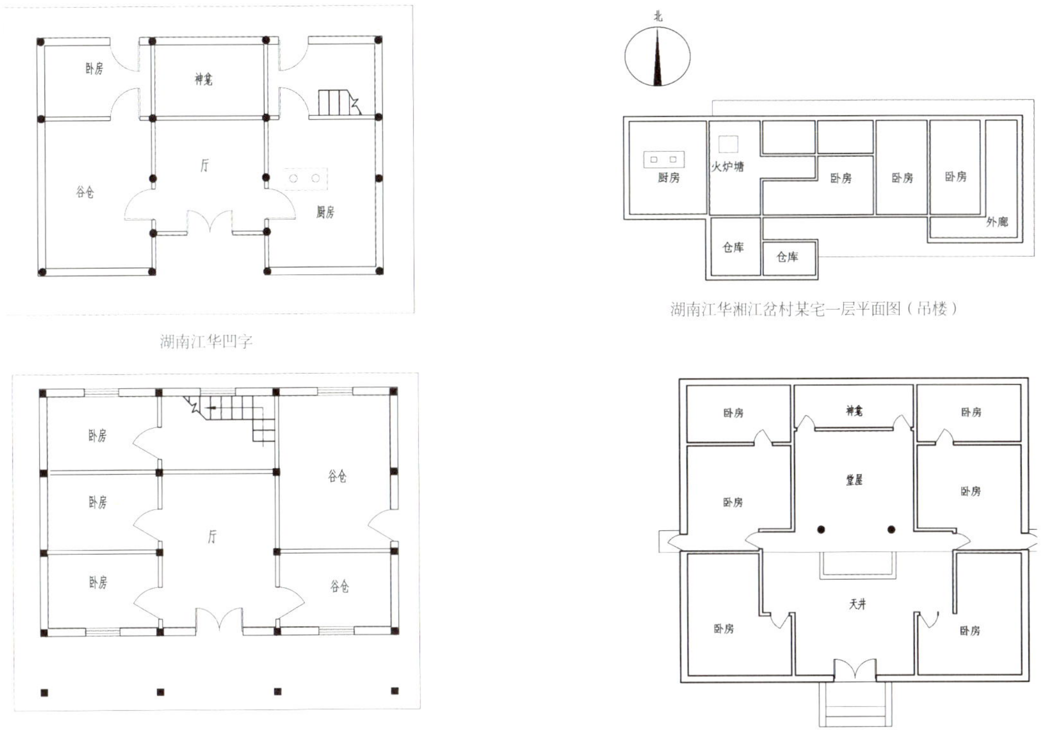

湖南江华凹字

湖南江华湘江岔村某宅一层平面图（吊楼）

湖南江华四字

湖南江华牛路村李宅（回字）

图 3-50 湖南瑶族四种类型民居平面图

排式楼房和廊道式排房五种[1]。茅寮式住宅仅一间房，睡觉、做饭均在一室中；单屋住宅每户一至两开间，厨房和厅堂混在一起。房里一侧靠墙处砌筑火炉塘；独户楼房住宅多见于石灰岩山区，底层存放杂物或作猪牛栏，二层作厨房、厅堂和住房，布置较为灵活。房前多用木柱支出廊道，平面布置与环境紧密结合；连排式楼房则是一排几间房相连，房间互相串通，多为几兄弟紧挨父母家建的新房；廊道式排房则是一排排组成廊道式连排平房，每家一至两开间，相邻两家共用隔墙。连南排瑶多见茅寮式住宅和单屋住宅两种建筑形制，民居单体形制简单，但全村布局在山地环境和瑶老制等社会政治制度的影响下，将各个民居组织形成结构完整的整体，具有一定的防卫机制，阻挡外人入侵。而过山瑶以前过着刀耕火种，“食尽一山过一山”的游耕生活。不似排瑶定居自成聚落，过山瑶没有定居村寨，居住较为分散流动，因此多发展独户、连排式楼房。同时由于这种游耕生活方式，他们不似排瑶建有祖庙，他们和广西及泰国北部等地从事游耕生涯的瑶人一样，多不建庙，不立神像，代以绘有神家和祖图的画轴，以利迁移。各地区瑶族民居又因自然地域环境和社会环境的不同而不同。

如湖南地区瑶族民居根据平面形式的不同，可分为“凹”字式、“四”字式、吊楼式、“回”字式四种基本类型[2]（如图 3-50 所示）。“凹”字式，户外走廊一般无柱，主要为平地瑶所用；

[1] 陆琦编著．广东民居 [M]. 北京：中国建筑工业出版社，2010:190.

[2] 成长．江华瑶族民居环境特征研究 [D]. 湖南大学硕士学位论文， 2004.

“四”字式又分为摆栏式和锁匙头式两种，摆栏式户外为柱廊，锁匙头式的平面一层与摆栏式相同，二层则左右两正屋各外伸一阳台。“四”字式和吊楼式为高山瑶常用，不过，高山瑶的民居中也可看到“凹”字式建筑形式；吊楼式平面一般呈矩形，一部分向外伸出，用柱支撑，也有用原木悬挑的现象，底层半地下室空间作牲畜栏或堆放杂物，外伸部分围绕正屋设一圈长廊，部分长廊上设阳台，形式十分优美。这种形式主要适用沿河边或山坡上，与地形结合十分巧妙；“回”字式即为汉式瑶宅。清末民国时期的岭西瑶宅，为了防卫，四周外墙封闭，仅开一些“枪眼”，主要靠中间的天井采光通风，居室较暗，但冬暖夏凉。这四种民居类型中，“四”字式和吊楼式都有一条较宽的带柱外廊。这条外廊也是瑶族民居的特征之一。由于“凹”字式多建于较为平坦的地方，瑶民可以利用房前的地坪进行户外活动，而“四”字式和吊楼式多建于山区，户外活动及邻里交往空间十分有限，走廊则显得十分重要。瑶族同胞劳作回家后，坐在屋门前的走廊上做家务、绣花聊天，邻里关系因此十分和谐。

广东连南南岗瑶族民居与湖南江华瑶族民居有着显著的差异，最突出的便是湖南江华瑶寨建筑更具开放性，而广东连南南岗瑶族民居则相对封闭。这种差异首先表现在对天井、院落、晒坝等室外空间的需求上。连南南岗瑶族民居多为封闭的单体建筑，独门独户几乎没有天井、院落等围合的室外空间，只有歌堂坪等全村活动的集体空间。而在江华瑶寨则对室外空间青睐有加，这些室外空间不仅起到通风、采光、排水的作用，还有诸多生活功能，如做家务、休息、贮存、晾晒等。在湖南江华宝镜村还有一种特殊的院落空间——女间，是已成年而未出嫁的女子一起交流、学习、生活的院子。间主多是屋主姑娘的母亲或年长有威望的女子，间主常在女间向待嫁姑娘传授知识、经验。天井和院落的区别主要在于高与宽的比例，而晒坝不同于前者，一般仅有空间的平面范围，或是利用地形前后高差所形成的坎来限定。而连南南岗瑶寨地处山区，冬季潮湿寒冷，天井和院落显然不适宜当地恶劣的自然气候。此外，南岗瑶寨山地坡度较大，民居均建在一层层的台地上，建筑基地面积狭小也使得南岗民居建筑中天井、院落和晒坝等室外空间的设置降低了可能性。这种封闭与开敞的差异其次表现在廊在民居中的丰富性上。广东连南南岗民居建筑中的廊多是外挑廊，多位于民居正立面，而湖南江华瑶族民居则有内回廊、凹廊和外挑廊三种形式，且廊的运用部位更为广泛：内回廊设于院落或天井四周，在入口处堂屋之外设置凹廊，而有的吊脚楼则两三面设外挑廊，称转角状，视野开阔。当然，廊的差异运用是与两地民居形制的差异息息相关的。此外，两地在入口大门处也展现了开敞与封闭的差异性。湖南江华瑶族民居多数大门下设有“半”门，当“半”门关闭时，在观感上给人的感觉却是开着的，屋主可以与过路人随意地交流。入口大门限定了民居室内和外界的空间界线，而“半”门却模糊了室内外的界限划分，形成了一种鲜

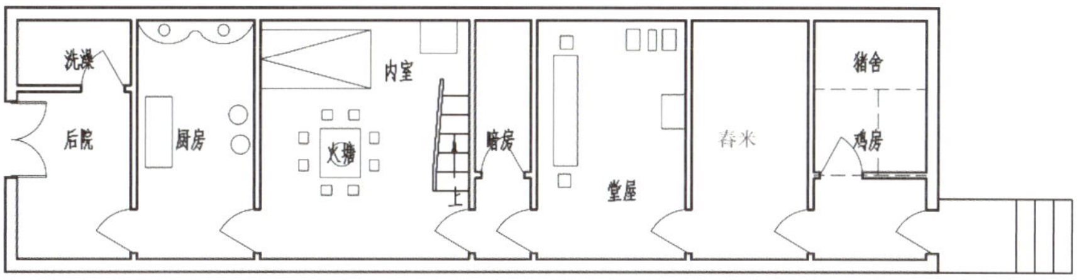

广西金秀瑶族民居一层 1:100 单位：mm

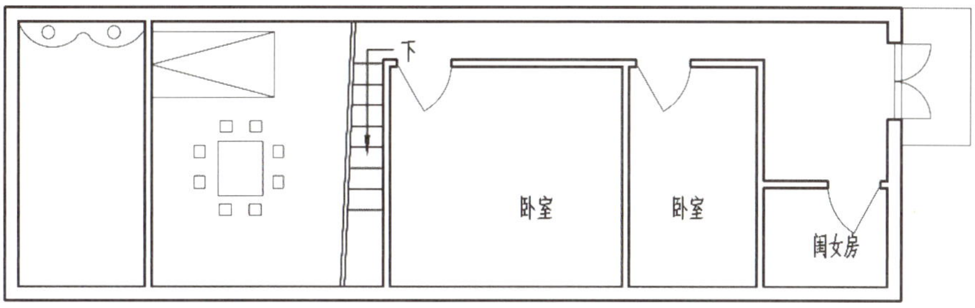

广西金秀瑶族民居二层 1:100 单位：mm

图 3-51 广西金秀筒子楼平面图

明的欢迎姿态，较之连南南岗民居中的大门更具开放性。

瑶族民居的多样性除了受到自然地域环境的影响，族源支系等社会因素的不同也导致瑶族民居建筑形式的差异。据考证，广西金秀县境内居住在大瑶山的瑶族有五支，即茶山瑶、盘瑶、山子瑶、坳瑶、花篮瑶。在金秀山区，不同支系的瑶族依据各自的历史文化背景，建筑形式各有千秋。比如居住在高山的茶山瑶、山子瑶主要以竹木结构或者土、砖为墙的“人”字形房屋为主，人文色彩较浓，而居住在半山或沿河一带的花篮瑶、盘瑶则喜欢建“半边楼”，人文色彩较淡。金秀县十八家村民居也很有特点，依山而建，分为两层，第一层饲养牲畜，堆放杂物，第二层用于居住。

而在广西金秀县茶山瑶的民居建筑中，筒子楼最为独特，具有屋深、门多、墙高的特点。筒子楼开间小，进深长，一般开间 6 米，进深 20 米左右。用木柱支撑瓦屋顶和青砖墙。从大门到后门少则四道门，多则六七道门。从大门进入依次是鸡舍猪栏、舂米间、堂屋、暗室、火塘、厨房、后院和洗澡间。后院大门有拱形、长方形等形状，要求坚固，一为防卫，二为拒鬼魅，因为按当地说法，鬼魅是从后门进入的[1]（如图 3-51 所示）。而之所以设置如此多道门，则归因于旧时部落械斗时，常发生攻击民宅的行为，因此

[1] 朱涛．金秀瑶族建筑探访 [J]．广西城镇建设．2009（2）．

图 3-52 广西金秀村爬楼

在民居布局中多一道门便多一道防线，高高的屋墙便成了易守难攻的壁垒。在大门的门槛前设有两扇小门，是为了防备禽畜入户。茶山瑶的房屋举架较高，内室到大门的上方设有阁楼，阁楼主要布置卧房，靠近大门的一端为闺女房，而在大门外的右上方阁楼处常常伸出一个小吊脚楼，与闺女房连通，作为闺女的绣房，也是专为姑娘们营造的社交活动场所。吊脚楼一般雕龙刻凤，涂油抹彩，远看好似一顶花轿悬挂在山中。瑶族阿贵若是看上了某位姑娘，晚上就到那个姑娘的吊脚楼下唱歌传情，如果姑娘也相中阿贵，姑娘就会打开吊脚楼门走出来，瑶族阿贵从大门旁爬上吊脚楼，与姑娘谈情说爱。这种恋爱方式就是瑶族饶有风趣的“爬楼”（如图 3-52 所示）。

从民居建筑的平面布局上，我们可以看出金秀瑶族民居比南岗瑶族民居更具防御性，同是独户民居建筑，但它不论在山墙面的间门设计，还是在大进深的多重门设计，都为村落防御外敌和自我防卫增加了有力砝码。同时，金秀瑶族民居在公共空间与私密空间的分隔上，比南岗瑶族民居划分得更为清晰。金秀瑶族民居的卧房均设在二层，一层为厨房、堂屋、猪栏等家庭公共活动区域，动静分隔。同时，一层又将堂屋、暗室等对外公共空间置于建筑进深的前列，将厨房、火炉塘、洗澡间等家庭内部使用的公共空间靠后布置，保证了家庭成员的生活舒适性。而连南南岗瑶族民居因为依山而建，建筑面积受到限制，便将多种功能的生活置于一个空间中。比如厨房的火炉塘不仅是家庭内部聊天、进餐的空间，同时有客到访时，客人和主人常常也是都围坐在火炉塘旁喝酒唱

图 3–53 南岗排火炉塘

歌，热闹非凡（如图 3–53 所示）。由于南岗居民建筑规模小，卧房面积小，当家庭成员增多时，南岗瑶民也会在火炉塘旁设床休息，可以说小小的火炉塘汇集了南岗瑶民所有的生活记忆，包括许多离开排瑶大山生活多年的瑶民，回忆起幼时在排瑶里的生活，总不忘说起家人朋友围坐在火炉塘旁，喝酒聊天、唱歌讲故事的温馨场景。虽然南岗排瑶的平面布局没有金秀瑶族民居更具舒适性，但这种动静空间的融合处理却让邻里关系更为融洽，瑶民之间感情更加深厚，瑶寨同胞更加团结。

广西盘瑶民居建筑分两种类型：一种类似于南岗排瑶的三开间的独户住宅，中为厅堂，两旁设卧室，不同的是厨房、谷仓、畜栏设在宅外。另一种是不分间的一大间，卧室、厅堂等皆在其中。在盘瑶，后者居多。较为独特的是，盘瑶的神龛有一部分不设在厅堂正中，而是用木头制成一架神龛，安置于厅堂左侧。另外，盘瑶也有“姑娘房”，在靠近门边的地方，便于盘瑶姑娘谈恋爱。与茶山瑶的吊楼一样，也是专门为待嫁姑娘准备的（如图 3–54 所示）。

同时，广西南丹白裤瑶民居也值得一提。白裤瑶的独特建筑因受环境地形的制约，有着“石头山上有人家”的称谓。南丹白裤瑶民居平面呈矩形，大多为三开间或五开间。一般分

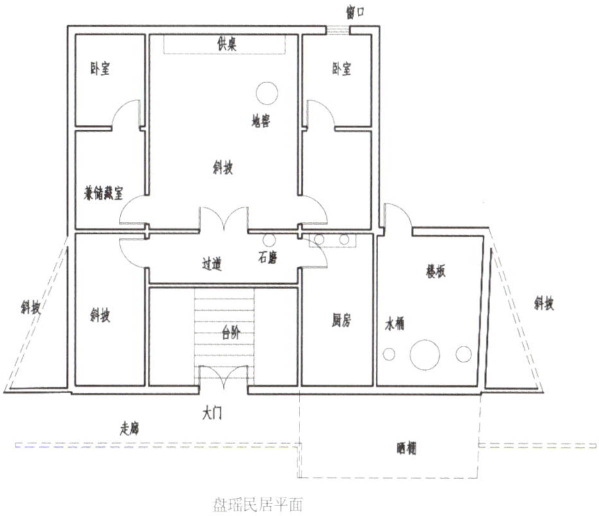

图 3–54 广西盘瑶民居平面图

图 3-55 广西富川风雨桥

为两层或三层，下层为猪牛圈，放置农具木柴等；上层为堂屋和卧室；三层存放杂物等，用作仓库。有的在木楼两侧或后侧搭有偏厦作为厨房[1]。在山墙上可以看到从屋内穿插出来的隔梁和顶层处开设的洞口，隔梁多用木条做成，形态或方或圆，以使顶层仓库通风。在开设洞口方面，南丹白裤瑶民居与连南南岗排瑶民居相似，南岗民居不仅在两侧山墙各开有小洞口，在正立面上方还开有小洞口，有的背立面上方也有，或作为穿梁的结构需要，或作采光通风。

在广西南丹白裤瑶民居中，粮仓是其一大特色。它貌似简陋，却具有防潮、防火、防虫、防盗、防霉等多种功能。粮仓上部用茅草盖顶，攒尖顶。中间仓体用木板铺平，四周由竹篾编围成一个巨大的圆柱，正前方开一个拴紧的小门；由四根木柱分立四方，底部架空，离地面约 2 米，可防止粮食受潮。其巧妙之处在于在四根圆柱的上端，设有一个施釉光滑的罐形陶器，这样老鼠很难沿柱爬上粮仓偷吃粮食。现在新的粮仓，有些用倒扣光滑的铁锅或围上一段光滑的铁皮包住立柱，有的则干脆平放一块二尺见方的木板，同样可以起到防鼠的作用。

此外，广西境内保存的风雨桥更是瑶族建筑的一大特色，它是瑶族村落中独具特色的公共建筑，主要集中在富川瑶族自治县和恭城瑶族自治县（如图 3-55 所示）。富川境内保存有 18 座瑶族风雨桥，形成蔚为壮观的风雨桥景观。其中最著名的当属朝东镇的回澜、青龙两座风雨桥，它们“是集我国北方的石券桥、南方的亭、古远的阁，以及本地的廊桥，四者造型特点于

[1] 于瑞强 . 广西白裤瑶民居建筑特色探析 [J]. 艺术探索，2010（5）.

一物的组合体。这就产生了别具富川特色的新品种——石券廊桥，在全国古建园林中是属独特的”[1]。瑶族风雨桥的功能与侗族风雨桥类似，瑶民又称之为“凉桥”或“风水桥”。除木桥外，大多是在石拱桥上加盖桥廊、桥亭和在桥头的桥台上建阁楼，穿斗式木构架，二层檐或三层檐，有的四层檐，通高在9—10米。风雨桥不仅是路人避雨之处，也是瑶族男女青年谈情说爱的约会场所。

云贵瑶族地区在地理自然环境、社会文化、历史背景等方面，与其他地域瑶族类似，民居的平面布局和功能也呈现相似特点。云南的瑶族大部分居住在海拔较高的崇山峻岭之中，传统民居建筑形式与广东、湖南等地瑶族民居类似。如云南金平县永平乡上寨村民居多为三开间的矩形平面，正中为堂屋，是家庭成员主要活动区域，堂屋后是用木板隔断的卧室。堂屋设供桌供奉祖先，也有人家不设供桌的，祭祖则在盘王节、清明节等特定节日临时供设。堂屋左边是卧房，右边是厨房和火炉塘[2]（如图3–56所示）。

云南金平永平瑶族民居与广东连南南岗瑶族民居较为相似，均为三开间对称式布局的独户建筑，但在民居空间上，则呈现出云南金平永平民居外闭内敞、广东连南民居外敞内闭的特点。在外立面上，“敞”与“闭”的差异表现在门窗洞口的设置上，云南永平民居仅在正立面开有一个门洞，四面夯土墙上再无其他门窗窗洞，室内采光通风全依赖于正墙面上部垒至离屋檐约1.5米的条形敞开空间，有的还再加木板或竹片填充，但不严密，室内也因长年累月的烟熏火燎形成阴暗漆黑的环境。而广东连

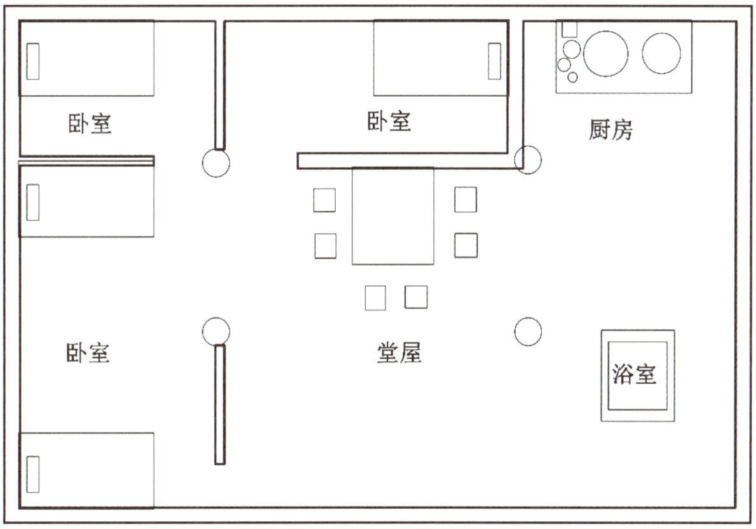

图3–56　云南永平上寨村民居平面图

[1] 王国政，金小中．广西富川的风雨桥 [J]．古建园林技术，1991（3）．

[2] 王勇坚．云南红河瑶族民居的变迁——以云南省红河州金平县永平乡上寨瑶族村为例 [J]．文山学院学报，2010（1）．

南的三开间民居在四个立面上窗口众多，不仅在正立面开有三个门洞，两面山墙上方各开有小窗洞，在后墙上还开有左右对称的两个窗洞，室内也相对明亮，较之云南永平民居不可不谓之“敞”；在室内平面上，云南永平民居中间堂屋与左右两开间的分隔并不完全封闭，右侧火炉塘空间与中间堂屋空间更没有隔断，分隔较之南岗更加开敞，同时左右两间也并未似南岗再用板墙进一步分隔成火炉塘和卧房两部分，形成一户中有两个卧房、两个火炉塘的格局，而是作左为卧房、右为厨房的统一分开处理，空间划分更为合理，使用空间相对开敞。

同时在云南金平县，由于瑶族长时间和汉族有频繁的交往，其民居建筑呈现出受汉式建筑影响的特点。如金平八一瑶寨的汉化特点突出体现在其院落式布局上（如图 3-57 所示）。在整体布局上，院落由两座分别朝南和朝东的

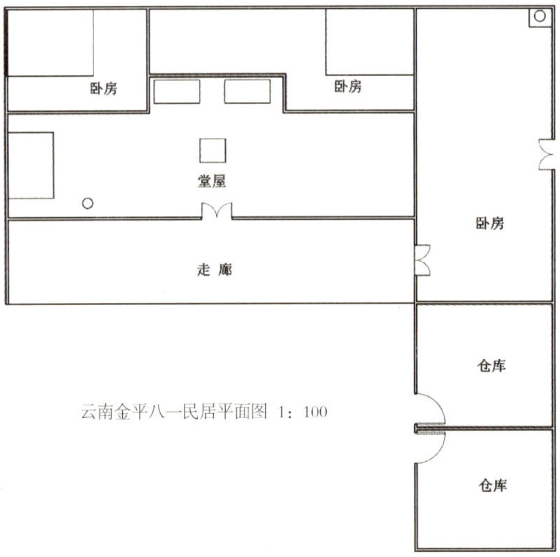

图 3-57 云南金平八一瑶寨民居平面图

三开间单体建筑围合而成，当地称作“两坊房”。在两“坊”相交的漏角天井里建耳房，作磨房和厨房使用。由于村寨背山而居，房向特别强调正东，以利日照，防止风入户内。另外，在建筑上，正房还采用二进三开间的院落式平面。第一进为堂屋，正间设餐桌、祭祖台、供桌，右间设灶台，左间设火塘和客床，既是家祭和议事之所，又是吃饭和接待宾客之地。第二进均为卧房，右间、正间后半间为儿孙辈卧房，左间为长辈卧房。正房有前廊，前廊左间为未婚小伙子卧房，右间置磨，正间为休息和做织纺活动场地[1]。通过上文的分析，我们不难发现金平八一瑶寨民居正房采用动静分离的空间处理，第一进平面设置火炉塘、供桌等公共活动空间，平面分布与云南金平、广东连南瑶族民居极为相似，第二进均设卧房，保证了家人活动的私密性。

而分布在黎平、从江、荔波等县的贵州瑶族，其民居多采用干阑式。如荔波县瑶麓乡瑶族的干阑式住宅，第一层喜用石块垒墙，门前凹进一块，称“吞口”，进门后为一大间，后半部中设火塘，旁边放置织机、生产工具等，这里也是家庭活动的中心。房屋前半部，在大门的两侧，用木板隔成小间，作为寝室[2]。荔波县瑶麓乡瑶族的干阑式建筑有其特别之处。居住在樟江河畔的黑裤瑶，女孩一旦步入谈婚论嫁的年纪就住进大门一侧的“谈婚房”，在谈婚房靠床头的墙壁上凿有一个小圆洞。透过此洞，瑶族男青年

[1] 范冕．金平傣族、瑶族的民居建筑 [J]．云南民族学院学报（哲学社会科学版），1996（4）．
[2] 席克定．试论贵州少数民族民间住宅建筑 [J]．贵州民族研究（季刊），1990（1）．

图 3-58 贵州荔波县瑶麓瑶族闹门洞

可以看见姑娘的睡脸，他们一般拿着小棍将姑娘捅醒，与她对唱情歌。故此这个墙上小洞也被称为“谈婚洞”。这种民居形式是适应瑶族在男女青年人中实行“闹门洞”的婚姻习俗而设制的，具有独特的瑶族民族特色（如图 3-58 所示）。

瑶族民居建筑差异不仅存在于国内，国外瑶族民居与国内瑶族民居也有着较大差别。泰国瑶族民居多依山而建，他们认为山脊是神灵居住的地方，因此绝不把房屋建在山脊或顶峰上。如果要在山坡下定居，则选择有溪水流经的地势高的地方，这样饮水会比较方便。房屋平行排列，两家的房屋不会建到一条直线上，以防引起不便。

泰国瑶族民居平面别具特色，“房屋的结构分为若干间，在房子的背后用一道木板隔开，分成若干小间，供全家居住。面对正门设有神龛，神龛后面是老人卧室，其左侧是女儿们的卧室，右侧是儿子们的卧室。整座房子设有三个门，前面是大门，两侧各设一个小门，左是男人门，右是女人门，祭祀祖先和鬼神时，则打开大门。人死后灵柩也从大门抬出，女儿们出嫁也从大门出。平时客人从右门进，小伙子找姑娘谈恋爱从女人门进”[1]（如图3-59 所示）。

广东南岗排瑶、广西盘瑶和泰国瑶族的民居建筑形制迥异。首先在建筑样式上，泰国瑶族民居是直接建在地面上的，且只有一层，而

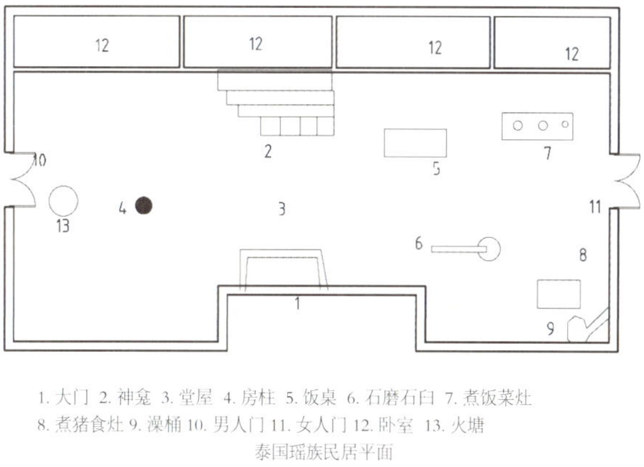

图 3-59 泰国瑶族民居平面图

[1] 广西民族学院赴泰考察组 . 泰国瑶族考察 [M]. 南宁 : 广西人民出版社，1992.

图 3-60 南岗排瑶民居神龛

南岗排瑶和广西盘瑶多是两层或带阁楼的一层民居建筑。从这一点上看， 瑶族迁入泰国后，建筑概念还保持着原有的“一层”的理念。但泰国瑶族的建筑相对于广西盘瑶还有不同之处。泰国瑶族建筑主要有三种，一种是干阑房，一种是斜坡上的半地建筑，还有一种就是平房。其次，民居厅堂正对着大门都设有神龛，这起源于瑶族的祖先崇拜和宗教信仰，这与南岗排瑶民居相同（如图 3-60 所示）。在中国，瑶族神龛供奉除自己的祖先外，就是道教诸神。瑶族崇拜祖先，信仰多神。但是有些盘瑶的神龛不设在厅堂正中，而是用木头制成一架神龛，安置于厅堂左侧。在泰国，虽然保留着神龛，但在其作用和范围上已经发生了变化。除了供奉原有的祖先外，在官方的首领和他的继承人的屋中有“皇神牌”，供奉泰国国王的像。再次，在空间使用上，广西盘瑶、茶山瑶有专门为女孩设置的“姑娘房”，南岗排瑶民居没有专门设置。女孩子长大了就会搬到姑娘房去住。其他没有什么专门的房屋供特殊的人居住。然而泰国瑶族在这一点上区分很清楚。泰国瑶族老人一般住在神龛后的卧室，男人有男人房，女人有女人房，而且除正门外还有男人门、女人门。不同的人活动场所不一样。泰国瑶族的“姑娘房”在女人门旁，要找姑娘谈恋爱的小伙子得从女人门进入。最后，相对来说泰国瑶族传统民居保留多一点。从广西盘瑶和泰国瑶族的民居平面图中，我们不难发现，泰国瑶族民居保留原有的因素比较多，而广西盘瑶建筑融合现代化的因素比较多。图 3-54 中广西盘瑶房屋很明显是一个半斜坡式的房屋，倾向于楼房样式，并设置晒棚晾晒衣服和粮食。泰国瑶族民居图示中（图 3-59）没有看到晒棚，而且男人房、女人房的界线明显。由此可以看出泰国瑶族的民居结构变化不大[1]。

◇ 材质技艺

在民居的材质使用与营建技艺上，瑶族各支系也存在较大差别。瑶族是一个

[1] 马菁．东南亚民族历史文化比较研究——以广西瑶族和泰国瑶族的民居结构为例 [J]. 中州大学学报，2008（1）.

迁徙频繁的山地民族，支系繁多，经济发展水平差别较大，自然地理条件和生活习俗各异，因此瑶族民居建筑形式多样，营造技艺迥异。

一般而言，经济落后的瑶族没有雄厚的物质资源营造民居，因此民居结构简单，多为竹木建筑。特别是在深山密林居住的瑶族人，多就地取材，采用“人”字形棚居的建筑式样，简单支个木桩，上面覆上盖篷，篷内支个三脚架做火塘，等到耕种的这块土地不再肥沃，需要寻找更合适的耕地时，他们就拔了窝棚，所有东西基本上一个扁担都能解决。所以至今居住在深山里的瑶族还是倾向于这样原始的、简陋的居住方式，方便迁徙。这种物质生产方式形成了瑶族特有的民居文化；而经济条件好一些的瑶族人则建造木构架为主的民居建筑，多为“吊楼”式建筑。特别是居住在坡度比较大的山岭地带的瑶族，他们很难找到成片平地来建造房屋，于是选择在较为平缓的山坡上部分平地，另一部分依据山势用长短不一的杉木柱头支撑，架木铺板，与挖平的屋场合为一个平坦的整体，然后在上面营造居住空间。这种“吊楼”式建筑是人与自然和谐而居的典型；而居住在平原丘陵地区的瑶族，多采用土木或泥木结构，与壮、汉族民居相同；聚居山地的瑶族

图 3-61 南岗排砖木民居

讲究村寨整体，建筑多为层叠式，幢屋毗连，层次分明。大的村落山寨，房屋从山脚叠到山腰，甚至叠到山顶，民族风格独特。

在广东连南瑶族民居中，建筑材料有青砖、水砖、烧瓦、杉皮、茅草，此外还有黄泥、石灰和沙等。民居结构主要有土木和砖木两种，屋面采用素瓦或杉皮、茅草。当然这也有地域差异，在连南八大排中，青砖瓦和青砖杉皮的使用居多，而八大排下辖的小排散冲则以水砖、舂墙、杉皮或茅草为主。南岗民居多为砖木结构，青砖墙、木屋架，瓦面双坡屋顶，常见素瓦脊饰（如图 3-61 所示）。但需要注意的是，八排瑶民居多用青砖瓦并非经济能力雄厚，而是出于防火安全的实际需要，这些排瑶民居建筑密度大，一旦发生火灾，火势便会迅速蔓延，严重危及生命财产安全，所以防火是排瑶的头等大事。一到秋天，风干物燥，头目公必登高呼喊，提醒大家注意用火，并形成约定。此外，在民居营造中，首选材料就是阻燃性大的耐烧青砖和瓦，用这些材料建房本是多数瑶民力所不及，但为了防火需要，瑶民也不得不多方设法。他们要么从汉区买进，要么自己设法烧制砖瓦，尽量降低成本。新中国成立前排瑶的火烧排、油岭排等都有砖瓦窑。而杉木、杉皮、沙石和泥等材料均可就地取材。

在营造活动中，瑶族民居还有一些独特的习俗。首先，房主需请风水先生相地择基，再由匠师与房主商量房屋大小和形制，确定民居平面，接着请风水先生挑选良辰吉日动工破土，之后由掌墨师傅发墨，确定房屋木柱位置，然后挑选吉日竖屋上梁，并举行隆重的上梁仪式。上梁之后便可钉椽皮，盖瓦，堆砌屋脊，装板，安装门窗，整个建造过程便结束[1]。瑶族民居如汉族一样受到风水观念的影响，在民居朝向、形制等方面讲求风俗禁忌，如大门坐向须按阴阳五行定，如主人命属金命者，则门朝北，木命者门朝南，水命者门朝西或南，火命者门朝东或南，土命者门朝西或南，如果条件不允许也可折中而行[2]。在建筑技术上，部分排瑶已掌握舂墙、砌墙技术，但技艺欠佳。所以排瑶同胞建房，仍喜欢雇请汉族师傅。排瑶民居建筑外墙一般先挖沟垫以大石作为基础，然后在其上砌墙。外墙一般用青砖、水砖或舂墙。舂墙就是用木板将墙两边夹好，将黄泥、沙加水搅拌后填入其中，再用木杵舂实。外墙砌好后，便布置檩条椽子并加上盖，最后用木板或杉皮将室内分隔成厅、房和寝室。

建房是瑶民生活的一件大事，耗费大量的人力、物力和财力，尤其南岗、油岭、军寮等大排需砌筑青砖外墙，花费更大，主家往往一时无法应付。对此，排瑶有一个良好的传统习惯，一家建房，众人相帮。除了技术工作必须雇请工匠外，其余工作均由族人、亲戚和朋友来完成，主家只需招待酒饭，不付酬劳。这在湖南、

[1] 梁博 . 湘南传统民间建筑营造法研究 [D]. 湖南大学硕士学位论文，2012.
[2] 赵秀琴 . 浅析瑶族文化对民居建筑艺术的影响 [J]. 西北民族大学学报，2009（6）.

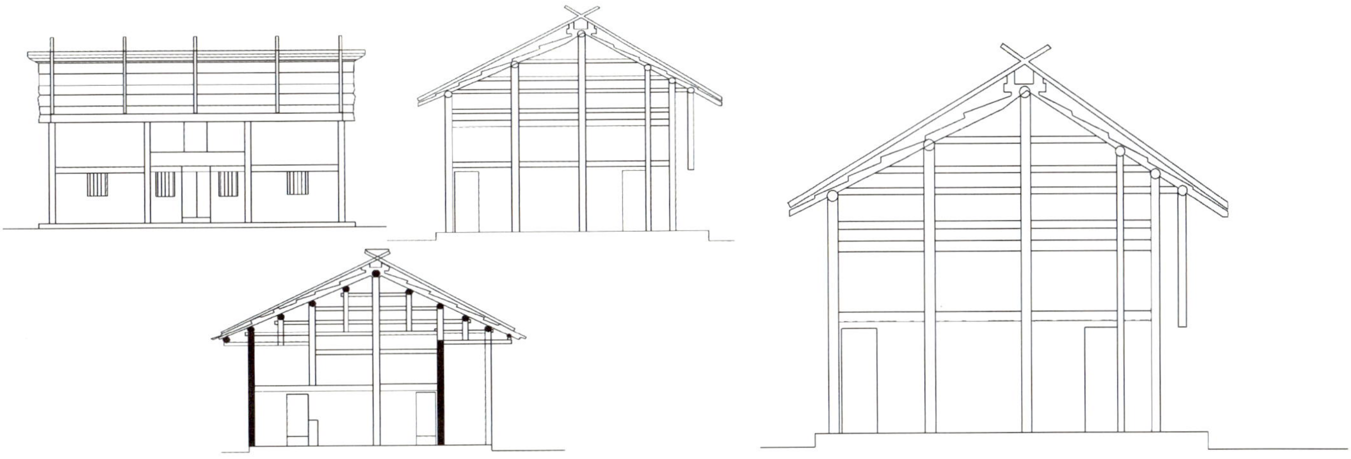

湖南江华叉叉房剖面

图 3-62 瑶族传统叉叉房

广西等其他瑶族地区还能看到这种传统协作的建房风俗习惯。

在瑶族传统民居中，不得不提一种构造原始而又独特的建筑形制——杉木皮铺设的叉叉房，它在湖南、广西、贵州等地较为普遍。建筑方法是，在屋顶铺设杉木皮之后，再在上面隔一定的距离，用两根原木沿屋面在屋脊处交叉，用竹皮绳绑成“人字叉”压紧，防止风将屋面吹起，俗称“叉叉房”（如图 3-62 所示）。叉叉房住宅的建造，对木料的要求不高，多用杂木建成。砍树时，在一端留下树枝的杈，建房时，把杈立在顶端，另以木棒横搭在杈上，用藤条或竹篾绑扎，构成屋架。杈柱平列二排或三排。如系三排，则中间一排较高，顶端横木即成为屋脊，左右两排较低，顶端横木即为屋檐，在横木棒上绑扎细树条，即为悬山式屋顶。如系二排，则在屋架上再用木棒扎成“人”字形屋顶，屋顶均盖茅草，墙壁用竹片、树枝、包谷秆编成。室内为一大间，或隔为两小间。广西南丹白裤瑶的“叉叉房”把树干和树枝相互绑扎，作为整个房屋的支撑架，把支撑架的底端埋入土中，在支撑架四周夹挂芭茅草秆，屋顶盖上芭茅草。房檐低矮，因四周通风透亮而不需要开窗户，只开有一个供人出入的门。白裤瑶茅棚屋面积一般不太大，火塘居于房屋中心位置，全家人的生活起居几乎都在这个棚屋里。

叉叉房在建筑上的特点是梁柱的结合没有榫卯，不用一颗钉子，屋面与檩条、檩条与横梁都靠藤条、竹皮绳扎牢固定。这种竹皮绳既结实又耐水，绑扎的方式也很有特点。整个房屋结构类似于现代的框架结构，内外墙只起分隔作用。叉叉房的加工方法简单，所需时间不长，易拆卸搬迁，适应瑶族不断迁徙的生活特性。

而云南金平苗族瑶族傣族自治县八一寨瑶族因与汉族及其他少数民族有频繁往来，其民居在叉叉房的建筑形制上有了新的变化。金平八一寨民居正房间柱20根，梁架为“人”字木架，村民称其为“剪刀”木架。这种木构架实际上是由过去叉叉房的捆绑竹架结构发展而成。因此，无论是梁或柱都较细，屋架用料较小[1]。民居多采用土墙木柱，屋顶为悬山式茅草顶，房基基脚用卵石条填砌，墙体为夯土墙。正房楼层以棱条铺板用作粮仓，顶部用棱条铺板为“天花”，板上再铺约10厘米厚泥土作为隔火层，预防屋顶草木燃火。

而在屋顶材料使用上，金平上寨瑶族民居也多用茅草铺就，富裕的人家用陶瓦铺就，往下依次为泥、木板或竹片等做椽子，也有人家加一些隔水材料如塑料、油毡等。而广西盘瑶则以建筑木架篱围盖房，其中以竹盖最多，木皮盖次之，茅草盖最少。盘瑶建筑材料绝大部分是竹子，建筑矮而窄，用竹片编成篱笆，可透风漏光。他们认为打钉会触犯家神，引起眼痛，所以室内没有钉。盘瑶这种竹构建筑不经久耐用，不适用于长期居住。建筑材料的选用、营建技艺的优劣，不仅受到各地经济条件、防火防卫的影响，同时还因不同支系生活方式的差异（如不断迁徙的过山瑶）、与其他民族的交往沟通而有所差异。

瑶族分布广泛、支系繁多，瑶族民居建筑也因地域环境的不同，族源支系的分异，社会文化背景的差异，导致在其聚落选址、布局、民居平面功能以及营建技艺上，呈现出丰富的多样性。这种多样性的背后，蕴藏着瑶族深厚的历史文化内涵。这不仅需要各领域专家学者的研究与挖掘，更需要社会各界的共同关注与保护，如此才能不断传承瑶族独特的传统民居建筑文化。

[1] 范冕．金平傣族、瑶族的民居建筑 [J]. 云南民族学院学报（哲学社会科学版），1996（4）.

第四章 南岗排瑶的民俗文化

得天独厚的地理位置，浓厚的历史底蕴，沉淀了南岗排瑶别具一格的传统文化。古老严密的社会组织，风格独特的瑶族建筑，丰富多彩的民间文化，绚丽夺目的服装饰品（如图 4-1 所示），还有独特神秘的医药文化，令人称赞，令人神往。南岗瑶寨的“耍歌堂”和民间艺术“长鼓舞”被列为国家级非物质文化遗产（如图 4-2、图 4-3 所示），其中具有浓郁生活气息、鲜明民族特色的长鼓舞，贯

图 4-1 服装饰品（部分图片由连南文化馆提供）

穿了连南排瑶的整个历史文化生活，是排瑶千百年历史文化的浓缩和精粹，是排瑶文化艺术和民俗生活的结晶。难怪广西瑶学学会创建者、瑶学重要奠基者张有隽教授和中央民族大学刘保元教授等专家考证后认为，南岗是“中国瑶族乃至全世界瑶族历史最悠久、规模最宏大、最有特色、保存最完整的瑶寨”（如图 4-4 所示）。

图 4-2 “耍歌堂”（连南文化馆崔必昌提供）

图 4-3 “长鼓舞”（连南文化馆提供）

图 4-4 南岗全景（连南文化馆提供）

第一节　南岗排瑶节庆风俗

风俗，就是特定社会文化区域内历代人们共同遵守的行为模式或规范。中国是一个具有悠久历史民俗传统的国家，在中国境内土生土长的各民族中，都有广大人民群众创造的各类民俗文化，代代传承，这些民俗不仅丰富了人们的生活，还增加了民族凝聚力。民俗起源于人类社会群体生活的需要，在各个民族、时代和地域中不断形成、扩大和演变，为人们的日常生活服务。风俗的多样性，是指习惯上，人们往往将由自然条件的不同而造成的行为规范差异，称之为“风”；而将由社会文化的差异所造成的行为规则之不同，称之为“俗”。所谓“百里不同风，千里不同俗”，正恰当地反映了南岗排瑶风俗因地而异的特点。

图 4-5 “耍歌堂”（连南文化馆提供）

◆连南南岗排瑶的重要节日

瑶族是我国典型的山地农耕民族，在长期“过了一山又一山”的游耕生活中，他们创造了具有鲜明民族特色的灿烂文化。丰富多彩的瑶族节日，是这种文化的重要组成部分。

连南排瑶的传统节日除与汉族一样有春节、元宵节、清明节、中秋节外，还有自己的传统节日，如游坡节、开耕节、牛节、尝新节、开唱节、盘王节等。这些节日大多与生产活动有密切的联系，反映了山地农耕民族的特色。

◇南岗最盛大的节日“耍歌堂”

“耍歌堂”，是八排瑶民喜庆丰收、最隆重、规模最大的传统节日。据《广东新语》载：“岁仲冬十六日，盖田野功毕也，诸瑶至庙为会，名曰耍歌堂，男女同集跳舞唱歌，同时自由结婚，礼仪甚为简单。”由此可见，瑶族定在农历十月十六日举行的“耍歌堂”是传播历史、喜庆一年辛勤劳动获得丰收的传统节日（如图 4–5 所示）。

“耍歌堂”可分为“耍大歌堂”和“耍香歌堂”，“耍大歌堂”每隔三五年举行一次，以排（村）为单位进行，全排各房姓、宗族的人都要参加活动，时间为三天；“耍香歌堂”7—8 年（有的 17—18 年）举行一次，以房姓、宗族为单位进行，时间 5—7 天，内容和“耍大歌堂”大同小异，只是“耍香歌堂”多了“起法名”和“过九州”的内容。

这一天，也是全瑶族共同的节日——“盘王节”，而连南八排瑶则叫“耍歌堂”。具体在哪年哪月举行，要到决定“耍歌堂”当年的农历十月十六日，集中本排各房姓、宗族的头人和先生公（师公）集体择吉日而定。节前在六七月间，各家各户就开始积蓄粮食、大豆，催肥猪、牛、鸡、鸭等。天长公、头目公、先生公等长辈必须预早聚会，商定歌堂开支款项，然后摊派到各家捐款捐物，用以修缮排里的庙宇，油漆翻新盘古王塑像和各房姓的祖先塑像，购买酒肉、香烛等歌堂用品。特别说明的是，连南八排瑶有个惯例：“耍歌堂”活动一定要过了每年的“十月十六”才能举行。在十月十六日之前，必须把所有的农作物收归仓，用“五谷丰登”敬盘王。

下面，我们就详细介绍一下“耍歌堂”的内容与过程：

·打旗号（如图 4–6 所示）

“耍歌堂”当年，从农历九月十五日开始打出旗号，即用一根很长的竹竿把瑶族姑娘用红绒绣成的花衣服装扮成一个假人，捆绑在竹竿顶端上，然后插立在各房姓的宗族祠堂最显

图 4–6　打旗号

眼的地方，一直到歌堂结束为止。“打旗号”的目的是出“安民告示”，让人们都知道该排当年要“耍歌堂”。

自从打出旗号后，人们就开始做迎接节日的各项准备。一是要做好自上次“耍歌堂”后出生的男性和嫁入本房姓的妇女们的造册登记，以便本次“耍歌堂”中“起法名”和“过九州”。二是在本次“起法名”和“过九州”的人，各自都要准备好一套绣花盛装衣服，一条绣花腰带，一条绣花头巾，一个跨腰花袋，一对绣花脚绑带，还有各式各样的项圈、耳环、手镯等一大批装饰品。三是各家各户都要准备好81条小厘竹，准备让“过九州”的人用。同时，各家各户都要用竹篾编织好一条长12尺、宽4寸的“长金桥”。据说人死后，就要通过挂在神台上的这条“长金桥”去阎王殿，享受荣华富贵。四是各家各户都要准备好酒和肉，迎接亲戚朋友的到来。

·抢公

“耍歌堂”共三天时间，“抢公”是“耍歌堂”第一天活动的前奏。零时起，至见到太阳止，作为“抢公”时间。在这段时间内，各房姓、宗族要把放在盘王庙里的祖宗偶像都抬回宗族的祠堂。同时，在这段时间内，还可以把别姓人的祖宗偶像哄抢回来。按惯例，当一方把别姓人的祖宗偶像抬回到本姓人祠堂并已鸣三声铁铳炮后，对方不准再抢回，只能老老实实地交来一二百斤酒、几十斤猪肉及一百多块糍粑，以赎回其祖宗偶像。此外还要放鞭炮以示谢意。

旧社会里，连南八排瑶人，为了“抢公”曾经出现过多次流血伤人事件。据传，油岭排的卖口姓人和因奴姓人，因哄抢盘古王公王婆的偶像，双方都打死了人，结果两姓人引起了大规模的械斗事件。后由南岗首领排的天长公亲自召集八排头人商量，才解决了问题，制止了事态的扩大。从那次事件之后，再不准哄抢盘古王公和盘古王婆的偶像，改用抽签办法决定哪姓人抬这两个世祖的偶像。

·起法名

各房姓人把自己的祖宗偶像抬回祠堂后，点燃香烛，诵经祷告，把本姓需要“起法名”的人都集中起来，在祠堂逐个地核实名单，然后用红、黄、绿三色纸剪成假人，在假人上由先生公写上各人的姓名（法名）。红色的放入火中烧掉，黄色的由本人带回家中神台香炉烧掉，绿色的由各家自己保存。随即把自己的祖宗偶像抬回盘王庙摆在原来的位置上。

·告祖公

“告祖公”是“耍歌堂”最重要的活动内容。“耍歌堂”第二天拂晓，主持仪式的先生公、掌庙公齐集盘王庙。庙内的神台上，供奉着盘古王公和盘古王婆及各房、姓始祖的偶像及历代祖先牌位。神台前的供桌上，摆有鸡、猪肉、酒及牛头等祭品。到了择定的时辰，在庙门口鸣放三声铳炮，便开始“告祖公”。仪式由掌庙公点燃香烛，总先生公祷告祖先，祈求保佑村寨平安，人畜兴旺，五谷丰登。然后由几位先生公在神台前念诵《歌堂书》，数名长鼓手则在庙内敲鼓起舞。整个仪式历时约一个小时。

图 4-7　游歌堂路（连南文化馆提供）

图 4-8　过九州（甘民壮提供）

· 游歌堂路（如图 4-7 所示）

“告祖公”后，各房姓、宗族所有“起法名”的人也到盘王庙前集中列队，然后由负责本次“耍歌堂”的总先生公召集各姓头人，用抽签办法决定本姓人游行队伍的顺序，最后由总先生公宣布游行开始。这时，铳炮、火药枪、牛角、铜锣、长鼓齐鸣。走在游行队伍最前面的是写有“某某排某某年耍歌堂”字的一面大旗，由两个大力士高举着，在旗杆左右两边各有两人吹唢呐。在大旗后面是盘古王公和盘古王婆的偶像，后为总先生公。接着是各处祖宗偶像和各姓的头人和先生公，个个左手拿着神棍，右手拿着一把神刀来回舞神弄鬼，嘴里不断念诵经书。跟在后面的是各姓“起法名”人的队伍，他们穿着节日盛装，胸前、身后缀满了银片，头上戴着一顶插满了银针饰品和白羽毛的帽子，手拿着一把长杆纸伞，一步步地往前走去。排在队伍最后面的是从各姓人中挑选出来能说会唱的队伍，他们边走、边喝酒、边唱着盘王歌，不时共同呼着“啊啊”声。整个游行队伍，在五色旗的指引下，在各自长鼓队、唢呐队、铜锣队、牛角队的带领下，经过各姓、宗族的祠堂门前，早已在那里等候看热闹的人群和远方来的亲朋好友，一边放铁铳炮和鞭炮，一边倒酒给队伍里的人喝，以表示欢庆节日。游行队伍按着历来指定的歌堂路线前进，最后到达历来固定的歌堂墩结束。

· 过九州（如图 4–8 所示）

连南排瑶族传说，人死后要路经九重山、九重河、九重桥才能到达“阎王殿”，才能到达祖先的身边，才能享受到荣华富贵。因此，所有“起法名”的人都要经过“过九州”这一关。“过九州”的仪式，即在指定的地方，用 81 条厘竹插成 9 行，每行 9 条。然后在总先生公的带领下，一个跟着一个，来回从每条竹竿的行间中穿走过去，便算过完“九州”。

过完“九州”后，总先生公宣布本次“耍歌堂”结束，并宣布下次“耍歌堂”的年份。接着，各房处人把自己的祖宗偶像抬回盘王庙存放，交由掌庙公负责管理。

· 耍歌堂（如图 4–9 所示）

“耍歌堂”的第三天，是歌舞比赛的阶段。有打长鼓舞比赛的，有打铜锣比赛的，有火枪打靶比赛的，有唱对歌的，总之，内容丰富多

图 4–9 耍歌堂（连南文化馆提供）

彩。最活跃的是那些成群结队对歌的青年男女们，他们用美好的语言，用富有情意的词句，以唱歌的形式，向对方求爱，表述自己的真情，借此机会寻找未来的伴侣。活动一直延至深夜。整个歌堂墩沉醉于一片欢乐之中。

关于“耍歌堂”的相关情况，笔者于2013年10月25日上午在连南县油岭排盘王庙对连南瑶族自治县文化馆馆长唐学情[1]作了全面的调查采访，内容如下：

问：唐馆长，您好，我们知道油岭的“耍歌堂”很有特色，“耍歌堂”的流程是怎样的呢？首先要请神，对吗？

答：对，要杀鸡杀牛，你看有个牛头放在上面，然后请先生公做法事，把这些公抬出去。我们大型的“耍歌堂”一定要把这些公抬出去，所以我们“耍歌堂”为什么要那么多天呢？就是要把那些公抬出去，我们先抬到哪个家族去，哪个家族就敬奉他，跳舞、唱歌，做一些活动。这个家族搞完以后，就抬到另外一个家族里去。最后还要选好那个日子，再做法事把这些公放回庙里，送回来。我们盘王庙里有盘古王公、唐海公（我们油岭的祖先）、法僧（英雄法僧）、盘古王婆、原古娘娘。原古娘娘是教我们瑶族人刺绣的，原来瑶族人不会刺绣，当时是汉族的姑娘学会，然后回到我们瑶族教瑶族姑娘刺绣，所以我们一直把她奉在上面。唐海公是我们的祖先，农历八月二十五是他的忌辰。其实我们以前“耍歌堂”，又是唐海公的生日，他每次过生日都要“耍歌堂”的，后来他两个兄弟、两个儿子去县城采购东西，结果喝醉了酒，第二天回来生日就过了，他们没有买菜回来，就说干脆这样吧，我们一个家族就杀一头牛，来给他过生日，后来就不“耍歌堂”了，每个家族出一头牛，所以我们唐海公的生日就是八月二十五，都是吃牛肉的。现在我们过那个生日就是每个家族轮着来操办。

“耍歌堂”的流程呢，我们首先要选好日子，确定大家要不要歌堂，确定以后我们还要选一帮组委会，也叫作歌堂头，分工很明确，你去采购物资，你去组织演员，你去装道具，还有一些准备歌堂坪的，还有一些是要维修庙宇的，像线路怎么走也有人负责的，每年都不是固定的。一般就抬着那些公绕着寨子走一圈，然后抬到歌堂坪那边去。大部分人都从我们盘王庙出发，其他来不及的就各家各户直接去歌堂坪那里了。去了以后就开始“耍歌堂”，其实“耍歌堂”就是一个大家歌舞的盛会，你唱歌，我打长鼓，看谁打长鼓漂亮，看谁唱歌厉害，就是这样一个群众性的娱乐活动。现在“耍歌堂”有点表演的性质，我们以前是谁来了，男的就拿酒来喝，女的和小孩就给他们分糍粑，所以我们“耍歌堂”到处都是酒鬼在那里醉呀，我们小时候很过瘾的，经常看到满地都吐（笑）。

这是整个村子的大歌堂，还有家族的“耍

[1] 唐学情，男，瑶族，连南油岭人，现任连南瑶族自治县文化馆馆长。

歌堂”，叫香歌堂。香歌堂就不用抬这些公了，只用祭拜一下，然后出去“过九州”，然后打长鼓，对歌，第二天捡法名，捡了以后还要去“过九州”，在“过九州”的过程中，亲戚朋友会拿一块红布，我们叫望项带，就像西藏的哈达一样，每个亲戚朋友都帮你挂上一条，表示吉祥。然后在红布的末端插一个利是包，写上我的名字，挂给你。

“过九州”的来由就是，我们瑶族据说是从湖南洞庭湖一带经过了九个州才来到我们这个地方，什么凉州，金州，雍州，然后插九个旗子，象征九个州，如果是我们捡法名的那种“要歌堂”，另外还有一把竹子，每个人一把扎在上面，然后围着那里转。我们大家族的“过九州”是一起过的，再分了小家族以后，就大家一把竹子，有彩旗扎在上面，比较亲的兄弟，一个小家族围在那里转来转去。这个程序和南岗排的有点区别，这些在传承的过程中有些遗漏了。因为以前没有文字，是靠大家的记忆。

◇ 游坡节（如图 4-10 所示）

“游坡节”又称“玩坡节”“情人节”，于每年春节的初一至初三举行，排瑶语称之“温沾”或“温东”，是排瑶一个特别有情趣的传统节日。每到这个时候，各山寨的未婚男女青年都盛装打扮，兴高采烈地会集到一个约定的山坡上，嬉闹、对歌，无拘无束，纵情玩乐。

除了对歌外，男青年们会用自制的戈帮（用竹子制作，也称“噼叭筒”）追打所爱慕的姑娘，就如同哈萨克族的“姑娘追”一般，只不过哈萨克族是女追男而排瑶是男追女之区别而已。如果姑娘也倾心于对方，就会甘心被打，反之

图 4-10 游坡节（连南文化馆提供）

则会努力躲避，爱与不爱对方就是如此自然地表达出来。而后情投意合的一对就会另找一个无人的地方继续唱歌谈情。

排瑶社区恋爱自由是公众认可的。青年男女互相交往，了解的机会比较多。男女青年一旦彼此相悦，结成恋人，即可告知父母，请媒人提亲，父母一般都会尊重子女意见。可见排瑶青年不仅恋爱自由，不受干涉，而且婚姻的自主程度也比较高。但就婚姻方面来说，父母的意见也并非毫无意义。也有由父母相中某个勤劳能干的姑娘，征求过儿子意见，然后请媒人提亲而缔结婚姻的。如果子女所爱的是好吃懒做而又不精农务之人，父母也会强烈反对。当父母与子女的意见相悖时，如果青年男女双方坚持，并造成事实婚姻，父母也就只好默认。只有军寮地区才有父母不同意就绝不能结婚的规定。

◇开耕节（如图 4-11 所示）

每年农历三月初三为排瑶的“开耕节”，又称“踏青节”“三月节”，意为一年春耕开始。开耕当日，各排各寨的瑶族群众杀猪宰羊，念诵瑶经，祭奠庙神和祖宗神灵，祈求当年风调雨顺，农作物获得丰收，同时封歌、封舞、封猎，集中劳力，精力耕种，因此又叫“许愿节”。“开耕节”活动内容有瑶族开耕祭祀、追赶驱打黑面人、瑶族原始农耕活化石展示等。

除了排内活动，亲友之间也互相往来，特别邀请汉人亲友做客。有趣的是那天已婚男女可以探访旧友，那些以前曾经恋爱，后因父母不同意，或彼此误会等原因未结成夫妻的男女，

图 4-11　开耕节（连南文化馆提供）

在那天被允许探访旧时恋人，双双约会在密林间，调情叙旧，他们称为“补数”，不受约束和干涉。

开耕祭祀仪式十分隆重。瑶族青年吹响牛角，数个先生公舞动铜刀、摇响铜铃、敲起铜锣，边念瑶经边舞蹈，还不时向四面八方播撒玉米、稻谷、黄粟等种子，意即驱赶邪恶势力，消灾除害，保护山寨平安、粮食丰收。

◇ 牛节（如图 4-12 所示）

瑶族的牛节和农业生产有关。在瑶族地区，牛是重要的畜力，犁地耕田都用牛，过去一些地区的瑶族还用牛拉车运输东西，牛在生产劳动中所起的这种重要作用，使人产生爱牛、惜牛的心情，从而形成敬牛习尚，并形成牛节。据瑶族民间传说，每年农历四月初八是牛的生日，所以，人们将这天作为牛节。牛节这天，禁用牛一天，不能对牛高声吆喝，更不能用鞭、棍打牛。

而广西田林潞城一带的瑶族，在牛节这天，各家各户要杀鸡、杀鸭、捡田螺、捉泥鳅来祭祀

图 4-12 牛节（连南文化馆提供）

图 4-13　尝新节（连南文化馆提供）

牛栏。将牛鼻圈脱下，连同三块石头、三个桃子、一个小稻草人（象征牧童）装进竹篓挂在牛栏上，俗称“保牛魂”。广西富川一带，人们用酒和鸡蛋拌饲料喂牛，将牛赶到水草最好的地方去放牧，众人则坐在草地上品尝从家里带来的食品。傍晚，将牛洗刷得干干净净，才赶牛回家。牛回栏后，人们点香放鞭炮，祭祀牛神，祝福牛无灾无难。广西桂平一带的瑶族，家家户户用新鲜芒叶包五色糯米饭，拿到牛栏前供祭，烧香拜祭牛神，祈求耕牛无灾无难，六畜兴旺，五谷丰登，然后将糯米饭喂牛。

◇ 尝新节（如图 4-13 所示）

农历六月初六是瑶族的尝新节，也称“媒婆节”。节庆当日，各排各寨的男女老少身穿盛装齐聚在本村的庙堂，用自己辛勤劳动获得的最新出品的农作物拜祭祖先神灵、土地公及谷仓神等，以示敬仰和感恩。

而节日这天，要把成熟最早的苞谷、稻谷等，摘下来做成饭食先喂给狗吃，然后全家才能进食。这是因为相传五谷是狗带来的，据说在很久以前，瑶族先民在迁徙中，因遇风浪，船被打翻，粮食全部落入海中。正当人们为将来的生活发愁时，有人惊喜地从狗尾巴上找到了几粒谷种，于是把它种在地里，精心护理，秋后收获了许多粮食，瑶族人民渡过了难关。因此为记住狗的恩德，人们自然煮成米饭先给狗吃，

图 4-14 开唱节（连南文化馆提供）

以示酬谢。

祭祀仪式结束后，全村男女老少一起品尝新出产的农作物：瑶山香猪、瑶山有机大米、甜玉米、番薯、芋头、土鸡等，特别要尝那盘百鸟归巢全猪大锅菜。

◇ 开唱节（如图 4-14 所示）

农历七月初七，相传是盘古王的生日。盘古王是瑶家始祖，他开天辟地，造人丁五谷，造瑶经瑶歌。为纪念盘古王，排瑶这天大唱《盘古王歌》，赞颂盘古王的哺育抚爱之恩情，因此称为“开唱节”。节日除祭祀祖先、喝酒吃肉外，还选出两位能歌善唱的老人，在排顶的盘古王庙轮流唱歌，年轻人在下面聆听。这样瑶歌代代相传，经久不衰，流传于世。过了此节后，到次年的开耕节，瑶人可以随便在山寨唱歌。开唱节前，为避免影响正常的生产生活，一般不准夜晚在山寨“讴莎瑶”唱歌。

农历七月初七是连南瑶族的传统节日“开唱节”。有关“开唱节”的传说不一，相传盘古在开天辟地之时，创造出了歌唱，瑶族人民爱唱歌，从日出唱到日落，所以每逢每年农历“七月七”，当地的瑶族群众就会放声高歌，尽情倾唱，用歌声的形式表达对盘古王的崇敬和自己的愉悦之情。

◇ 盘王节（如图 4-15 所示）

农历十月十六日，相传是盘古王婆诞辰日，又相传盘古王于这天仙逝，故称“盘古王节”。时值秋收结束，有的排又称“收割节”或“还愿节”。是日，排瑶各寨均在盘古王庙举行以姓氏为单位的隆重的祭祖还愿、庆祝丰收的民俗文化活动，还推选数位老歌手唱《盘古王歌》。各户皆以酒肉、豆腐、糍粑等丰盛食品过节。过山瑶于三月三日择日，一般选择农历十月十六以后的吉日举行还愿活动。活动共三天两夜，每家捐大米 6 斤，黄豆 2 斤，香纸钱 4 元左右，每人捐猪肉 2 斤，由推选出来的“总理”综理一切节日事务。还请师公 4—6 人做法事。第一晚及第二天做请神、拜神、念经等法事，第二晚男女对唱山歌，唱《盘王歌》。在唱歌过程中，由歌师进行领唱，还有 16 岁以下的未婚少年三男三女对唱对拜。歌词主要内容是向盘古王还愿，叙述瑶族迁徙时过州漂海历程的艰辛，唱感谢神灵及祖先的庇佑等。排瑶人民绝大多数都在农历十月十六日之后择日举行“耍歌堂”民俗文化活动。

◆ 瑶族的其他节日

瑶族节日，种类繁多，内容丰富。有的反映历史上瑶族人民对诸多神灵的虔诚崇拜，有的表现瑶族人民对自己祖先和民族英雄的深切怀念，有的展示出瑶族人民庆祝丰收的喜悦心情，还有的则是瑶族人民对美好生活的憧憬和追求。通过这些节日，我们可以依稀窥见这个民族发展的历史轨迹，感受到瑶族人民朴实善良、刚毅不屈且热情好客的民族性格，领略到别具情趣的民族风俗。下面，我们就来了解一

图 4-15 盘王节（连南文化馆提供）

下瑶族的其他节日。

◇ 蓝靛瑶：干巴节

蓝靛瑶，是瑶族的一个支系，因穿着用蓝靛染的衣物而得名，专以种植马蓝制靛为生，生活在我国的云南、广西及越南、老挝等国。而丘北县境内的瑶族自称“金门”或“吉蒙”，他称蓝靛瑶。

“干巴节”是蓝靛瑶人的传统佳节，又称“三月节”，于每年农历三月初三举行。为了过好节，他们从农历二月下旬便开始忙碌起来。大家首先商定节日这天是上山打猎还是下河捕鱼，然后再分头准备。决定上山打猎的人们就准备修理枪支、充火药、打码子，做弓等；准备下河捕鱼的人们也各置器物。各家各户都用最好的糯米酿制米酒，准备欢度“干巴节”。“干巴节”这天天刚蒙蒙亮，打猎的寨子，成年男子都上山去了，留下的妇女便在家杀鸡、宰鸭，做糯米饭，备办丰盛的节日食物；下河捕鱼的男女老幼也相继出发。“干巴节”的打猎活动，是小伙子大显身手的机会。男子打不到野物，就会被妇女耻笑，特别是小伙子。因此小伙子们都特别卖力，一个个拿出看家的本领认真对待。傍晚，人们回到寨中，互相串门，互相祝贺。大家取出香甜的米酒，吃着香喷喷的糯米饭，将当天猎取的野味和鱼，美美地饱餐一顿。不能吃完的，留下一部分，挂在火塘边上，烤成干巴，留着以后招待客人。当夜幕笼罩着山寨的时候，男女老幼经过一天的劳碌奔波，都围坐在火塘边，唱起动人的瑶歌。

◇ 茶山瑶：插秧节

茶山瑶是瑶族四大支系（平地瑶、布努瑶、茶山瑶、盘瑶）中的一个支系，没有本民族的文字，只有口头语言。茶山瑶话叫“拉咖”语，属汉藏语系壮侗语族侗水语文。“茶山瑶”为汉语称谓，自称是“拉翔”，意为“住在山上的人”。主要分布在广西金秀瑶族自治县的中北部和金秀河两岸的村落。

“插秧节”，既继承发扬了瑶族人民互相帮助的传统美德，还有助于发展农业生产。居住在大瑶山金秀河沿岸的茶山瑶，在农历四月春耕抢插时，各村的男女青年穿上节日盛装，从四面八方赶来参加集体插秧。春插先在金秀河下游的美村开始，一般以家族为单位，一村插完再到另一村。从下游往上游，抢插到北部山区的各村，直到族内的全部水田插完为止。春插期间，男女青年们白天一起劳动，晚上对歌作乐，谈笑风生，呈现出一派节日欢腾的景象。

◇ 红瑶等支系：护青保苗节

红瑶，也是瑶族的一个支系，因穿红色服装而得名，主要生活在广西壮族自治区桂林龙胜各族自治县泗水、和平乡一带的山区里，被誉为“桃花林中的民族”。

每年农历六月六，正是田里禾苗壮胎，苞谷扬花，粟禾抽穗的时间，瑶家在盼庄稼丰收，自古就流传着一种护青保苗的民俗事象，世代相袭便形成了节日“六月六挂青苗”，亦叫“护青保苗节”。

节日清晨，家家户户都用竹篮装上一罐冬

酒，一块豆腐，一块三四两烫得半熟的猪肉（生酪），一些提前做好的、用竹签夹上冥钱的纸标、香烛和财楮[1]；还要提上一只大子鸭或大公鸡，由家里的主事人带一小孩，提着供祭的篮子，走到历年插秧的秧田边，点上香烛，摆上三个酒杯、两碟豆腐、生酪供品，将三个杯子斟上冬酒，再把那大扎竹签纸标摊开放在田埂上。大人叫小孩跪在田埂上作揖磕头，自己就拿起镰刀把鸭（鸡）杀死，将血先淋向酒杯，再淋在竹签标上，而后绕着秧田埂淋去。回到供品前，大人用火镰打火，向田头公公、地尾婆婆、护青保苗的五谷大仙焚烧纸钱。

瑶山每年六月六的风俗与瑶民身居高山、田地分散的生产条件密不可分，瑶民播种后难得到每块田头地角去探望一次，对庄稼生长状况不甚了解。有了这护青苗的风俗，家家便要在“六月六”到每块田头地尾跑一趟，如发现庄稼长势不好，便可设法补救。从这个角度来看，这挂青苗节的风俗，对农业生产有着积极作用。

◇ 布努瑶支系：祝著节

居住在河池市的布努瑶有50多万人，他们的历史文化很有趣。首先，他们的《密洛陀》神话传说与众不同，即密洛陀的出世中，就有生命的起源，动物的进化和人类起源的神话传说；其次，“祝著节”历史悠久，具有三种语言，最早发明狩猎和战争武器，生存能力极强，有主见，不跪鬼神和人，没有乞丐，接受新文化、新思想最快的民族。

“祝著节”，是马山、都安、巴马、平果、隆安等地自称“布努”的瑶族传统节日。又名“达努节”“祖娘节”“二九节”“瑶年”。达努，瑶语意为老慈母。传说农历五月二十九日是瑶族始母密洛陀的生日，后人出于崇拜，定该日为祝寿日。是日，家家户户杀猪宰羊，宴请宾客，同时还举行铜鼓舞、斗画眉、赛弓箭、赛马等文娱活动。达努节经历史变迁，逐渐从民间宗教节日变成丰收节和平安节。

最流行的一种传说是：相传古时候，在迤逦的群山中，有两座同样高大的宝山，左边的叫“布洛西”山，威武雄壮似勇士挺立；右边的叫“密洛陀”山，像个拖着长裙的姑娘。两座山每年都要互相靠近一些，经过了999年终于挨到了一起。农历五月二十九日，随着一声惊天动地的霹雳，高大英俊的布洛西和亭亭玉立的密洛陀从两山裂缝中走出来，结为夫妻。他们生有三个女儿。时间穿梭般逝去，头发花白的密洛陀遵夫嘱，让三个女儿各自去谋生。大女儿扛着犁耙，到平原耕耘，生儿育女，繁衍成汉族。二女儿挑起一担书走了，与子孙形成壮族。三女儿拿着小米、锄头到山里开荒种地，安居乐业，成为瑶族祖先。三女儿通过辛勤劳动，庄稼结出累累硕果。谁知天有不测风云，顷刻间籽粒饱满的果实被鸟兽、地鼠分食殆尽。密洛陀在女儿危难时鼓励她：“天空难免出现乌云，生活也会遭受挫折，狂风吹不倒劲松，困难吓不倒勤劳的人，只要勤奋耕耘，生活是会幸福的。”并给了她一面铜锣和一只猫。来年，庄稼长势更加喜人，她敲

[1] 楮（chǔ）：落叶乔木，树皮是制造桑皮纸和宣纸的原料。财楮，旧俗祭祀时用于焚烧。

响母亲给的铜锣，惊走鸟兽，放出猫吃尽了地鼠，夺得了丰收，为报祖娘养育之恩，姑娘带着丰盛的礼物于五月二十九日为母亲祝寿共庆丰收。从此，瑶族人民将祖娘生日作为庆丰收的节日。

◇ 花瑶：讨念拜、讨僚皈

花瑶是湖南省境内的湘西南腹地隆回县瑶族的一个分支，因花瑶服饰独特、色彩艳丽，特别是花瑶女性挑花技艺异常精湛，故称“花瑶”。据东汉应劭《风俗通义》记载，瑶族祖先“积织木皮，染以草实，好五色衣服”。花瑶，一支奉“黄瓜”为生灵的古老民族。仅6000余众，至今承袭着他们先祖代代相传的古老遗风。

“讨念拜”和“讨僚皈”是花瑶人每年最盛大、最隆重的传统佳节，沿袭至今已有上千年历史。“讨念拜”和“讨僚皈”均是瑶语音译，汉译为“走过血泪的祭祀”和“走过菩萨的诅咒”。汉语称其为“赶苗”，本义是驱赶苗蛮（“苗蛮”是古时对少数民族的蔑称），在瑶乡一般是不说的，是忌讳语，后人把其意美化成为“扯掉多余的幼苗”。如此可见，“讨念拜”和“讨僚皈”是为了纪念战争和立咒的。花瑶人没有文字，只有语言，即瑶语。

“讨念拜”，意译是月半所过的节，每年农历三月十五至十七日举行。这三天，瑶家山寨一片欢腾。那些泡在清泉绿涧里长起来的姑娘，本是水色如玉，苗条多姿。这几天打扮得娇嫩艳丽，一个个身穿绣花衬衫，腰系多种图案的挑花筒裙，戴着银项链和镀金耳环，微笑着遮在花绸伞下。小伙子们，头裹方格巾帻，穿着具有民族特色的挂裤，虎身大眼，结实健壮，逗人喜爱。连老大爷、老大妈也换上节日的盛装，四面八方，熙熙攘攘会聚在水洞坪圩场，欢度传统佳节。

“讨僚皈”，意译是逃脱凶恶的菩萨。此节分两段，第一次是农历七月初二在茅勒举行，这一带的瑶民要过了这个节日，才吃黄瓜和白瓜。传说宋朝末年，当地瑶民的祖先在江西吉安田卢地带，遭到当地赵、鲁二督统镇压。七月初二，有些孕妇逃到鹅颈大丘的黄瓜和白瓜丛中哀求饶命才幸免于死，因而起誓并永传后代。第二次是农历七月初八至初十，在小沙江举行，传说清朝雍正元年，当地一豪绅追赶麻洞瑶族四姓六姐妹而引起反抗，豪绅却谎报瑶民谋反，请求清兵镇压。瑶民先后在今大沙江和小沙江奋战后退至麻塘山据险而守，清兵只好议和。如今节日里，瑶民都盛装到集会地点尽情欢乐，周围的汉人也参与同乐，人们赶集聚会，青年男女赛歌对舞、谈情说爱，充满喜庆气氛。

◇ 平地瑶：招鸟节

富川瑶乡的平地瑶，自言是瑶王盘瓠的后代，汉唐时期祖先沿潇贺古道从湖南千家峒、南京会稽山迁徙到富川来的。

每年二月初一，是他们的“招鸟节”。这天不管天晴下雨，方圆五六十里的山寨男女青年，都穿上一色宝蓝衬白镶边的节日民族服装，扎着彩色的头帕，套着绣花的鞋袜，撑着青布洋伞聚会山头。成对男女或坐于青草坪、岩头上，或依偎茶树蔸、松树下，甜蜜地对唱情歌、山歌、猜字歌、谜子歌，从日出到月升，渴了喝一捧清泉；饿了吃几个粑粑。鸟雀忘了归巢，唱歌人不想回家，直到夜露湿透了头帕，他们才相继送过岭，送过山，送一程，唱一段，快进寨门了，才含情脉脉，依依不舍地分开。而老年人便在家里，把连夜做好的糯米粑粑，捏成铜钱大小，戳在竹枝上，插在神坛边或堂屋门旁，名叫“鸟仔粑”，任邻居小孩们取食。说是鸟雀啄了粑粑，就会把嘴壳粘住，再也不会糟蹋五谷了。到了晚上，耕山人过寨串火塘，品尝各家的“鸟仔粑”，希望有个好兆头。

◇ 盘瑶：晒衣节

盘瑶，因信奉盘王而得名，又因从前盘瑶妇女所戴之帽用木板做成，故又被称为板瑶。盘瑶自称“棉”或“勉”，即是人的意思。茶山瑶称盘瑶为“山板”，音义均与汉字相仿，即种山板瑶之意。花篮瑶对盘瑶称为“尤半”，“尤”为“瑶”，“尤半”意为“板瑶”的倒装句。山子瑶称盘瑶为“倒半”，“倒”是汉人或人，“半”即“板”的变音。坳瑶称其为“斑尤”，为板瑶的变音。

每年农历六月六，广西桂平县的盘瑶要隆重地欢庆一年一度的晒衣节。节日清晨，各家各户的老者指挥年轻人有秩序地把箱子、柜子及衣服、鞋子等搬到房外晒谷坪，摊开在竹垫上或挂在竹竿上，等候烈日曝晒，整个寨子色彩斑斓，成了衣物的“海洋”。晒到三四个小时后再把衣物等放回原处。到了傍晚，全寨人站在晒谷坪上，对着西沉的太阳频频招手，表示对太阳的感激和崇敬。“晒衣节”家家户户要宰鸡杀鸭欢庆，别有情趣。

在民间，相传农历六月初六这天阳光最具消毒作用，所晒物品不会起霉，不会遭虫蛀。这一天里，农家还盛行做（酒）曲，传说用这一天做的曲拌醋，做出的醋特别酸，味道特别醇美。民间有俗语说“六月六，士晒书，女晒衣，农禳田”。

◆人生礼仪

礼仪是人们在社会交往中由于受历史传统、风俗习惯、宗教信仰、时代潮流等因素的影响而形成，既为人们所认同，又为人们所遵守，以建立和谐关系为目的的各种符合礼的精神及要求的行为准则或规范的总和。下面介绍南岗排瑶独特的人生礼仪。

◇ 出生礼仪

新中国成立前，孕妇在生孩子的时候，一定要请先生公在产妇家念经书和做法事，祈求各方神灵保佑产妇顺利生产，当产妇生下孩子的时候，也要请先生公一边念经，一边剪断脐带，然后把胎盘和脐带埋在产妇的床底下，他们认为如此一来，所生的孩子就能够得到神灵的庇佑，并且不再生病，能够平安健康地成长。而在孩子出生后，还要请先生公来给孩子祈福和命名，报酬是米、鸡、肉或钱，一般由人们自己的经济能力来支付。等到孩子满月的时候还要摆酒，请宴席。当孩子“百日”那天，家人要带着孩子到庙里请先生公做“百日”受礼活动，接请各方神灵来给孩子赐福，保佑他健康成长、永世平安。

现在，孕妇一般都是去医院生产，而且很少会举行相关的礼仪活动，这是因为人们的观念得到了转变，另一个原因则是先生公这个职业已经基本没有人去做了，但孩子在“百日”的时候同样会宴请亲朋好友，瑶语将其称之为“吧啊乃”。

◇ 成人礼仪

新中国成立前，瑶族人民深受“身体发肤受之父母”的观念影响，无论是男女老少都要留着长发并将头发盘束起来。在男孩 9 岁那年，还要举行成年礼仪：男孩的家人首先要挑选一个举行仪式的良辰吉日，然后把男孩领到全寨的大庙由瑶老或是先生公举行“束发”仪式，先祭拜祖先，再念瑶经讲述先祖艰辛的迁徙，杰出人物的贡献，让孩子以自己的先祖为荣，并学习先祖的优秀品质，之后将原来孩提时梳成鞭子状的头发解开，盘成传统的头髻，并由众亲属表示祝贺。这个传统的成年仪式只是代表了该男孩正式成人，但想要正式婚娶就一定要等到 16 岁，而女孩则要等到 14 岁之后才行。

图 4-16 排瑶老人留着长发（连南文化馆提供）

现在，由于排瑶受到现代观念的影响，少年男女基本上都留现代汉人的发式，全部剪成了短发。而小孩子上学时，学校也明文规定：男生不能留长发，稍过寸者就必须要剪，不然不许来上学，恐怕这也是现在很少看到排瑶人留长发的原因吧？目前也就只有少数老一辈的人才有了（如图 4-16 所示）。不过很多妇女还是保留着束发的习惯，但是都梳成汉族的发式了，这也是学校的规定，而传统的成年礼仪也渐渐地被废除了。

◇ 特色婚俗

排瑶主要分布于广东省西北部的连南瑶族自治县，尤其集中分布在该县的金坑、大坪、香坪、盘石、涡水、三排、南岗、大麦山 8 个乡（镇）。人口数量几乎占该县总人口的一半，总计 64678 人[1]。排瑶传统文化保留比较完整，民族特色十分鲜明，就以其婚姻习俗来说，也是非常独特而颇具研究意义的。

[1] 清远市 2010 年第六次全国人口普查主要数据公报 [1]（第 2 号）.

一是自由恋爱的方式。排瑶青年可以通过“讴莎腰”“歌络堂”“玩坡”“打戈帮”等形式进行社会交往，无论男女皆可自由参与这些社会活动，在娱乐的过程中寻找意中人，其中对歌是最主要的内容。瑶族是能歌善舞的民族，排瑶也不例外，对歌是排瑶青年进行交往、娱乐、倾诉感情的最主要的形式。在田间劳动、婚礼、节日和闲暇的时候，瑶族村寨随处可以听见优美婉转的歌声。排瑶青年通过歌声互诉衷情，增进了解，培养感情。很多时候恋爱关系就是由此建立起来的。

“讴莎腰”是排瑶青年最常见的恋爱方式。“莎腰”是指未婚的姑娘，“讴莎腰”是指用唱情歌的方式追求姑娘。每天晚饭后，男青年可以单独，也可以结伴来到所爱慕的姑娘的房间窗户底下，用歌声向姑娘表达爱慕之情。如果姑娘有意，就会以温柔的歌声回应，并从窗口给男青年递烟送茶。反之，姑娘会保持沉默，男青年就会识趣地离去。有的姑娘还会从窗口递给男青年一支火把，让他另觅所爱。

图 4–17 排瑶的婚礼（连南文化馆提供）

“歌络堂”是一种类似小风车的玩具。“歌络堂”这种恋爱方式流行于油岭、三排一带，一般是在白天进行，主要适用于情窦初开的 15—16 岁的莎腰妹。这种年龄的姑娘尚不用参加田间劳动，只负责家务，因此她们在做完家务的闲暇之时就会拿着自制的“歌络堂”，穿起漂亮的衣服，来到山坡上唱起歌儿，引来村里村外的男青年，双方用歌声传情，有的由此建立起纯洁的爱情。如果小伙子赢得了姑娘的芳心，就会得到“歌络堂”、野鸡毛和白腰带等表示爱情的信物。

“玩坡”也是排瑶青年男女社交、恋爱的方式之一。在前面已经详细介绍过了。

排瑶婚俗还有一特殊的情况，那就是南岗地区普遍结婚时双方的年龄都比较小，往往是 13—14 岁，甚至更小，所以这种年龄组的婚姻缔结基本上都是由父母一手包办的。其他排则没有这种情况。据笔者访问的三排、油岭、军寮一带老人反映，这些地区基本上是 16 岁以上才可以结婚，大多数则是 17—18 岁，而 20 多岁才结婚的也并不鲜见。

二是富有特色的排瑶婚礼。排瑶对婚礼是十

分重视的，结婚仪式隆重而俭朴，花费并不多。各个排的婚礼过程在细节上有所差别。现以南岗排瑶的婚礼过程为例作一介绍（如图4-17所示）。

· 订婚

一般是在上半年进行订婚。男方通过媒人提亲（排瑶地区没有专职媒人，媒人的角色一般是由双方的亲友充当），如果女方父母同意，男方的父亲就会拿着猪肉和烧酒去女方家吃顿饭商议婚事。结婚前要吃“六杯酒”来往（据该村一老人介绍，一杯酒是指2斤酒、2斤猪肉），婚事就算定下来了。到结婚那天还要给女方家送去“六杯酒”（即12斤酒和12斤猪肉）。

· 婚礼过程

整个婚礼要进行三天。第一天，男家要杀猪或宰牛、磨豆腐，准备招待客人。女方家则不用准备这些，女方家的宴席是比较简单的。这天早上要请先生公“送鬼”后才能杀猪或宰牛，然后用猪肉或牛肉敬奉祖先，告知祖先家中正在办喜事。随后，先生公要用“神告”进行占卜。“神告”由一牛角尖分成两半做成。如果卦象同为正面或同为反面则为吉利，一正一反则为不吉利。一次不成则要反复进行，直至得到吉利的卦象为止，以保证婚事吉祥如意。这天通宵不睡，来帮忙的人各司其职，晚上边喝酒边等候迎接新娘。

翌日凌晨3—4点钟时，男家会派一男一女两人前去迎接新娘，这两人必须是未离过婚、未丧过偶的已婚亲友。去时带着一雌一雄两只鸡，寓意新婚夫妇相亲相爱。他们打着火把，带着几十斤酒、肉到女方家，与新娘的亲友吃过一顿饭后即带着新娘返回男家，新娘必须在天亮前进门。新娘到男方家后要先等在门外，等先生公杀鸡敬祖、吟诵瑶经、祈求祖先保佑新人生活幸福，并为新人驱除邪恶的“鬼魂”之后才能进门。新娘进门后要由男方的家人陪同端水给在座的人洗脸，依长幼次序进行，旨在让新娘认识在座的亲友，同时在座的众人也要给新娘“打利是”（称之为“洗面钱”）。天亮后，新婚夫妇回娘家，拜过新娘家的祖先，吃过饭，认识了新娘家的亲友后，即由新娘的兄妹等亲人送回男家。这时男家要招待女方的外家吃一顿丰盛的饭菜，外家吃过这顿饭后即返回，男方的亲友则要吃喝玩乐到翌日天亮。

· 婚礼特点

婚礼一般集体进行。排瑶认为一年中只有一两天是适合举行婚礼的日子，也就是他们称之为“福生日”“初生日”的良辰吉日，一般是在农历十月十六日（即瑶族最盛大的盘王节）前后，预先由先生公择定。基于这一原因，排瑶的习惯是整个村寨或邻近村寨同时有几户，甚至十几户人家同时娶亲，那天经常会看到迎亲队伍相遇的情形。但有些村寨并非所有的人家都会在同一天举行婚礼。比如大坪乡牛路水村的房姓人家传统上不喜欢“七”这一数字，认为不吉利，因而他们绝不会选择含“七”的日期举行婚礼。而同时李姓人家则没有这一禁忌。所以同村的房姓和李姓人家有时就会选择不同的日子办喜事，但同姓的人家则会在同一天举行结婚仪式。

夜间迎娶新娘这一风俗体现了排瑶盛行地

域内婚的特点。新中国成立前，连南瑶区交通不便，几乎不通公路，如果夜间到较远的地方迎接新娘且又要在太阳出来前进门是极不方便而又不可能的。可见他们盛行的是地域内婚。

宗教信仰在婚礼中得到体现。从排瑶的婚礼我们可以看到，先生公在婚礼过程中充当十分重要的角色。他既要主持婚礼过程，还要完成一系列的宗教仪式，包括诵经、敬祖、驱除恶鬼等。另外，三排、南岗一带规定新娘必须在太阳出来以前进入丈夫家，祷告祖先，求得祖先的承认和保佑，这门亲事才能吉祥如意。他们认为太阳喜欢捉弄新娘，它会把新娘的魂魄摄去，甚至殃及后代及整个家庭。南岗、油岭地区的婚俗中还有“站公”的规矩，新娘从进门的第一天起，除了晚上睡觉外，必须在祖先神龛前站立3—7天，以示敬祖。当男女双方离婚时，牛路水一带的不成文规定是女方绝对不能带走家中的“三脚猫”（用来煮饭、烧水，相当于炉灶之用具），他们视之为“土地公”。由以上的礼俗可以看出，排瑶的宗教信仰主要是祖先崇拜、鬼魂崇拜和自然崇拜。

外家在婚礼中具有特殊地位。男女青年有了缔结婚姻之意后，必须请各自的外家亲戚（尤以舅舅为主）吃顿饭，告知婚事。如家庭办婚事有困难的还要请外家相助。男方主持婚礼的先生公要由男方的外家派来（尤其是第一个儿子结婚必须如此）。杀了猪之后，猪头要给男方的外家带回去。举办婚礼时招待送嫁的女方家人那顿饭要特别丰盛，意为新娘出自外家，要饮水思源。宴请的主要亲戚要包括外家三代，其中舅舅是非到不可的。南岗地区的婚俗还要由男方的舅舅参与迎接新娘，女方的送嫁人中也必须有一个是舅舅（尤其是第一个女儿出嫁），然后男家给送嫁的舅舅30斤肉和12斤米作为答谢，而送嫁的姑父则只得12斤肉和6斤米。由以上的礼俗可以看出，外家的特权，尤其是舅权在排瑶社会是比较重要的。

女性结婚后就完全属于夫家世系。娘家族

图4-18 排瑶的葬礼（甘民壮提供）

谱在其姓名后注明该女子已嫁何人为妻，而夫家族谱则正式列入其姓名。作为未婚的姑娘，是不参与“耍歌堂”“起法名”、上坟祭祖等重大活动的。而结婚后则要作为夫家的成员参与丈夫家族中的这一系列活动。

◇丧葬悲歌

八排瑶聚居在粤北连南瑶族自治县境内的大坪、南岗、自芒、九寨、盘石、涡水、香坪、三排和金坑等区。长期以来，他们分支族依山而居，自成村寨，故有“排瑶”之称（新中国成立前有火烧坪、军寮、马箭、里八峒、大掌、油岭、行祥和横坑八大排）。由于特定的地理环境，直至今天，他们在许多方面仍保留着本民族的特点，尤其是丧葬习俗[1]，更具有深厚的特色（如图4-18所示）。

“坐尸”习俗源于“灵魂不灭”观念。八排瑶遇有人身故，要在丧宅外鸣放土铳炮三声报丧。人断气后，送终的亲属要立即把死者扶起坐在床上，两脚垂下，以防尸体手脚僵直，难以安排坐椅。随后请先生公（巫师）来家给死者做一回“开路”仪式（意即指一条阴间通道给死者行走）。尸体由子女用温水沐浴一番，换上预制的寿衣（用色绸布做成长袍式样，件数不论，依经济情况而定，外加一件红布做成的“法衣”，下身穿一条绣绒的裤子，如死者是女性，还要穿上绣花裙）。穿上新的布鞋和袜子，头戴纸冠，用一条四尺来长的红布绕冠沿两圈，余布垂直于两臂侧。然后把尸体扶坐在特制的“尸椅”上（名为老人椅，生前做成备用），用草绳捆实固定，两脚下垂至地，犹如活人坐着的模样。这一切装扮妥当后，即把尸椅移放到灵堂里，任亲属及排里的人吊唁。出殡时，由两位亲属抬着尸椅，椅上插一把打开的油纸雨伞（或有人撑着，其意是不让死者头顶着青天），至墓地后才卸下尸体，改用棺木入殓土葬。这种“坐尸”习俗始于何时，史书未见记载。从现存的民族学资料来分析，应该与原始社会的“灵魂不灭”观念有直接关系。

由于产生了“灵魂不灭”的观念，当时的人们也就认为人死后和人活着时一样需要生产与生活，一样需要衣、住、食、行，正是在这种思想支配下，在处理死者的尸体时，就必然会按照活人的各种自然姿态进行摆布。考古学及民族学资料表明，国内外许多民族的丧葬习俗，对尸体的处理有蹲坐式、卧屈式等[2]，虽然与瑶族的坐尸仪式不尽相同，但都是模拟活人的自然姿态。究其用意，是为了使死者在阴间仍能按照自己生前的生活方式去生活，这样其灵魂就会得到安慰，就不会回到阳间作祟。这一点，从瑶族丧葬过程的其他习俗中是可以得到佐证的。

排瑶每人生前都要举行一次最隆重的宗教仪式，称为“打道箓”。“打道箓”每20年至30年举行一次，以族支为单位，由先生公主持，

[1] 广东省民族研究会，广东省民族研究所编．广东民族研究论丛 [M]. 广州：广东人民出版社，1986.

[2] 参阅 贾兰坡，甄翔南．原始墓葬 [J]. 史学月刊，1985(1)；容观琼．我国古代屈肢葬俗研究 [J]. 中央民族学院学报，1983（2）

内容有四方面：其一是给本族的已故祖先焚烧冥钱（用草纸制成，每一张各写着一位祖先的讳名，并盖有“太上老君”的符印，意即分发时不用争抢），祈求祖先保佑。其二是给参加“打道箓”者取法名，供来日死后改用[1]。其三是为“打道箓”者写“申疏”。“申疏”是一种呈给冥府鬼神的文告（即所谓到冥府生活需用的证件），以“北极祛邪院本院”署名签发，每人四张，名曰“白榜”“收神”“官兵”“府牒”，交本人保管，死后焚化随葬。其四是“过九州”，形式是在村外的田野上插上九支竹子，代表“九州”，由先生公及舅父们带着身披红衣的“打道箓”者在竹子的间隙绕竹而过，其意是经过这一仪式，死后到阴府生活时，就能熟悉阴府的地理情况，顺利地通过各种关卡，使死者的灵魂安全返回祖先的故里。据史书、瑶经和族谱所载，八排瑶的先民是经过长期的迁徙才到连南定居的[2]，“过九州”的习俗，可能与他们的迁徙历史有着渊源关系。因为在这之前，他们是处于原始社会发展阶段，落后的生产力及其他各种原因使得他们不得不跨府过州，到处辗转，历尽人间的艰难险阻。同样，他们由此想象到阴间的生活道路也肯定是崎岖不平的，为了给将来的阴间道路扫清障碍，于是就设想出这种象征性的仪式。总之，从“打道箓”的内容来看，都是围绕着为阳间的人打通来日死后到冥府生活的各种关节而进行的，他们笃信，只有经过这一宗教仪式，死后灵魂才能得以超度。

再者，从丧事过程中的“送鬼魂”仪式（也称十二盏灯），也反映出“灵魂不灭”观念对排瑶的影响是根深蒂固的。在死者出殡前一晚上，要请先生公举行“打斋”的宗教活动，“送鬼魂”是“打斋”的高潮，其仪式是在灵堂门口插1支花棍，把1条纸练搭在棍上沿至厅堂神案下，其意是搭桥引死者灵魂出去。再取出12个碗倒盖，各点燃1支蜡烛插在碗上，在花棍下，烧香公神位前及厢房死者换寿衣坐过的方凳上各放1个碗，其余9个碗交叉放置纸练的两边，由一先生公取出12个阄（共中一个写着死者的生卒时间），在每个碗上各放一个，念经后由另一先生公开阄，若写有字的阄放在花棍下为上阄，表示最吉利，意思是死者做人成人，做鬼成鬼，有能耐；放在纸练两边则为中阄，表示一般过得去；放在烧香公神位前为下阄，意思是死者没本事，到冥府后只能当烧香公；放在方凳上为下下阄，表示到阴间仍是个饿死鬼。碰到后两种情况时，死者亲属都会要求先生公再做一次，以求亲人到阴间后有个好的归宿，免得其灵魂返回阳间作祟。

还有，从死者的随葬品来看，不但有稻谷、玉米、黄豆、种子等生产资料，而且有衣服、烟袋、梳子等日常生活用品，其中瑶人最喜欢的传统饮料——酒是必不可少的。这一切，都是为了满足死者到阴间后的生活需求。

[1] 瑶人一生用四个名字，一般出生后，男的取名为“贵”，女的取名为“妹”；女的结婚生子后改称“莎”或“尔”，男的称“bie”；有了孙儿女后男的称“公”，女的称“婆”。死后，男的取法名，为“法××郎”，女的为“法××妮”。

[2] 连南瑶族自治县概况[M]. 北京：民族出版社，1985.

上述指的是正常死亡的丧礼。至于非正常死亡的人，瑶人认为是最可怕的，死后会变成恶鬼，因而对死者尸体的处理与众不同。按照惯例在室外死的人（如被人杀死，遭毒蛇、猛兽咬死等）只能停尸村外，不得抬回家中；室内死的人（如产妇难产等），尸体不能陈放在有祖先神案的中厅。“打斋”时，先生公要用粗言秽语咒骂死者，并用草鞋向死者身上挞打，意思是把死者身上的污秽除净。出殡时，尸体不能坐在椅子上，只能用木板抬走，头朝前脚向后，还要抬着尸体兜几圈，为的是不让死者看清道路转回来。尸体抬走后，其亲属要用桃树枝打扫门前道路，以示驱鬼禳灾。此外，不在神案上为死者立祖先神位，据说若这样做，死者的鬼魂就永远不能返回阳间。

上述的丧葬过程，都说明他们相信人死后，其灵魂是不灭的，仍然会按照生前的生活方式生活着，正因为这样，出现把死者扮成活人模样出殡的“坐尸”习俗就不难理解了。

葬俗是宗教信仰在现实生活中的具体反映，它和宗教一样，随着社会制度的变迁和经济文化的发展，其含义也有所不同。原始社会时期，人们之间的相互关系是平等的，在葬礼上体现出来的只是纯朴的原始宗教观念。进入阶级社会以后，剥削阶级出于巩固封建统治的需要，有意识地利用原始宗教作为麻醉劳动人民的精神工具，这就使得葬俗披上封建迷信的色彩。在瑶区对“坐尸”习俗有这样的说法：以前瑶人深居山野，长年累月食不果腹、衣不蔽体，受尽千辛万苦。而居住在平原的汉族地主官僚，吃的是山珍海味，穿的是绫罗绸缎，出入骑马坐轿，这种幸福生活，瑶人生前是没有缘分享受的。但是，到了阴间就截然不同了，瑶人死后就可以变成汉人，过着像汉族地主官僚生前那样的生活，故死后必须身着盛装，坐着“轿子”，俨然像个官老爷。而汉人死后则变成瑶人，在冥府里永远当牛做马。这一切都是命中注定的。由此可见，“坐尸”这一习俗，是源于原始社会的灵魂不灭观念。进入阶级社会后，披上了封建迷信的色彩。到了现代，就成为一种习俗沿袭下来。

瑶族是一个历史悠久的民族，同样也经过母权制的发展阶段，这从排瑶的葬俗所反映出来的母权制残余中，也可以得到印证。瑶族的葬俗，是瑶族社会生活的一个重要内容。在丧葬过程中，瑶族妇女所体现出来的重要地位是显而易见的。双亲死后，女儿要负责其洗理并一直守候在身边念哭词。出殡时，长女必须手执竹幡走在最前列引魂开路，其他女性亦手搭白布走在尸椅前面（白布表示死者到阴间必须经过的桥），而死者的儿子、女婿及其他男性亲属反而走在后面。死者下葬前，女儿要最后替其梳一次头发。再者，沿途鸣放铳炮所购买火药的费用，按惯例亦由女儿负责。更值得注意的是，死者到阴间所需的生产资料和生活资料（如酒等），都由女儿提供和携带。出殡后三天内，亦必须由女儿们送酒饭到坟前祭奠。这对于女儿来说，与其说是她们的义务，倒不如说是她们的权利。

瑶族葬礼中反映出已婚女子与娘家的人身关系是极为密切的。上述曾提到瑶人生前必打一次“道箓”，为来日死后做准备工作，在举行这次关系到阴间生活能否得到幸福的宗教仪式时，出嫁的女子及其子女一定要邀请其舅父参加，并由舅父带着“过九州”。在母系氏族社会时期，由于实行“从妻居”，已婚女子及其子女都是和舅父的氏族一起生活的。那么，以后的阴间生活也当然要由舅父带领，才能得到舅父的保护。而这对于其舅父来说，也是义不容辞的职责。还有，当出嫁的女子及其子女在夫家死亡时，要立即通知其外家，由外家来人验证是否属于正常死亡，方可发丧。死者的寿衣、丧事的筹办计划等，也要与外家的人商量。在新中国成立前，瑶区就盛行着一种“吃人命”的风俗。

综上所述可以推断，瑶族在原始社会时代，曾经历过母权制向父权制过渡的阶段，且出现两者此消彼长的并存时期。在父权制尚未完全取代母权制之时，由于汉族社会的影响，随即不同程度地进入了阶级社会。正因为如此，才有可能出现上述的风俗习惯。

关于“人生礼仪”的内容笔者于2013年10月26日下午在广东省连南县对县志办主任许文清作了详细的调查采访，内容如下：

问：许主任您好，您作为圈内人士，作为一个学者型官员，常年接触连南的排瑶，根据您发表的学术论文及出版的专著可知您对这个领域非常熟悉，请您谈谈有关他们的婚姻家庭和丧葬习俗。

答：小孩小时候，两三岁就会成亲。那时候他的父母亲要对亲，并不是他们男女双方自由恋爱的，只要是双方的父母看中了，那他们两三岁的时候就算成亲了，结亲（即是结婚）以后呢，承担什么义务呢？对男方来说，女孩到了男方家里面，如果生病了，就要让男方负责医药费，如果是死掉了，或者还没有到夫家就死掉了，也算是男方的人，女孩子的丧葬费都是男方负责。而女孩子是要等长大了，新中国成立前是十六七岁，新中国成立后是十八九岁，才会到夫家去住，这叫少年多乐，是夫家的少年婚，这是南岗特有的，是其他地方都没有的，这个你得好好写一下。

说到丧葬的习俗啊，他们有一些很独特的活动和看法。在瑶族人家里，小孩刚刚出生，如果是不够40天岁的小孩，他们死掉的话，就会把一朵花埋在墓里，而小孩子的遗体埋在哪里呢？是埋在本户人家的床底下，他们都是挖了很深很深的洞，把那小孩埋藏在那里。他们认为，这样可以净化他的灵魂，让死掉的小孩子留在父母亲的心里，并能让灵魂再回到父母亲的身体里，可以再投生。上面说的是不满40天或者100天的小孩，在天数方面是有这样的说法，在瑶族人生活中，30天就是满月，40天就可以把小孩带出门，100天就可以上山劳动，所以呢，有的是不满30天，有的是不满40天或者100天，就要埋到床下面，这样就是保留了父母对小孩的钟爱，在南岗就有这样的习俗，别的地方大概是没有这样子的。另外在南岗，当成年人死了以后，将遗体送到墓穴去的路上，并不是放在棺木里面，而是给尸体穿上新衣服，用野鸡毛打扮一下，坐在人抬着的架上面，还有人打板、打鼓咚咚唧唧地送去。我就曾经亲眼看过，将死人坐在那让人抬上山去。到了墓地，就要他的亲人背着他下墓穴，一般来说如果是男人就要他的大儿子背，如果是女人就要她的小儿子背。为什么要他背呢？意思是说父母亲小时候把你背大、养大，你现在要回报父母，所以你大儿子要背父亲，放到棺木里面去，小儿子要背母亲，放到棺木里面去，这是儿子应该行的回报，有这个风俗。

问：昨天才看到您书上说，下葬前要给他擦身是吗？

答：对，是有这样的习俗。另外在下葬方面，他们很看重风水，有的会送很远的山里面去，有的可能是一次葬了不行，有可能又挖出来重新葬，很重视风水，不会都葬到一起，而是特别分散。一般来说，都会送到很远的地方。瑶族人丧葬跟汉族不同，他们讲究自然崇拜，就是要回归自然，当棺木葬下去以后，上面要种上赤木，不像是汉族人用水泥、砖等建造墓穴。

问：除了在墓那里种树，有没有其他特殊的标记？

答：往往是有堆土在那里，旁边会放个石块，他们会记得很清楚这土堆是某某人，谁葬在这里，往后每年扫一次墓，一般是春节或者春节后就去。取材于本地，就是说先前的条件是不破坏自然生态。

另外关于小孩子，瑶族人认为没有结婚的小孩子死后都会成仙，结了婚的人死后则会变成鬼。而瑶族特别害怕鬼，少年就成不了鬼，就没有那么害怕。怕鬼是因为，你不好好供奉鬼，不把他处理好，他回来就捣乱，人们就生病啊，处理好他回来就造福，保佑子孙。就是这样的一种迷信。所以未婚的小孩子死后往往就草草地埋掉了，而婚后的人的葬礼就隆重许多。

问：许老师，就丧葬习俗我再延伸一个问题，今天我们在参观博物馆时看到一张照片，是关于先生公去世后的送葬习俗，由于这个群体的特殊身份，我想问的是他们跟普通人相比在丧葬习俗方面有什么特殊的吗？

答：先生公是瑶族的精神领袖，一般一个村里只有先生公能识字、会写字。瑶族人有自然崇拜和鬼神崇拜两种宗教形式，先生公就是瑶族人中可以沟通自然和鬼神的人。老的先生公会收徒弟，等到徒弟该学的都学会了，可以独立做法事了，就成为新的先生公。之后如果老的先生公去世了，那么就需要他的徒弟给他送葬。怎么送呢？就像你们在照片里看到的一样，让先生公和他的徒弟面对面坐在两个担架椅上，由人抬着送往山上墓地，同时老先生公的徒弟要念一路的经。还要有送葬的队伍，化装成黑面人、白面人、黄面人，吹吹打打的人，非常隆重的葬礼。另外年纪大的人去世，他的亲戚朋友都要来送葬，好几重的亲戚沾亲带故的都会赶来，往往送葬的队伍浩浩荡荡有几百人呢，排成一两列在山路上行走，白衣白幡在山上连成一条长龙，弯弯绕绕得很是壮观。

第二节　南岗排瑶服饰文化

连南古有“八排瑶”，是全国乃至全世界唯一的排瑶聚居地。在漫长的历史发展过程中，排瑶人创造了丰富多彩的文化艺术，服饰便是其中重要的组成部分。瑶族服饰五彩斑斓而又绚丽多姿，早在汉代，便有瑶族先民“好五色衣”“衣斑斓布褐”之说。如《后汉书》云：“盘瓠诸子织绩木皮，染以草实，好五色衣裳，制裁皆有尾形。”《广东新语》亦载：“盘瓠毛五彩。故今傜㚬徒衣服斑斓。”千百年来，尽管瑶族人民处于迁徙、游耕状态，生活环境和劳动条件恶劣，但其服饰仍然保持款式繁多、色彩绚丽、图案古朴、工艺精美的民族特色（如图 4-19 所示）。瑶族服饰样式繁多，据统计服装款式多达 100 余种，头饰也不下 100 余种。男子一般着无领对襟或右衽、铜扣上衣，有的穿圆领花边 Y 字形衣，衣外斜挎白布“坎肩”，下身一般穿宽脚长裤，腰和小腿一般扎布带。妇女服装一般穿圆领花边对襟或右衽长衣，下穿挑花长裤或百褶花裙，扎绣花腰带、围裙和绑腿。在服装的领口、袖口、胸襟、腰带、裙

图 4-19　瑶族各支系服装（连南文化馆提供）

边饰以色彩斑斓的挑花、刺绣，鲜艳夺目。瑶族男女均以绣花青布头巾或红布头巾包裹头部，妇女有的则用白棉纱和毛线缠头。女子头饰式样千姿百态，有塔式、平顶式、钢盔式、飞檐式、银簪式、絮帽式等，她们喜爱以银簪、银花、银串珠、弧形银板等银饰配以彩色丝带做头饰，风格别致。少女、未婚或已婚妇女从头饰上就可以区别。此外，瑶族的刺绣、挑花、蜡染等工艺也别具特色，展现出瑶族妇女的聪明才智。

◆ 连南排瑶的服饰

排瑶服饰是瑶族服饰的重要组成部分，大致分为便服和盛装两种，除此之外，排瑶人对银饰的运用也不可忽视。

◇简单便服

排瑶便服结构简单，但装饰颇具特色，它与变化丰富的头饰一起组成绚丽多彩的装饰艺术。连南八排瑶不论男女老幼，都留发束成发髻，且有后枕髻、朝天髻、脑后髻三种髻饰（如图 4-20 所示）。排瑶男女都穿无领无纽无扣的枇杷对襟衫，系上一条长约一丈，或红或白或青色的腰带。这条束腰带不但把上衣的左右两襟包裹起来，还把下身的裤子也扎在一起，同时还有护腰的功能。排瑶男女下身都穿裤子，且裤样基本相同，裤长有至腿部、至膝盖、至脚胫三种[1]。裤脚宽一尺或一尺三寸，这样宽阔的裤脚设计可让他们在便溺时不用脱裤。因为脱裤时必须同时松开束腰带，而这样上衣和裤便都解开了，很不方便，故此这也是成年男女都方便使用的宽度。男子外出时常戴一个五颜六色的绣花挂袋，朴素的青布衣服也平添几分美感，而这种挂袋也是女子向男子表示爱情的信物，挂袋图案的构图样式也最能体现瑶族妇女的刺绣艺术。

连南南岗排瑶的女子上衣长至腰部，在领肩处缝一块半月形白色布贴，衣领、袖口均镶有一寸左右的小蓝布边。男子上衣稍短，仅至腰间，围上腰带后几乎不见衣边、衣角，在排瑶中属

图 4-20 连南瑶族女子便服（连南文化馆提供）

[1] 李筱文 . 瑶族研究论文集 [D]. 瑶族研究国际研讨会，1986：216.

于最短；男上衣后幅中线分衩，衣边绣红、蓝、白三色布边。男子裤长至膝盖，裤长亦为排瑶中最短的，只至腿部。青色绑腿边绣有花纹[1]。南岗排瑶男子扎红色腰带，女子扎白色腰带，据当地瑶民介绍，红色代表月亮，白色代表太阳，原本月亮象征女孩子，但因为女孩子怕黑，晚上不敢走路，所以男孩子代表月亮，夜晚可以出去，女孩子白天出来，绑着白腰带，象征阳光普照。在头饰上，未婚女子不罩头帕，扎朝天髻，髻上只饰山花或白鸡毛。已婚妇女梳后枕髻，不加竹筒，扎紧发髻后只覆一蜡染黑白条纹方帕，用白织带缠紧整个发髻。排瑶男子留长发，一般扎后枕髻，缠红头巾（必须经过打道箓以后才能用这种红头巾）（如图 4-21 所示）。而最引人注目的便是在发髻上插上雉鸡翎，显得英俊潇洒。它不仅被视为增加美观的装饰，而且还是不畏强暴的象征。瑶山有个“豆腐八王”的传说，内容是歌颂瑶族英雄豆腐八王敢于率众起义，反抗州官压迫的事迹。瑶民为了纪念他，便在发髻上插上雉鸡翎，观之凛凛挺拔，就像英雄锋利的宝剑[2]。

排瑶聚居在连南县崇山峻岭之中，排排相望。新中国成立前，各排各自为政，相互交往较少，加上山水阻隔，各排在服饰上便出现差异，各有特点，以至于族人仅看装束便可辨别其来源。

图 4-21 连南南岗排瑶老人的发髻（连南文化馆提供）

◇ 华丽盛装

排瑶常常在“耍歌堂”“长鼓舞”举行婚礼等重大活动时穿上盛装，而根据性别、年龄、婚否，在服装款式、色彩与装饰物的搭配等方面有所不同，总体呈现精美、华丽的服饰风格。

男性盛装将头发在头后部缠成髻，再包上红头巾，插上两三根雉鸡翎和一串五色纸花。各排男子多是内穿阔脚裤，外穿挑花裙，有的喜欢在背上挂许多银牌、腰上缠白色腰带，腿上缠有图案的绑腿，戴上项圈、银牌等饰物（如图 4-22 所示）。女性盛装时头饰丰富，已婚女性把头发盘成发髻后覆头帕，戴上绣花头巾、

[1] 全国人民代表大会民族委员会广东省民族社会历史情况调查组编 . 广东省连南瑶族自治县南岗、内田、大掌瑶族社会调查［M］. 广州：全国人民代表大会民族委员会广东省民族社 1958.

[2] 李筱文 . 瑶族研究论文集 [D]. 瑶族研究国际研讨会，1986:233.

图 4-22 连南排瑶男性盛装图片（连南文化馆提供）

银牌、银铃、五彩线等各种头饰；未婚女子则把头发盘起，插上几根白鸡翎再围着发髻插一圈山花（如图 4-23 所示）。上穿对襟无扣无领衣，领口、袖口都绣有图案。下穿瑶族独有的挑花裙，款式各排略有不同[1]。

瑶族的婚服又是别具一格的，可以说是瑶民们一生中最漂亮、最讲究的服装。

男子婚服有上衣、裤、披风和黑裙一套四件。上衣款式与便服同，仅衣领、襟边绣有红色花纹。裤及黑裙都缀有花边，穿时裙套在裤的外面。披风不仅绣有花纹，而且缀有若干个银鼓、银牌，但它的长度仅是衫长的一半，与一般披风的概念相去甚远。女子婚服则包括花冠、上衣、花裙、脚绑和腰带五件。女子婚服甚为讲究，一般费时数年完成，集中体现了排瑶的装饰艺术。花冠里层用两层白粗布浆合，外层用靛蓝色粗布叠做，周围用红绒线绣上规定的图案，左右两侧再系上银鼓、银牌、小银片等。冠正面系上一个枫叶形银牌，牌内有骑着仙鹤的佛像；上衣衣领、背、襟和袖等处都有红色或桃红色的花纹，有的在衣下端用红、黄、白三色线绣上 10 个等距对称的马头纹图案；花裙长约 4 尺，在下端有三层用红绒线绣成的图案，一般从上至下依次为马头纹、山水鸟林纹和山野花草纹。传说过去排瑶女子有骑马出嫁之俗，

图 4-23 连南排瑶女性盛装图片（甘民壮提供）

[1] 汤耶碧主编 . 广东瑶族舞蹈与音乐艺术 [M]. 广州：华南理工大学出版社，2008.

所以绣马头图案以示纪念；婚服必有脚绑，与平日不同之处在于其边缘用红绒线绣上约 1 寸宽的花纹；腰带用白布做成，两端各梳有 66 条末端系有铜钱的穗[1]。

◇ 精美银饰

排瑶的装饰除服饰、头饰、脚绑、挂袋等生活实用品外，还有佩挂于身体各部位的花草植物和金属等饰物。排瑶与其他瑶族同胞一样，尤其喜爱银饰。每逢节日，瑶族姑娘们的头上、颈上、胸前、衣背都佩戴种种精美银饰；喜庆婚嫁时，银饰更是新娘必不可少的装饰品（如图 4–24 所示）。

瑶族银饰品花样繁多，有头簪、耳环、项圈、串牌、手钏、戒指等，且银饰品以牛角、月亮、太阳等作为外形，其中有鸟虫花草等图案，造型精美，显示了他们高超的艺术才华和审美情趣（如图 4–25 所示）。在排瑶特殊的丧仪——坐葬中，瑶民会给逝者穿戴整齐，并在逝者身上挂满银牌、银项圈等银饰品，一如生前盛装的模样，可见银饰品在瑶族人心中的重要地位。

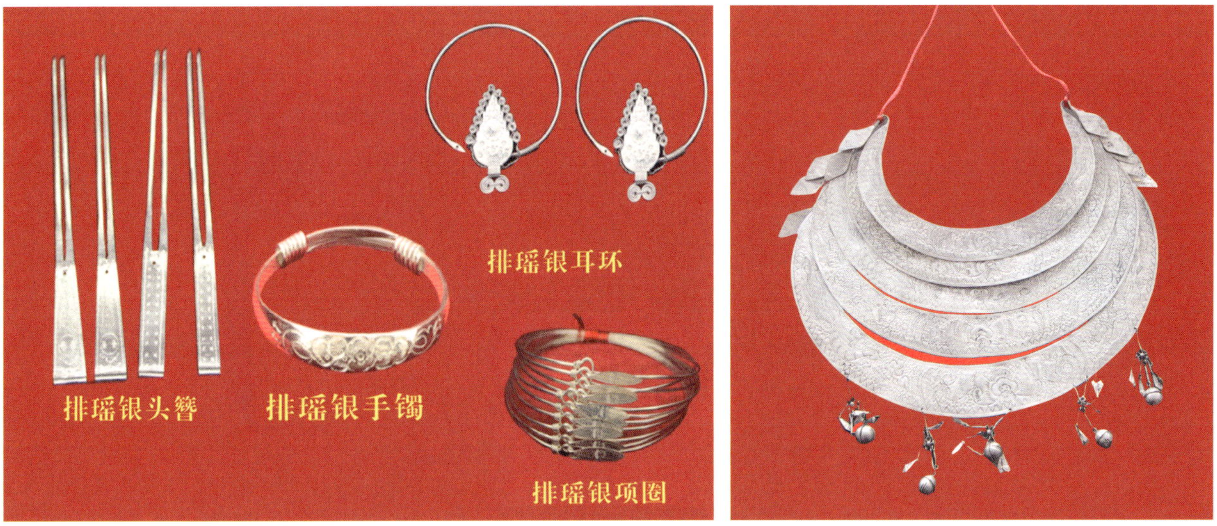

图 4–24　连南排瑶各式银饰：银项圈、银鼓、银串牌等（连南文化馆提供）

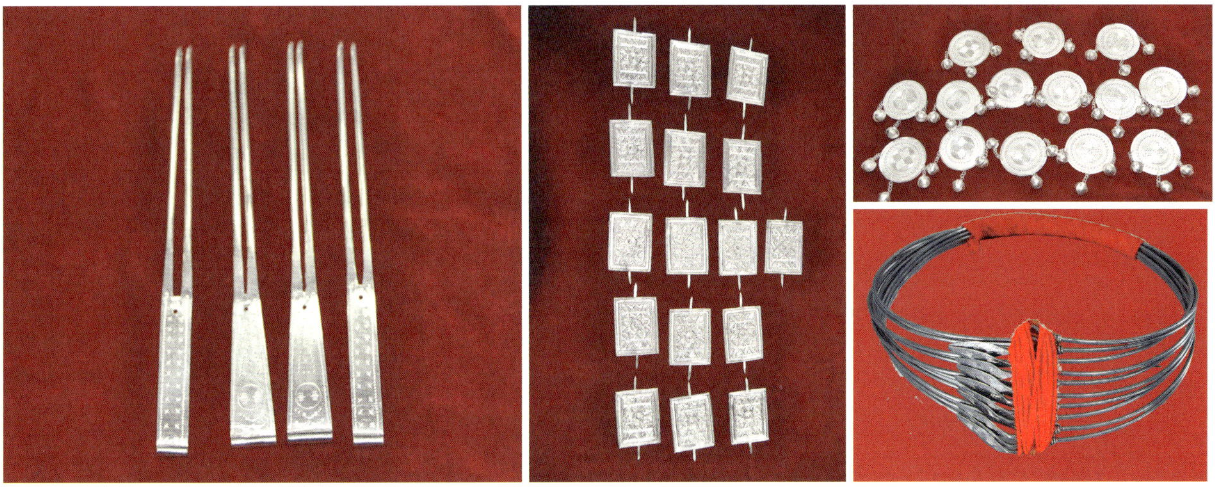

图 4–25　连南排瑶图案各异的银饰（连南文化馆提供）

[1] 李筱文主编 . 排瑶历史文化 [M]. 广州：广东人民出版社，1992:397.

瑶族的不同支系对银饰品的使用各有不同。盘瑶妇女胸饰有8—16块银牌，以区别其他瑶族妇女。银牌上刻有同心四瓣、车轮等花纹。盘瑶男女均用银做排扣，胸前背后挂几条甚至十几条银链，链下缀有各种动植物装饰品。茶山瑶妇女也佩戴各种银饰，最显眼的就是插于头上的三条弧形银板，闪闪发光，非常漂亮。布努瑶妇女佩戴铜质或银质的烟袋和烟袋盒，盒上雕刻各种花纹图案，十分精致。

瑶族人佩戴的各种饰物不仅有美观、实用价值，同时还具有标识族别和反映社会地位的作用。瑶胞认为身上的银饰能辟邪，同时也是高贵和富有的象征，佩戴得越多，就越是勤劳、富有和美丽。而银饰上不同的图案还具有其独特的含义。每年在排瑶的盘王节、“耍歌堂”中，祭祀活动需要许多道具，特别是服饰中的配饰，是最具强化神性的物质实体。祭祀礼仪中巫师的形象便是由特殊而神秘的装饰来体现的，头部佩戴神秘的面具象征着不同的神灵，如盘王神、龙犬神、五谷神等。

排瑶的装饰艺术富有浓厚的民族特色。瑶族服饰款式简单，材质也多为坚实耐用的青布，配以脚绑、腰带以及各色相间的刺绣花边，给人以一种古朴、粗犷和积极向上的美感。几匝红绒线捆扎蜡染帕巾的头饰，再别上几株田野采来的山花，清新质朴，表现出排瑶热爱自然、热爱生活的精神追求[1]。而作为瑶族莎腰妹一生最重要的服饰——婚嫁服则集中体现了排瑶高超的装饰艺术和独到的审美趣味。花冠上纷繁多样的银饰熠熠生光，腰带穗铃叮当作响，为这个特殊的日子平添了几分喜庆气氛；精美的绣花褶裙下再衬以精致的脚绑，美观而又大方，浑身和谐的装扮，让新娘青春昂扬，妩媚动人；而藏青色的衣裙上，错落有致地绣以各种具有特定象征意义的抽象纹样，更展现出瑶族人对本民族迁徙历史的追溯与尊重，以及对民族文化的热爱。

◆ 其他瑶族的服饰

瑶族支系众多，服饰也不尽相同，各有特色，即使是瑶族同一支系的不同地区，服饰也不尽相似。特别是广西贺州市和南丹县的瑶族服饰尤为突出，2006年被列入我国非物质文化遗产保护名录。这里按勉瑶、布努瑶、拉珈瑶、平地瑶四大支系记述瑶族最具特色、最有代表性的几种服饰。

◇勉语的盘瑶支系服饰

勉语的盘瑶支系包括“勉”“土优”“坳标”“标曼”“金门”“藻敏”等不同自称的瑶族，人口约98万，分布于广西、广东、湖南、云南、贵州等地。连南排瑶就属于勉语的盘瑶支系。勉语的盘瑶支系服饰千姿百态，风格各异，特别是头饰最为丰富，有平头、尖头、顶板高架和包头四种不同样式，其中以平头最为普遍。中国人民银行发行的第四套一元纸币上绘制的瑶族妇女头像就是最典型的平头头饰。

[1] 连铭志，马建钊，李筱文．排瑶历史文化 [M]. 广州：广东人民出版社，1992:400.

图 4-26　盘瑶服饰（连南文化馆提供）

图 4-27　广西田林盘瑶服饰（连南文化馆提供）

盘瑶是勉语支系中一个重要分支，其服饰也独具特点。盘瑶人多蓄发，结髻于头顶，史称“椎髻”，用绣花黑色长头巾绕髻缠扎，似人字形或平形，常年不解。近百年来，盘瑶男子不再蓄发，仅缠头巾，衣裤皆唐装，劳动时常在膝下扎绑腿。盘瑶妇女多用花布、青布、红布或瑶锦包头，头饰分为顶板高架、平头和尖头三种装饰。身着无领开胸衣，边缘和衣袖绣有各种几何图案花纹，用各种丝线织成的遮胸戴挂于胸前，以数枚银扣固定衣襟。女子多缠绣花腰带，围上绣花围裙（如图 4-26 所示）。

广西田林县盘古瑶的服饰，可称得上勉语的盘瑶支系最有特色的服饰了，与老挝、泰国、美国的瑶族服饰同出一辙。妇女外衣长过膝盖，几乎与裤脚相平。对开襟，两边衣襟绣有 8—10 种图案。妇女只有头顶留发，包两米多长的黑色包头布，形似大罗盘，周围镶有成串的红绒球，头缠精绣的长条彩带（如图 4-27 所示）。男子穿对襟布扣唐装，用黑布包头，盛装时饰以花带和彩色飘须[1]。

勉语的盘瑶支系服饰的佩戴大多有特定含义，如妇女胸前佩戴的银牌，平时只挂 6 块，而盛装时则多达 12 块。这 12 块银牌传说是“平王”赐给勉瑶支系最早十二姓的标志。至于妇女胸前佩戴的红绒球是纪念祖先盘王（龙犬盘瓠）遇难的标志。民间流传的故事说，龙犬盘

[1] 刘保元 . 瑶族风俗志 [M]. 北京：中央民族大学出版社，2007:6.

瓠为平王打败高王的侵略而被封为盘王，并许三公主与其成婚，婚后生下六男六女，各赐一姓，成为瑶族最早的十二姓。一次，盘王带领6个儿子上山打猎，跌落悬崖挂在梓树枝上丧生，儿女们找到父王尸首，轮流背着往家走，盘王的鲜血染红了儿女们的衣襟，为了悼念盘王的逝世，女儿们把红色丝绒制成球佩戴在胸前，以示纪念。

◇苗语支系服饰

苗语支系包括“布努”“努努”“杯冬”“巴哼”等不同自称的瑶族。这一支系与苗族较接近，属于汉藏语系苗瑶语族苗语支。他们分布也较广，服饰多样。

在苗语支系中，被列入非物质文化遗产保护名录的广西南丹县的白裤瑶，其服饰特色非常突出[1]。白裤瑶因男子都穿着及膝的白裤而得名。其服饰图案以鸡仔花为主要纹饰，均见于男女服装，体现出对鸡的崇敬。南丹瑶族男子便衣为蓝黑色立领对襟衣，胸前两侧各绣一个鸡仔花图案；裤子则用白布做成，长度刚过膝盖，裤脚用黑布镶边，特别醒目。白裤的膝部刺绣有五条红色的花纹。相传这是反映祖先为维护民族尊严而与土司奋战的十指血痕，以表示对祖先的怀念。白裤瑶女子服饰分为夏冬两种。夏装的上衣称为“褂衣”，为前后两块方布缝合而成。下身四季着蜡染及膝的百褶裙，扎腰带，缠绑腿。上衣背部绣有引人注目的方形图案，传说是被土官夺走的瑶王印模样，后人绣在衣背上以示永志不忘民族的悲惨遭遇。

苗语支系瑶族，妇女服饰基本形式是上衣下裙，上身多是青色右衽花边衣，长至肚脐，下穿宽脚长裤，套上约30厘米的百褶裙，袖口、花襟、裤脚均镶绣花边。布努瑶支系男子头缠黑布巾，两端绣瑶锦、缀彩穗。男子一般着唐装，与当地汉、壮族男子的装束基本相同，只有白裤瑶男子服饰还保持传统特色。

◇侗水语支系服饰

侗水语支系语言与壮侗语侗水语支较接近，属于侗水语支，主要聚居在广西金秀瑶族自治县境内及平南县的马练瑶族乡，当地汉族称他们为“茶山瑶”。

茶山瑶服饰颜色以黑色为主，蓝白色次之。茶山瑶男子大多穿对襟布扣的短上衣，下穿宽

图 4-28 广西金秀茶山瑶服饰（连南文化馆提供）

---

[1] 参考中国非物质文化遗产名录数据库网站 http://fy.folkw.com/index.asp.

松长裤，头裹长丈许的青色或黑色的头巾，两端绣有狗牙形图案，劳动时扎脚绑（如图 4-28 所示）。而金秀河沿岸 10 个村落的妇女服饰是茶山瑶妇女最典型的服饰。她们穿黑色无扣上衣，衣领、衣襟及衣袖镶以彩色织带，腰扎藏青色腰带并佩有围裙。下穿黑色过膝短裤，小腿扎黑色绑腿，用彩色瑶锦带系紧，有的锦带两端还有彩穗垂于小腿两侧，既美观，又起到护腿的作用[1]。头饰为银板飞檐式，用三块重约 1.4 市斤，两头翘起恰似飞檐的银板顶戴头上。

图 4-29 瑶族服饰上的各式图案（连南文化馆提供）

◇汉语方言支系服饰

居住在湖南、广西自称“炳多优”的瑶人，因住在平川而被称为“平地瑶”。平地瑶人崇敬盘瓠，跳长鼓舞，是勉语的盘瑶支系的组成部分。由于居住平地与汉族杂居，长期与汉族进行经济文化交流，服饰与当地汉族已经没有差别。

瑶族服饰既有遮体御寒的实用价值，也有较高的审美价值。它们不仅是瑶族人民生活条件、生活习俗的外在表现，也是瑶族人民在不同时期审美观的物质表现形式。至今，瑶族服饰仍如开不败的山花，争奇斗艳，各放异彩，充分体现了瑶族文化源远流长、多姿多彩的特点。

◆ 瑶族服饰的工艺探讨

瑶族的工艺艺术有着悠久的历史，包括刺绣、挑花、织锦、蜡染、竹编、藤编、绘画、雕刻等，形式多样，其中刺绣、挑花、织锦、蜡染是瑶族传统的手工艺。瑶族妇女运用绣、挑、织、染等工艺装饰，在青、蓝色土布上点缀黄、蓝、绿、白、红等色，制作出五彩斑斓、千变万化的图案。据说“五色”“斑斓”的绚丽服饰源于盘瓠“毛五色”，后人相承，以纪念盘瓠。

图案有对角相称的斜十字形、正十字形、万字形、人字形，以及三角形、长方形、菱形、齿状形等，以象征男人、女人、花草植物、飞禽走兽等，表现瑶族的历史、经济、家庭、宗教生活等。将这些图案绣在衣服的领、袖口、胸襟、裤沿、头帕、围裙、腰带、挂包上，成为一种精美的装饰品，表现出瑶族妇女的聪明才智（如图 4-29 所示）。

◇ 抽象精美的刺绣

瑶族妇女善于刺绣，排瑶还有“莎妹不

[1] 潘琼阁 . 中国瑶族 [M]. 银川：宁夏人民出版社，2012.

图 4-30 排瑶妇女刺绣场景（甘民壮提供）

会绣花，很难找到婆家”的谚语，可见刺绣是瑶族少女必习的技艺。排瑶莎腰妹，一般懂事（5—6 岁）便开始学习刺绣，不论在家或外出劳作，稍有空闲就开始刺绣，终生不辍。当莎腰妹遇到心仪的阿贵时，常常会绣一个荷包送给阿贵，荷包上的刺绣手艺精湛，象征着莎腰妹对阿贵的情谊深厚（如图 4-30 所示）。精美的刺绣图案不仅能装饰瑶族的服饰，更被广泛应用于生活的各个方面，比如日常生活用品、妇女的头帕、挂袋等，成为其装饰艺术的重要组成部分。这些绣品不但以不同的纹式绣出，在使用上也有严格规定：小伙子的裙装就规定只能在跳长鼓舞时穿；大裙只有在旺歌堂时捡法名的妇女能穿；绣花盛装只能在节日时穿，死后也可穿；等等。

此外，排瑶与汉族的刺绣图案风格迥异。有别于汉族刺绣那些花鸟鱼虫的具象图案，排瑶的刺绣图案均采用抽象的几何图形，简洁而又生动。排瑶刺绣的纹饰图案有三种，即单花图案、双花图案和组合图案。这些图案均用几何线条、线段或圆点组成，不同图案的组合富于变化，极具表现力，如将“担邦麦”（原野纹）和“担麦”（大花纹）组合，表示鲜花盛开的山野；若将它和“马”（马头纹）组合，又表示骏马奔驰在原野上；“担邦麦”和“担麦”及“沙腰妹”三者可共同构成美丽的姑娘站在鲜花盛开的山野间的形象；而“冬冬”（树木纹）“阿扔杜”（小草纹）和“美多”（桥梁纹）则构成一幅小草、树木依傍桥梁的山野风景图[1]。排瑶的纹饰图案，如山头、河流、原野和花、鸟、草、蛇等都直接取材于现实生活，图案显现出动植物活灵活现的形象，具有强烈的艺术魅力。瑶族传统的刺绣图案抽象精美，这非常符合现代时装简约大方的风格。正如那句“民族的就是世界的”，若将这种传统图案运用到现代服装设计中去，定能在当下的时尚潮流中独树一帜，大放异彩。

◇ 传统工整的挑花

挑花是瑶族妇女特有的一种传统手艺，具有浓厚的山区气息和民族特色。挑花是用手工在靛蓝色的布上挑制，反面挑花正面看。它没

[1] 连铭志，马建钊，李筱文 . 排瑶历史文化 [M]. 广州：广东人民出版社，1992.

有统一的图案，也没有事先在布料上绘制图案，仅凭挑制者的爱好和想象挑制。在挑制时，利用绣花布的经纬纱线，按图案隔一根或者几根纱线插针，不能错乱。花纹由几种不同的小花拼成一朵大花，图案色彩和谐、形象逼真。瑶族的挑花多是以大红或深红的丝线为主调，再用黄、白、绿、蓝、粉红线作为镶边，与底部的色彩形成强烈的对比。

挑花工艺工整精巧，著名的文学家、美学家沈从文先生就特别关注瑶族的挑花裙。连南排瑶莎腰妹在出嫁前必须亲手绣一件长方形的两用瑶锦，一来作为姑娘出嫁的围裙，二来可用作婚后背小孩用的襁褓。在勉瑶地区，则要绣一幅四方形的瑶锦，作为出嫁时遮头用的装饰品。而在湖南江华瑶山，瑶族莎腰妹还要绣一种叫“八宝被”的嫁妆，上面绣着我国民间流传的八种传统图案[1]，富有特别寓意，表达了瑶族人对美好生活的向往。阿妮（已婚的女性）还要为丈夫或儿子准备盛装。一件盛装就是一条精美的挑花裙，需要用三年的时间才能完成，这充分体现了瑶族女性的细心和勤劳。她们利用材料的特性，运用恰当的制作方法，创作出民族特色浓郁的艺术品。

◇ 古老纯朴的蜡染

蜡染是瑶族最古老的工艺之一。隋唐时的“斑布”便是这种技术的见证。《岭外代答》云：“瑶人以蓝染布为斑，其纹极细。其法以木板二片，镂成细花，用以夹布，而溶蜡灌于镂中，而后乃释板取布，投诸蓝中；布既受蓝，则煮布以去蜡，故能变成极细斑花，炳然可观。”排瑶的蜡染和刺绣纹样以经纬为主导，工整而富有表现力，望之有轻捷明快之感，反映出瑶族人粗犷豪放的性格。花纹色彩的搭配与青色布料相呼应，既有坚固耐穿之实，又兼美观大方之优点，加之山花、鸡毛、野草珠等自然饰物点缀，充分体现了瑶族纯朴的审美心理（如图 4-31 所示）。

如今八排瑶区的南岗、三排和盘石等地，仍保持着古老的蜡染和刺绣工艺，妇女们仍喜用蜡染帕布装饰发髻。其蜡染工序一如周氏所载，可见此术源远流长。但由于蜡染工艺复杂烦琐，难以掌握，现已濒临失传。

瑶族服饰种类繁多，色彩鲜艳，是瑶族文化的载体，不同的服饰有不同的功能意义。笔者就服饰的相关内容于 2013 年 10 月 22 日上午对南岗村民唐阿贵作了现场的采访。采访内容如下：

问：据我所知，其他民族关于服饰分节日盛装和平日简装，我们在调查中发现你们的服装穿戴不同于外界宣传的那样华丽，相对比较朴素，这是出于旅游宣传的缘故还是也分节日盛装和平日简装?

答：“耍歌堂”或者大型活动的时候，穿的衣服和平常不同。我们的服装分两种，平时穿的叫平装，没有什么花纹，没有什么银饰；另外一种是盛装，盛装一般在结婚、“耍歌堂”、

[1] 八种传统图案，即犀牛望月、双狮抢珠、麒麟送子、金龙出洞、丹凤朝阳、葫芦藏宝、蟠桃庆寿、富贵有鱼。

图 4-31 排瑶各式蜡染图案（连南文化馆提供）

过年过节的时候才会穿出来。“耍歌堂”跳长鼓舞的时候，男人一定要穿裙子，而且要挂着白银和头饰，还有那么大的银鼓，以前都是打出来的真的银子，后来有些人把假的挂上去，真银的现在很少见得到。头上还要扎一些山鸡或者野白鸡的毛，有些人去打猎，就是为了庆祝“耍歌堂”要扎那些山鸡毛。鸡毛都是原来留下来的，如果搞坏了，也没有打到山鸡的话也就没有，很多人都没有，鸡毛也就越来越少了。

问：服饰是文化的一种，服饰上的图案是民族文化的积淀，我们在调查中发现瑶族男女服饰中的腰带图案差异很大，这其中蕴含着什么象征意义吗？关于莎腰妹和阿贵的头饰具体有些什么区别？

答：你的问题问得很好。女孩子是白的，男孩子是红的，白色代表太阳，红色代表月亮。以前我听老人说了一个故事是这样的，比如女孩子是月亮，后来换过来是因为女孩子怕黑，晚上不敢走路，所以男孩子代表月亮，夜晚可以出去，女孩子白天出来，绑着白腰带，象征太阳照着人家，闪闪发光。

男孩子都是红的，女孩子是扎花的。她头上的花是白鸡毛，以前是没有红色花的，都是野生花扎上去的，现在很少有白鸡毛了，这种白鸡毛也是一种头饰。女孩子结婚以后就不同了，绑一块布，然后做一个头髻、发髻。莎腰妹喜欢打扮就扎花，比较随意。像我们男孩子一样，如果你盘得好一点，就插着山鸡毛去玩。不过像现在已经很少插着白鸡毛了，已经汉化了。

第三节 南岗排瑶歌舞文化

连南瑶族自治县汇聚瑶族文化精髓，是全世界唯一的排瑶聚居地，更是世界经典乐曲《瑶族舞曲》的故乡，素有诗画之乡、歌舞之乡的美誉。在连南自古有“会说话就会唱歌，会走路就会跳舞”的说法。瑶民个个能歌善舞，歌谣与舞蹈形式多样，内容丰富，在瑶族传统文化艺术中占有重要的地位。

◆ “万事皆可歌”的瑶族歌谣

瑶族虽没有自己的文字，但千百年来，排瑶流传着民族色彩浓郁的神话传说、寓言故事、历史童话等，都以歌谣的形式传承下来。排瑶人十分喜爱唱歌，过去排瑶几乎男女老少都会唱歌、编歌，他们以歌代言，以歌对答，歌唱渗透到生活中的点点滴滴，恋爱、结婚、丧葬、祭祀、待客、劳动……无不以歌唱来表达他们的思想感情，世事万物皆可歌。每逢喜庆节日，寨寨摆歌堂，纵情歌唱，通宵达旦。瑶民就是通过歌唱把本民族的社会历史、生产知识、道德观念和理想追求传输给子孙后代的。绚丽多彩的歌谣在排瑶文化艺术和日常生活中占有十分重要的地位，反映了排瑶人民在历史长河中非凡的智慧和才华。

排瑶的歌谣题材新颖、内容丰富。从形式上分为：历史歌、歌堂歌、知识歌、劳动山歌、情歌、风俗歌、舞歌、儿歌等。从内容上分为：爬山调、谈婚调、办事调、痛苦调、哭丧歌、敬酒歌、对歌等[1]。

◇ 历史歌

瑶族历史悠久，历史歌记录和反映了瑶族的历史、迁徙历程等。它的内容相当广泛，主要围绕祖先创世、万物起源，涵盖旱灾、地震、日食、洪水等自然灾害以及人类起源传说等，以及瑶族历史、民间信仰、社会政治经济和文化艺术等方面。古歌是史诗，歌词格律长短不一，不押韵但讲究排比、诗体自由。音调朴实、节奏缓慢，且句尾常用下滑音。瑶民把这些歌谣当作自己的历史，通过祭祀活动、婚姻喜庆以及集会等场合，口耳相授，世代相传。

◇ 歌堂歌

歌堂歌是瑶族“耍歌堂”或“坐歌堂”仪式中唱的歌，是瑶族民歌中最为突出的部分。按内容和曲调可分为优嗨歌、歌当固、弹指歌等，但在歌堂上以优嗨歌为主。“优嗨歌”是“耍歌堂”

[1] 黄晓梅 . 析广东瑶族民歌 [J] . 武汉音乐学院学报，2004（4）.

图 4-32 排瑶“耍歌堂”时唱歌场景（连南文化馆提供）

时群众对歌唱者领唱的欢呼应和声，表示赞同之意。在排瑶的“耍歌堂”中，通常由一个德高望重的老歌手站在歌堂坪上高声领唱，众人呼应合唱，并伴以牛角号声、欢呼声，曲调高亢，风韵粗犷，气氛热烈。内容主要是歌颂盘王，以及反映瑶族人民战胜自然灾害，获得丰收后，纵情欢庆的喜悦情景[1]（如图 4-32 所示）。

◇ 知识歌、劳动山歌

知识歌的内容以劳动生产为主，如传播生产知识、农事季节、生活知识和伦理道德等。多在山野外唱，也可以许多人在家里围着火炉塘唱。这些歌有“四季歌”“十二月花歌”“白花歌”（请教歌）“孝顺歌”等。多为前短后长节奏型、反复加花的一句式。

劳动山歌是伴随着生产劳动而产生的一种古老歌谣，多是在山野外唱的歌。歌唱内容以劳动生活为主。有反映农耕的，如“农事歌”“挖地歌”“采茶歌”；有反映狩猎的，如“驱兽歌”“立横枪”；有妇女刺绣时唱的“刺绣歌”。几乎有什么样的生产劳动，就有什么劳动歌。这类歌以排瑶尤为突出，例如“收山禾歌”“伐树歌”“砍柴歌”“打猎歌”等，这些歌描述生产劳动的场面和动作，表达劳动者的心理感受，消除生产劳动时的沉闷。

◇ 情歌

瑶族男女青年在恋爱过程中，常常通过互唱情歌来传情达意，表明心迹。在瑶歌中，情歌数量最多，所占比重最大，形成了一种独特

[1] 汤耶碧主编 . 广东瑶族舞蹈与音乐艺术 [M]. 广州：华南理工大学出版社，2008:54.

图 4–33 排瑶男女对唱情歌的场景（连南文化馆提供）

图 4–34 排瑶男女玩坡对唱的场景（连南文化馆提供）

的婚姻习俗文化现象[1]（如图 4–33 所示）。

此外，情歌还可按风格特点分为白天和夜晚两种。白天唱的情歌多是在山野中进行。这种歌一般是男子先唱，唱时用两个食指塞住两边耳孔，用真嗓大声唱，好让远处的女方听到以撩拨姑娘答歌。若是男女对答合意，就会在山野里寻声边唱歌边靠拢，直至会面一起唱歌谈爱。若不合意便会边唱边离，越唱越远，十分有趣。这种情歌多是即兴发挥，男女同唱一调。曲调高亢开朗，节奏自由。到了傍晚，阿贵们结伴点着火把赶到别的瑶寨找姑娘唱歌。他们三三两两伏在姑娘窗下或门外唱情歌向姑娘求爱，歌调叫情歌调。音调简练、同音反复是它明显的旋律特点。而“玩坡”即是瑶族最具特色的唱歌恋俗（如图 4–34 所示）。

◇ 风俗歌

瑶族在婚恋、丧葬、祭祀活动中，常常吟唱一些与这些风俗活动相关的歌谣，称为“风俗歌”。依据功能和场合，可分为“婚姻歌”“喜庆歌”“丧歌”和“祭祀歌”几种。

过去瑶族的婚俗，除“女嫁男娶”“招郎入赘”（排瑶寡妇才可）以外，还有“不落夫家”“少年婚”“担名”（过山瑶姑娘未婚怀孕，选择适合男子为孩子担名义父亲）等习俗。上述习俗均离不开唱歌。这些歌有：“哭嫁歌”“送嫁歌”“劝嫁歌”“酒歌”和“贺喜歌”等。内容和汉族一样，只是唱的场合略有差异，汉族多数出嫁前唱“哭嫁歌”，排瑶却在婚宴酒过三巡后，新娘走到

[1] 王明生，王施力 . 瑶族历史览要 [M]. 北京：民族出版社，2005.

舅父面前唱“哭嫁歌”，舅父和叔伯们便唱“劝嫁歌”。丧葬习俗上的“哭丧歌”，过山瑶与汉族的形式相似，表情音调相同但歌调和语言不同。排瑶的“哭丧歌”多是语言音乐化的念诵哭祷。

“祭祀歌”是瑶族的先生公和各瑶的师公在祭祀活动中专为祈求祖先、供奉各个神祇时所唱的歌。排瑶崇拜始祖盘王，以盘古王公、盘古王婆、盘瓠王为最高神，在祭祀活动中还保留着自然崇拜、有灵崇拜和巫术信仰等特点。

说到这里，就不得不提一提瑶族的《盘王歌》了。

《盘王歌》是瑶族人民祭祀祖先盘瓠“还盘王愿”时演唱的祭祀歌。它的篇目繁多，内容包罗万象，主要有神话传说、历史迁徙、劳动生产、爱情生活、天神地神和滑稽取乐等方面，其中也间杂有宗教迷信的成分。现在《盘王歌》抄本有24路、32路和36路三种，每一路都有3000多行以上，总数共达到万行之多。唱一部《盘王歌》，需七天七夜方能唱完。盘王节时，唱《盘王歌》是其中重要的环节。届时，由1—3对盛装打扮的未婚男女青年，在师公或歌手指导下唱《盘王歌》。

《盘王歌》是瑶族迄今发现保存最为完整的歌谣集成。它以奇丽的想象和巧妙的艺术手法叙述了人类始祖创世的艰辛，叙述了人类、民族、天地万物的形成和发展，内容丰富、思想深刻，忠实地反映了瑶族人民各个领域的生产生活，是研究瑶族文学、历史及民间音乐的珍贵史料。

◇ 舞歌

瑶族能歌善舞。排瑶姑娘从小就会绣花唱情歌，她们拿着“格洛档”（莎腰妹求偶时做的小物件）摆着手，晃动着身子唱着歌去约阿贵唱歌谈情，这是最初的舞歌。而最具特色的长鼓，以拍击长鼓起舞，粗犷而节奏性强，是纯粹的鼓舞乐。而过山瑶的长鼓舞蹈表演，则有唢呐曲、锣鼓奏和唱着《盘王歌》伴舞，舞蹈风格深沉优美。而独特的布袋木狮舞，并不是表现狮子的雄威，而是以木狮变化动作摆出72个象（景），用写意手法表现瑶族祖先渡海七天七夜的艰辛苦难。其内容有盘王开天、迁徙历史和新年舞狮贺岁等。

现存的排瑶民歌大都是散板自由节奏的单声部民歌，歌唱形式以独唱、齐唱、对唱、群问一答或一问群答和领唱与齐唱呼应为主，名目繁多。排瑶“大分散、小聚居”的居住格局使得不同的山寨形成不同的音乐文化。我们不难发现在曲调上，某些瑶歌有着相通的地方，有些是同一曲调运用到不同的形式中。虽然有些曲调因形式的不同而略有差异，但从演唱风格、旋律线条、调式、音程的特征等作一比较，它们很多都以同曲而异词的形式出现。甚至同一个民歌手演唱同一首民歌，每次演唱都会出现不同的节奏和旋律。

说到瑶族音乐，大众一定对民乐《瑶族舞曲》不陌生，而广东连南排瑶正是这首世界名曲的故乡。

《瑶族舞曲》创作于1951年，是由刘铁山、茅沅以瑶族民间舞曲《长鼓歌舞》为素材创作出来的管弦乐曲。该曲先由刘铁山有感于粤北瑶族同胞载歌载舞欢庆节日场面，以当地传统歌舞鼓乐为素材创作了《瑶族长鼓舞歌》，后由茅沅将该曲的部分主题改编为管弦乐，最终完成了这首中国管弦乐作品中的奇葩。《瑶族舞曲》曲调优美动听，令人回味无穷，丰富、生动地展现了瑶族人民欢庆节日时欢歌热舞的喜庆场面。

瑶族歌谣种类繁多，形式多样，是瑶族的一张名片，其中世界名曲《瑶族舞曲》就诞生于连南，笔者于2013年10月25日在连南县油岭小学对瑶族歌王唐买邓公[1]作了采访调查。

问：阿公，您好！您作为国家非物质文化遗产的传承人，又是瑶族歌王，为瑶族歌谣的对外传播作出重要贡献，您是瑶族的骄傲。我们都知道瑶族歌谣内容丰富多彩，形式多样，其中世界名曲《瑶族舞曲》就是诞生于这里。因此请您从民间艺术的角度为我们总结一下瑶族歌谣的各种类型。

答：我们按曲调分可以分这么几种。

第一种是歌堂歌，就是专门“耍歌堂”的时候用的，叫歌堂优嗨歌。其实我们优嗨歌有很多内容，包括我们八月二十五海公节，每个人一进门都是要唱优嗨歌的，然后拿那个什么敬酒。有些人说你唱歌堂歌，有人说你唱优嗨歌，他们调子是一样的，内容不同，可以随机应变。优嗨歌也可以说是教育歌，有一定的教育意义，包括出去劳动也可以唱优嗨歌，包括我们唐海公节也是唱优嗨歌，它主要唱唐海公如何艰辛，如何养了我们这么多代人，今天帮你过生日，祝我们世世代代平平安安、人丁兴旺这样的内容，调子一样，只不过内容不同。

第二种叫“出路歌”，有些叫“泊来金”，“泊来”是瑶语妇女的意思。两种叫法，一个意思。

前面的两种都是女的不准唱，只能男的唱。第三种是“劳动歌”，男女都可以唱，也可以对歌。

第四种就是男女情歌，现在叫歌乐堂，也是情歌类。男女可以对唱，它的调子跟情歌有些不同。

第五种是“夜情歌”，本来是夜晚唱的，唱来唱去变成了情歌。这种歌不能让父母知道，很小声，一般就站在小窗外，从那个窗唱进去，莎腰妹要是喜欢你，就会跟你对唱。这个夜情歌是不能放开唱的。刚才那个情歌可以白天放开来唱，热闹场面可以唱，这个晚上唱就不能打扰旁边邻居嘛。

第六种是“办事歌”“调解歌”，就是处理民事纠纷，村与村之间，部与部之间的歌，矛盾以前是用歌来处理的。处理这种事就是用这种歌来唱，不像我们这样讲话。

问：过去我们排瑶的三洞会议、白石洞会议上就是唱这个歌吗？

答：对，三洞会议是涡水河以东的三个排开的，南岗排、油岭排、横坑排，是小部分的会议，白石洞会议是整个八排瑶的会议。就是有什么事情发生，有什么调解，有什么纠纷，双方就

[1] 唐买邓公，男，瑶族，连南油岭人，瑶族歌王，曾受到邓小平、叶剑英等国家领导人的接见，数度登上中央电视台演播室，2008年被文化部授予“国家级非物质文化遗产传承人”称号。

过来用唱歌来解决，这种会议上没有作报告的，谁有理就跳上那个舞台上唱，看谁唱得有理。

◆ “神舞源共生”的瑶族舞蹈

歌和舞是一对孪生姊妹，有歌便有舞。瑶族舞蹈种类繁多、形式多样，主要有长鼓舞、铜鼓舞、花鼓舞（小长鼓）、猴鼓舞、祭祀舞、布袋木狮舞、陶鼓舞，以及舞龙灯、舞火龙等。其中最具瑶族特色的当属长鼓舞了，连南瑶族长鼓舞还被列入国家第二批非物质文化遗产名录。事实上，瑶族舞蹈与瑶族历史、祭祀、生产生活息息相关，它离不开对神灵的敬畏，对先祖的尊崇，可以说瑶族舞蹈是与神共生的。

◇ 长鼓舞

长鼓舞瑶语称“bogong”，即打长鼓之意。瑶话说：“有瑶族就有长鼓。”足以说明长鼓舞在瑶族的地位。每逢佳节，瑶族人民必挎长鼓而舞。长鼓舞的动作矫健抒情、鼓点铿锵有力、舞步热情奔放，表现出瑶族人民勇敢乐观的精神面貌，在瑶族节庆中占有举足轻重的地位。长鼓舞在舞蹈形式、内容种类和花样名目上都居瑶族舞蹈之最，成为瑶族勉瑶支系传统文化的标志，在瑶族传统文化艺术中占有一席之地（如图 4–35 所示）。

长鼓舞因其流传的地方不同，其形式与称谓也各异。总体分为流传于广西金秀大瑶山六巷乡坳瑶地区的大长鼓舞，流传于广东连南八排地区的中长鼓舞，流传于自称为勉瑶地区的小长鼓舞三种。此外，瑶族不同支系的长鼓舞种类也不同，过山瑶有“单人还愿长鼓舞”、“做屋长鼓舞”，平地瑶有“芦笙长鼓舞”“挞鼓舞”“羊角长鼓舞”，拗瑶有“黄泥长鼓舞”等。长鼓舞的套路有数十套甚至上百套。不同地方的舞蹈风格也不一样，基本的动作以跳、蹲、

图 4–35 瑶族各支系长鼓舞（连南文化馆提供）

图 4-36 排瑶单人、众人跳长鼓舞场景（连南文化馆提供）

转、翻、颤、挫、腾为主，表演的场地有地上和桌上两种；而不同地区打长鼓的时间也不同，一般来说，春节、还盘王愿、盖盘王庙等与盘瓠密切相关的节庆时必须打长鼓，而有些地方则只能在规定时间打长鼓。

◇ 排瑶长鼓舞

长鼓舞被誉为排瑶艺术之花，是排瑶最具代表性的民间舞蹈，在排瑶广泛流传，尤其是南岗、火烧和九寨等地，几乎每家均备有长鼓。每逢春节、三月三起愿节、十月十六盘王节、“耍歌堂”或其他喜庆活动，排瑶都聚集到村前的空旷场地或收割后的田野，吹响牛角，敲起铜锣，跳长鼓舞欢庆佳节。2008 年连南瑶族传统的民间舞蹈——“瑶族长鼓舞”被列入国家第二批非物质文化遗产名录（如图 4-36 所示）。

排瑶称长鼓为“汪嘟”，鼓身细长，两头大，呈喇叭形。长约 1.3 米，用梓木（泡桐木）制成，两端蒙上牛皮或山羊皮作鼓面。两端鼓皮以绳索相连，每两根相邻的绳索用可活动的细竹管扣套，用以调节鼓面的张弛，从而调节长鼓鼓音。舞蹈时肩挎长鼓斜在腰间，右手五指并拢，以掌击鼓，左手持竹片敲打鼓面，发出“咚啪咚啪”之声，节奏明快多变。舞蹈的特点是动作刚劲有力，粗犷洒脱。

传统的长鼓舞舞者全是男性。表演形式分单人舞、双人对舞和众人群舞等。群舞常在盘王庙祭祖或“耍歌堂”时进行，数十人击鼓跳跃，欢呼呐喊，场面非常壮观。相传有 36 套和 72 套表演套路。舞蹈以击鼓时晃动鼓头而带动上身连续环动和半屈膝柔缓起伏的步伐为基本动律。不同排的长鼓舞风格有所不同，有的舒缓，有的奔放，同样配以唢呐、锣、笛等乐器伴奏，内容丰富，气氛热烈。

长鼓舞舞蹈语言较为丰富。表演者随着舞蹈动作，变换节拍，表现不同的内容和情绪来达到其艺术效果。如大掌排的《种树鼓》，它模仿“找地方”“垦土”“植树”“管理”“伐木”等林业生产的全过程。又如火烧排《十二姓鼓》

描述了古代瑶族十二姓的形成、迁徙及繁衍发展的历史进程。九寨的《斗鸡鼓》，通过模仿公母鸡相聚的亲昵场面，反映瑶族男女青年谈情说爱的风俗。南岗的《参神舞》则通过模拟拜祭神明的各种礼仪，反映排瑶在生产力低下的岁月里，为摆脱困境，追求幸福，祈求神灵庇佑的虔诚心理。这些舞蹈从各个方面反映排瑶的生产活动和生活习俗，表达他们的思想感情和理想愿望[1]。

此外，连南三排关于长鼓舞还有一个美丽动人的爱情神话故事。相传很久以前，排瑶有个勤劳英俊的青年叫唐冬比，一天他搭救了一位天上下凡的仙女，名叫房沙十三妹，两人倾心相爱结为良缘。可是玉皇知道后，令雷公下凡，逼迫仙女回宫，夫妻临别时，十三妹叫唐冬比到南山砍琴树制成长鼓，等到十月十六日“耍歌堂”时，打起长鼓即可升天团聚。唐冬比历尽艰辛，到南山砍回琴树制成长鼓。到了“耍歌堂”那天，冬比打起长鼓，按照去南山砍琴树的艰辛历程，跳出行、跑、跳、蹲、转、翻、腾、越以及砍树、削树枝等动作，跳了360下，便像山鹰一样向天上飞去，再也没回来。瑶家为了纪念唐冬比与十三妹，依照他做的长鼓和跳法，每到农历十月十六“耍歌堂”时跳起长鼓舞。“咚啪”！“咚啪”！激昂的鼓声似乎人们在呼唤冬比的名字。从此，长鼓舞在连南八大瑶排（寨）如南岗、油岭、横坑、三排、大坪、军寮、大掌等地世代沿袭流传下来。长鼓舞寄托了排瑶人民对美好生活的强烈追求。唐冬比和房沙十三妹的爱情神话故事，反映了古代排瑶人民生活的艰辛，渴望能冲破封建牢笼，过上幸福美满的生活，同时也体现了排瑶人民聪明智慧、善良勇敢和勤劳纯朴的优秀品质。

笔者于2013年10月22日上午在广东省连南县南岗瑶寨服务中心对长鼓舞的传承人之一唐阿贵作了有关歌舞的采访。

问：阿贵，您好！作为一个土生土长的瑶族人，对本民族有强烈的认同感，对你们的民族文化充满了深厚的情感，瑶族是一个能歌善舞的民族，有学者形容你们会走路就会跳舞，会讲话就会唱歌。不知能否分享一下您在学长鼓舞时有哪些深刻的记忆？

答：长鼓有36套，全部跳完的话要三天三夜。以前老人“耍歌堂”的时候一般要三天把全部长鼓跳完，有些是反反复复的，只有开头和最后比较难跳。

问：那您还会跳吗？

答：一两个不会，大部分会。以前我们学长鼓的时候，不知道要多久才学会，很难学。但如果有自己的小孩了，我也会教他跳，要一代一代传下去嘛，现在是瑶族长鼓舞的国家传承人，要把瑶族的传统文化传承下去。不光是搬到山下的，包括有些人跑到广州去打工了，他们大部分人也都会跳长鼓舞。

[1] 连铭志，马建钊，李筱文．排瑶历史文化[M]. 广州：广东人民出版社，1992.

◇ 铜鼓舞

铜鼓舞是布努瑶的一种民间舞蹈形式，主要流行于广西瑶族地区，至今已有 200 多年的历史。2006 年，田林瑶族铜鼓舞被列入我国非物质文化遗产保护名录[1]。

铜鼓舞最早是瑶族纪念和敬奉祖先的舞蹈。每年农历正月初二至二月初二全寨都要跳铜鼓舞，纪念先人，祈求健康长寿、六畜兴旺、五谷丰登。这天，由族中长老主持，举行一年一度的“起宝”仪式，把誉为一公一母的两个铜鼓挖出来，摆上香案，供上供品。祭完铜鼓后，主持人便指挥寨中青年把鼓挂起来。由主祭人先打一轮，之后别人才能轮流着打。

在广西田林瑶族地区，铜鼓舞主要出现在布努瑶最大的节日——祝著节上。在祝著节前两周，瑶民择吉日举行开鼓仪式，敬酒念经祈神，击鼓三次以开鼓。相邻村寨的男女青年，相邀到不同的寨子里敲打铜鼓，并于农历五月廿九达到高潮。这一天，全寨男女老少都要穿上节日盛装，敲铜鼓、唱山歌，欢庆节日。铜鼓舞有 12 套路，表现农耕、狩猎等生产劳动的场景。舞时将一面大皮鼓挂起或放在架上，由一人双手各持一鼓槌，从头上、腿上或翻身做各种打鼓动作，节奏复杂；另有两人在旁伴打着两面不同音调的铜鼓；其他至少有十人，手持瑶带（有花纹的腰带）、藤圈或草帽，绕鼓而舞。节后的几天或半个月，由铜鼓保存者举行封鼓仪式，放置妥当，禁忌随意敲打。苗、彝、水、壮等族也有这种舞蹈形式，舞法各具特点。

除了在“祝著节”中敬奉始祖密洛陀和出现瘟灾病难等不吉征兆时表演外，在新婚喜庆、立房造屋、节日欢庆以及超度亡灵打道场时也会表演。该舞蹈最早时须杀牛祭供，供祭祖先，驱赶鬼神，消除病灾，保佑平安的目的非常明确，因为在瑶族地区，只有重大节日才杀牛祭供。后来，杀牛设祭的习俗被革除，舞蹈中娱神的成分逐渐少了，娱人的成分逐渐增多，才成为今天我们所见到的庆丰收的《铜鼓舞》。瑶族祭祖类的舞蹈，最初都为讨好神灵，娱神而舞，带有很强的功利性和目的性。随着社会的发展，才逐渐转入以娱人、庆丰为主。可以说，瑶族社会的大多数传统舞蹈均是由宗教祭祀性舞蹈发展而来，这种发展变化是历史进程的必然，是瑶族民俗生活发展变化的反映[2]。

◇ 花鼓舞

花鼓舞，又称小长鼓舞，是过山瑶具有代表性的民间舞蹈，流传广泛，历史悠久。过山瑶称小长鼓为“剥贡”。鼓身亦是泡桐木制成，长约 80 厘米，鼓身长，两头大，鼓身绘上彩色龙凤或花纹图案，故称“花鼓”。打花鼓时，左手握鼓中间，翻腕转动多变，右手执掌拍鼓。多为 2 人或 4 人对舞。常用锣、铛、唢呐、铜铃等乐器和着《盘王歌》表演，动作柔和，节奏明快，别具情趣。花鼓舞的表演有一定的程

[1] 参考中国非物质文化遗产名录数据库网站 http://fy.folkw.com/index.asp.

[2] 潘琼阁，杨宏峰 . 中国瑶族 [M]. 银川：宁夏人民出版社，2012.

序。表演从拜四方开始，接着是找屋地、量地基、挖屋基、伐木、背木、立柱、架码、上梁、盖屋、安神位、拜谢行礼等20多种模拟性的表现动作，以舞蹈动作把建屋的全过程表现出来。因瑶民长年累月地翻山越岭，特别是在茂密的森林和草丛中行走，弯腰、屈膝、下蹲、爬行等姿态都成了舞蹈的模拟动作。经过艺术加工，这些动作表现得十分优美。

新中国成立前，过山瑶长期过着迁徙不定的游猎生活，每搬迁一处，都重新盖起以木板为墙，杉皮为瓦，独具风格的木屋。所以建造木屋是花鼓舞表现的主要内容。通过舞蹈表现的20多套动作，真实而又形象地表现了建造木屋的过程，反映了过山瑶频繁迁徙的游耕生活。长期以来，跳花鼓舞成为过山瑶人民特别喜爱的一种自我娱乐活动。

◇ 猴鼓舞

布努瑶在祭祀活动中还使用猴鼓，又叫木鼓。猴鼓由信仰得名，木鼓则因鼓的材质得名。关于猴鼓舞来源的传说有不同的版本。贵州荔波的白裤瑶传说祖先在迁徙过程中遇到危险，一群猴子解救了他们，并一路保护至目的地。为纪念猴子，祭奠祖先，白裤瑶掏空宽大的木头，蒙上牛皮制成了鼓，在丧葬、祭祀活动中配合铜鼓使用。舞蹈人数和乐器可多可少，除了主要的鼓外，还有唢呐、笛子等。鼓的节奏和舞蹈的动作韵律随场合的不同发生变化。

在白裤瑶的丧葬活动中，猴鼓舞是其中的重要部分。与丧葬的哀伤气氛不同，猴鼓舞却是为了活跃现场气氛，热闹地为逝者送葬。猴鼓手先敲猴鼓，与铜鼓齐鸣，边敲边舞。开场气势震撼人心，接着铜鼓声止，猴鼓手向铜鼓手拜谢后再度鸣响起舞。这时猴鼓手身后多了一名男子，两人手舞木槌，模仿猴子的动作和神态，屈伸起伏，来回跳跃。渐渐地，越来越多的人加入舞蹈，或手持竹棍，或手拿斗篷、竹筛等，配合鼓手的鼓点和动作，弯腰踩踏，就像在跋山涉水，表现祖先迁徙时的艰辛，送逝者灵魂返回祖地。旁边的人们也和舞者们不停地踏步、高声地呼喊。鼓声、踏地声、击打声、乐器声、呼喊声齐响，多样的舞蹈动作粗犷敏捷，场面热烈，激动人心。

◇ 祭祀舞

乳源瑶区称为铙钹舞或串逗舞。每逢节日，为纪念祖先。瑶民打起铙钹跳舞。多由4个男子表演，他们手执铙钹，围绕方桌（桌上摆放供品和香炉）边歌边舞。连南排瑶则在举行“耍歌堂”“香歌堂”或丧事打斋做法事时，由先生公跳这种舞蹈，数个男子吹牛角，打铜锣，4个或6个先生公手摇铜铃，打起铙钹，挥舞神剑，在祭坛上边念瑶经边舞蹈，气氛十分热烈。

◇ 布袋市狮舞

布袋木狮舞流传于连州市三水、瑶安等过山瑶地区。狮头用泡桐木雕凿而成，长约40厘米，宽约25厘米，呈长方形，分上下两块，上为狮子面部，下为狮子下颚及唇齿，狮用一黄布做成袋状形，内可藏若干人舞动。木狮舞动，鼓乐齐奏。狮头按乐曲节拍和舞步舞动。木狮舞步每构成一个图形谓之“象”，亦叫一“景”，共72象（景）。据老人介绍，木狮舞表现瑶族先民漂洋过海时所遇到的波折，故把72象（景）归纳为喜、悲、护、想、报、彤、反七类。传说舞木狮由神犬演变而来，故木狮的外形不太像狮，通观布袋木狮所表演的内容，表现狮子的动作较少，而反映神犬渡海报国立功的动作较为逼真。

本书通过对南岗历史地理、社会制度、村落民居、民风习俗四方面作了深入的田野调查，发现南岗瑶寨是非常有特色的少数民族传统村落。传统民居建筑的风貌保存得相对完整，传统民居集中连片，至今仍有村民居住，是活性态的物质文化遗存，村寨在选址与布局上仍保持传统特色，具有鲜明的地域特征，更为重要的是有悠久的历史，极富特色的制度文化和丰富多彩的民俗文化，拥有较为丰富的非物质文化遗产资源，且民族特色明显。因此南岗村寨的文化传承变得极为重要。

笔者就文化传承问题于2013年10月26日下午对广东省连南县县志办主任许文清作了专访。

问：您作为这个领域的学者，常年从事排瑶及排瑶民俗方面的研究，根据您多年的研究经验，对于年青一代的研究者是否有什么要说的？此外风俗习惯作为非物质文化遗产的重要组成部分，从文化传承的角度您觉得应该怎么做？

答：对这些习俗的记录和整理工作是很有必要的，有一批专家、学者们已经从多年前就开始了这方面的工作，现在的记录应该在这些前辈们成果的基础上进行，先整理后补充、细分。同时现在的记录，也应该包括目前瑶族社会发生的变化，传统的东西当然很重要，但是现在发生的事情也不能够忽视。那些有出入的地方，真要去考据也很难，只能尽量地在能力范围内保证它是可靠的了，除非是瑶族人本身，他在语言和见识上有优势，自然可以做到更深入。

风俗习俗的传承啊，在现在看来很不容易，首先要让现在的年轻人意识到这些东西的价值，他们才可能去延续、传承嘛。但就这点就不容易了。现在大家都很重视这个问题，自然就有更多的人来做这个事情，所以这些习俗被传递下去是不用担心的。我们县里、清远市里和省里的人都在想办法为连南的瑶族找寻机会，让他们能向外界展示自己。而像南岗排啦，油岭排啦，他们自己也在很努力地把握这些机会，改善老排的面貌、打理老排周围的景观、在小学校园里开展瑶族传统的教学班，教那些小孩子唱歌啊、跳长鼓舞啊、刺绣啊，总会有小孩子感兴趣能一直保持下来的。所以说，这些风俗、习俗的传承，现在看来一定的危机是有的，但这些危机也肯定都会过去的。

附录一：采访录

为了能够从历史地理、社会制度、聚落建筑、匠作营造、民风习俗、文化传承等多层次、多角度、全方位审视连南瑶寨，我们调查组走访了广东省民族宗教研究院副院长李筱文研究员，广东省民间文艺家协会专职副主席兼秘书长李丽娜女士，广东省民间文艺家协会民间文化遗产抢救与保护中心副主任陈周起。他们从各自的研究专长就调查组提出的问题做了专业的回答。下面是关于他们三位的采访内容。

采访录一：

采访时间：2014年4月14日上午

采访地点：广州市惠福西路维也纳酒店1711

采访对象：李筱文

性别：女

民族：瑶族

年龄：58

对象简介：广东省民族宗教研究院副院长、研究员，主要分管民族研究工作。广州市政协第十一届委员会委员，广东省民族研究学会副会长，中国汉民族学会、广东省妇女学研究会常务理事，（中国）广西瑶学会副会长。研究领域为广东少数民族，在瑶学研究方面成绩斐然。出版专著5部，主编或参编图书多部，公开发表论文50余篇。

采访内容：

问：李老师您好，我们知道您是瑶族人，生长在这片土地上，对瑶族有着深厚的情感，那么您对瑶族的祭祖敬神、“耍歌堂”等民俗活动，还有哪些深刻的童年记忆呢？

答：我虽然出生在连南，但我没有真正在瑶山长大。只记得我父亲曾经谈到他在20世纪50年代任南岗第一区区长时我们家住南岗排的情形。我二哥明初就出生在南岗排，母亲曾带我们去排上看过老房子，那是邓氏家族的房子，当时是空出来给区干部住的，所以我家曾住过南岗排，但因为那时还没我，所以不太了解当时的民俗情况。那时地方刚解放，瑶胞们的生活还很困难，祭祖敬神、“耍歌堂”等民俗活动被视为迷信，也少搞，改革开放以后才恢复。

问：在连南县的八排瑶中，南岗和油岭保存比较完好，其中南岗瑶寨是目前全国规模最大、最古老、最具特色的瑶寨，您认为，南岗瑶寨的价值挖掘对我们研究瑶族的历史文化有什么样的作用和意义？

答：南岗千年瑶寨，坐落在连南瑶族自治县县城南26公里、海拔803米、坡度为30°的高山上。周围喀斯特奇峰拱卫，地势险要，瑶寨始建于宋代，明末清初是南岗排的鼎盛时期，建有700多幢房屋，1000多户7000多人。瑶寨依山而建，层层叠叠，石板路面街道纵横交错，今古寨仍保留20户80余人和365幢古民居，古寨至今保存少量宋代建筑，部分明代建筑，清代建筑保留最多，还有一些民国建筑，这对研究瑶族古建筑发展脉络很有历史价值。

据专家考证，南岗千年瑶寨是八排瑶族最古老的聚居地，它集中反映了八排瑶古老而独特的民族风情和历史传统文化。其中瑶族的古建筑以及建筑房屋上描绘的古画，都是研究排瑶历史发展和文化变迁最珍贵的历史资料。南岗排也是全国规模最大、最古老、最有特色的纯瑶族山寨，被誉为“中国瑶族第一寨”，之后列入全国少数民族特色村寨范围。

目前我们国家对少数民族特色村寨保护与发展试点工作的核心任务是“保护”和“发展”。保护的主要任务是保护少数民族特色村寨的聚落、建筑及其负载的文化，以及良好的自然环境和风貌；发展的主要任务是充分利用少数民族特色村寨所具有的人文、自然资源优势，通过发展主导产业，促进当地生产发展，提高经济收入，改善村民的生产生活条件，走上富裕的道路。保护是可持续发展的前提和基础，发展反过来可以促进民族文化的保护。所以，在挖掘南岗瑶寨的文化价值的规划设计中，既可吸收以往民俗村、生态博物馆、民族文化生态村、文化生态保护实验区保护民族文化的成功经验，又有所超越，把保护与发展有机地结合起来，真正做到保护与发展同时并举，使保护与发展共赢，二者相得益彰。这就是研究南岗古排的社会意义和作用。

问：您在多篇文章中都提到，瑶族原始的村社制度瑶老制还有宗教神灵观，这是排瑶在社会落后的生产力和经济基础上形成的。您认为，这是排瑶独有的吗？还是在排瑶中表现得较为明显？您能否分析一下这背后的原因呢？

答：我们国家56个民族，每个民族都有自己的社会发展历史，所以各民族的社会发展很不平衡。连南排瑶在新中国成立前仍处在村社长老制社会末期，这是排瑶社会落后的生产力和经济基础决定的，刀耕火种粗放的生产技能和简易的生活资料只能说明其社会经济发展缓慢，这不是排瑶独有的，整个瑶族社会的发展也不平衡，但宗教在瑶族人生活中占据的分量较重；新中国成立前有的支系仍处于原始社会末期，有的进入封建社会初期，但排瑶社会变化跨度比较大，直接进入社会主义，所以经济发展明显落后。原因很多：首先是社会发展的原因，还有生活地域和经济基础的原因，三两句话说不完。

问：排瑶独特的宗教神灵观影响着瑶族的文化艺术，比如“耍歌堂”、盘王节、瑶族服饰、长鼓舞等，这些内容常常离不开对神灵的崇拜、祖先的敬仰。那么您认为瑶族的宗教神灵观和它的节庆、舞蹈、服饰等民俗文化有着怎样的关系？

答：考察一下排瑶宗教生活的基本内容，我们就会发现，宗教意识已经渗透于瑶人社会的各个角落。瑶人的宗教活动涉及生育小孩、生病驱鬼、建造房屋、选择吉日、驱除虫害、求雨、祈福、丧葬、嫁娶、灭火、避风，如此等。可谓事无大小，都需要宗教的形式来进行。日常生活如此，宗教仪式更是如此。在“耍歌堂”“打道箓”集体性的宗教活动中，宗教浓郁色彩表现得淋漓尽致，瑶人仿佛就是通过这些宗教活动来沟通鬼神而趋利避害。省民宗院宗教研究所所长夏志前博士的研究结论认为，“瑶族宗教是一种生活方式，而不是一种哲学。瑶族宗教以其特有的形态表达着瑶人的信仰和生活方式，他们甚至不需要对其作出任何解释，而是如其所是地实践着。他们有赖于宗教的仿佛不是那些宗教知识，而是那些知识得以阐述和发挥的形式。他们的宗教不是经过知识精英系统化、概念化的宗教科学，而是自然而然地实践着的作为生活方式的宗教”。

问：瑶族服饰是瑶族文化中非常重要的组成部分，被列入我国非物质文化遗产。而我们连南排瑶的刺绣可以说是排瑶服饰上的一大特色，且不同排之间，刺绣图案各有差别。从排瑶服饰图案及其组合特点上，您如何解析南岗瑶族的文化内涵和审美趣味呢?

答：传统的瑶绣作为民族文化遗产，已列入广东省非物质文化遗产名录，其不仅为可视可触摸的文化遗产，其传授方式、针法以及纹路构思，无疑也兼具了非物质文化遗产的“传承性、活态性、口头性”的特质，而后两者，活态性和口头性都是由传承这一属性衍生出来的。走进排瑶集聚地区，我们就可以看到瑶族妇女穿着民族服装在田间劳动。这种情形，在改革开放的今天，其他民族地区已不多见。我们在排瑶隆重的“耍歌堂”节日里，还能看到绚丽多彩的民族服装，而且明显具有地域特征区别。清代学者李来章写的《连阳八排风土记》就描述当地瑶族人：“男衣皆大领，左衽，裤用青布，裤脚以五色绒横绣之。”“女衣幅袖以五色绒密绣之，后衣则长过膝，无前襟。”瑶族服饰刺绣历史源远流长，就如同古老的瑶歌一直传唱的那样：“盘古造人先造女人，又造男人让女的招郎结亲。女人坐着高机织细布……女人在家织布勤绣花，盘古又造松明来点灯。”歌中所说的，瑶人从民族形成时起就有了自己的刺绣。瑶族衣裳五彩斑斓，主要体现在其所穿的服饰之中。

千百年来，瑶族各支系长期处于迁徙流动的状态，其服饰随着迁徙地变迁、居住地族群的影响，以至于民族服饰多姿多彩，形成款式多样、色彩鲜艳、图案古朴、工艺精美的民族特色。瑶族支系多、分布地域广，服饰从式样来讲，就多达上百种，仅排瑶地区就有10余种区别。一般说来，比较普遍的是男子多以黑布巾包头，穿对襟衣或右衽铜扣衣或交领衣，下穿宽筒七八分裤，腰和小腿绑扎布带和脚绑。女子多蓄发盘髻，头饰式样千姿百态，有平顶式、塔式、圆筒式、飞檐式、银簪式、絮帽式等；穿圆领花边对襟或右衽长衣，下穿绣花长裤，扎绣花腰带、围裙、脚绑。瑶族男女装所镶嵌的刺绣一般用青色土布制作，运用刺绣、挑花等工艺装饰成各种图案，图案取材于生活，内容极为广泛，有动植物、山川河流、日月天象、民族图腾等。

瑶族常用平绣、挑绣、反面绣手法，刺绣组合多偏爱自然组合图形，瑶族妇女往往根据自己的自然意趣和审美观念，将各种自然物进行大胆地夸张、变形，巧妙地将各种静与动的形体有机地结合在一起，让具体的自然形和抽象的几何形结合，平绣与布贴结合，使整个画面构图丰满、意境鲜明、造型简练、生动自然。从色泽上看，瑶族刺绣可分为暗底亮花、亮底暗花两种类型，他们喜欢用强烈的青、白、红、黄、黑五种对比颜色，衬以黑、白布色，加配金、银、铜、锡等配饰组合，起到调和色彩作用，使整个图案的色彩既清新淡雅又趋于协调。

问：瑶族的文化艺术丰富多彩，您对瑶族文化和广东其他少数民族有着非常深入的学术研究，想请您放眼广东省，甚至全国的少数民族，您认为最具瑶族文化特色的是什么呢？其独特价值具体表现在哪些方面？

答：从唐朝的“莫徭”族称出现在史籍开始，瑶民族就不断融合其他民族和族群成分，逐渐成长壮大形成了独立的民族共同体。在不断迁徙游耕的历史中，瑶族不断充实自己的民族文化内涵，丰富了多彩的民族文化宝库。瑶族最具文化特色的是精湛的织染刺绣、色彩斑斓的服饰、优美的大小长鼓舞、形式多样的民歌、不同支系的祭祖节日等。比如长鼓舞，长鼓舞是瑶族古老的传统舞蹈。长鼓舞流传年代久远，唐代瑶族已有歌舞长鼓的习俗。长鼓舞的由来涵盖着一个悲壮的故事：那是牵涉到瑶族祖先的创世经历，关乎于瑶族的来源与迁徙，关乎于瑶族人祭祀文化的发展。宋、明、清古籍文献沿称譊鼓，新中国成立后称长鼓。过山瑶习惯打小长鼓，称为“擝东擝”，排瑶喜欢打大长鼓，称“挨汪都”。如排瑶的长鼓舞，其分有“单人舞”“双人舞”“群舞”等类型，有36套72演式。而每一套又分有“起堂”“移堂”等若干动作，配以芒笛、铜锣、唢呐伴奏，舞姿刚健，风格独特，具有浓厚的生活气息。舞中的跳、跃、蹲、挫或旋转、翻扑、仰腾等动作，再现了开荒、耕种、伐木、拉锯、盖屋等生产生活情形，折射瑶族历史上所经历的一幕幕。

又比如瑶族民歌，瑶族虽然没有本民族的文字，但在民间广泛流传着具有丰富的、民族特色的、古朴而具有历史价值的口头文学，这些宝贵的文化遗产，大都以民歌演唱的形式传承下来，成为传播瑶族文化的主要媒介。瑶族民歌分为历史歌、祭祀歌、情歌（婚恋歌）、儿歌、劳动歌、风俗歌等。其中《盘王歌》是瑶族最有代表性的历史歌兼祭祀歌。盘王是瑶族百万子孙的共同祖先，为了祭祀祖先，缅怀先人的创业功绩，瑶族人每逢秋收季节，就在盘古庙或在旷野里设置祭坛“奏譖”，祭祀祖先，祭祀盘王，并且摆开拜王歌堂，吟唱盘王大歌。

问：我们采访民协李丽娜主席时，她曾提到文化和精神的传递不是一蹴而就的，应先从作为外壳的物质环境保护下手，进而才能保护其作为内核的民俗文化。您研究瑶族民俗文化多年，对于如何最大限度地保护和传承瑶族的民俗文化有什么看法？

答：文化遗产的传承是有规律的，保护和开发应该尊重这种规律。以民族服饰文化为例，其传承最具规律。每一个民族的服饰文化都是民间艺人的一种创造，也是民族标识的一种选择。民族服饰文化靠着人类社会的生息繁衍，靠着女性一代一代的角色置换得以传承，母传女、婆传媳、姑嫂妯娌相互学习；留住传承，就是留住了历史，保存了文化的命脉。对于民族文化遗产，不仅仅是传承和保护，更重要的是赋予文化遗产更多的养分和活力，使之更滋润更焕发青春。如果文化遗产特别是具有活性意义的民族文化，不经常创新，不给予养分，其资源就会枯竭，就会消失。必须认识到保护不是僵化文化遗产，而是在保护的同时，可以随着时代的发展和需求，有所变革、有所创新；使文化遗产适应变化了的物质生活和文化生活，这才是最大限度的保护和传承。对民族文化的保护不能仅仅停留在保护层面，应当与利用、开发有机地结合起来，实现文化遗产的“可持续性”保护。一方面，过度或破坏性开发必须坚决果断制止；另一方面，也不能由于出现某些问题就“因噎废食”，应该理顺传承保护与开发利用的关系。我们帮助连南保护、传承和开发瑶绣就是秉承这个原则。我们必须清醒定位：改变贫穷、落后面貌，大力发展生产力，实现社会主义现代化，是少数民族不可动摇的目标。

问：最后一个问题，您作为瑶族文化研究的专家，您对今后的瑶族历史文化研究，抑或是少数民族的历史文化研究有哪些期望和设想?

答：瑶族历史文化的研究，有其发展的历史过程，瑶族历史文化研究起步还是比较早的，大致可分成三个阶段。

第一阶段是新中国成立前即汉秦到民国时期。从瑶族先民“长沙武陵蛮”见于史册至清末民初，关于瑶族历史文化的研究就已开始。新中国成立前的瑶族文化研究涉及瑶族族源、历史、语言、经济生活和风俗习惯等领域，特别是对广西大瑶山和粤北乳源、连南等地的多次调查， 积累了大量的资料，为新中国成立后开展瑶族研究提供了可贵的线索和可供比较的材料，并奠定了基础。

第二阶段是新中国成立后即 1949 年到 20 世纪 70 年代。新中国成立初期，百业待兴，瑶族文化研究也受到国家和政府的高度重视。这一时期的学术研究主要与民族工作的实际相结合，弄清楚民族的特性、习俗和史源关系。为此国家有组织、有计划地开展大规模的社会历史调查，从云南到广东，从湖南到广西，近百人的队伍历时 10 年，撰写了大量调研报告，为后来出版的《瑶族简志》《瑶族语言简志》打下了良好的基础。

第三阶段则是改革开放至今。1978 年改革开放以来，国内外瑶族历史文化研究得到了空前发展。党的十一届三中全会确立了新时期的思想路线，在民委的主持下，瑶族文化的研究资料和成果被收入民委民族问题“五种丛书”公开出版。1979 年以来，先后出版了《中国少数民族》包括瑶族部分（1981 年）《瑶族语言简志》（1982 年）《瑶族简史》（1983）《瑶族〈过山榜〉选编》（1984 年）和金秀等 8 个瑶族自治县概况，以及一套九册的《广西瑶族社会历史调查》和一册《广东瑶族社会历史调查》，这些书籍和调研资料的出版，为前期瑶族文化研究作了一个很好的总结。改革开放以来，出版瑶族文化研究的书籍也陆续面世。如练铭志、马建钊、李筱文的《排瑶历史文化》，黄钰的《评皇券牒集编》，黄钰、黄方平的《国际瑶族概述》，赵廷光的《论瑶族传统文化》，张有隽的《瑶族传统文化变迁论》和我的《南粤民族搏览》等。1998 年开始，在奉恒高、张有隽等同志的主持下，不少专家学者参与了《瑶族通史》的撰写，并于 2007 年 6 月由民族出版社公开出版。《瑶族通史》是瑶族有史以来第一部记述和探索本民族历史的书籍，是瑶族社会历史文化发展的一本通书。

进入 21 世纪以来，瑶族文化研究又走上了一个新台阶。在民委的主持下，新编民族问题“五种丛书”陆续修订再版。瑶族文化研究的新作也不断问世，其中广东有我和盘小梅的译著《移动的山岭》，我和莫自省编著的《盘王节文化研究文集》《瑶山起舞——瑶族盘王节与“耍歌堂”》《五彩斑斓——广东瑶绣》等。广东三个民族自治县也整理出版了不少民族风俗风情、节日文化等文化遗产方面的书籍、画册、视频光碟。

目前，我们广东省正处在改革开放社会转型期，广东省委、省政府高度重视全省的文化建设，出台了《广东省建设文化强省规划纲要（2011—2020 年）》，明确提出要实现广东由文化大省向文化强省的转变，并根据广东文化多元化的特点设立广府文化、客家文化、潮汕文化、雷州文化、华侨文化、海洋文化、少数民族文化等多个生态保护区；特别提出设立粤北韶关乳源瑶族自治县文化生态保护区、清远连南瑶族自治县文化生态保护区、清远连山壮族瑶族自治县文化生态保护区的 10 年规划。根据民族生态区的理论与实践背景，结合广东省对粤北山区经济文化发展的整体规划，建设粤北民族文化生态旅游区成为促进当地社会、经济、文化全面发展的一条有效途径。瑶族文化的研究，又迎来了一个崭新的时代。我期待省委、省政府的这些规划早日实现。同时设想，在新的社会时代，民族研究不仅仅立足于民族地区的经济效益、群众生活的改变和未来发展方向，还需研究地区生态环境的保护和可持续发展，民族文化的传承保护和创新发展。我希望今后能和省里其他文化部门携手合作，共同研究民族文化的传承与保护，共同发展民族文化美好的明天。

采访录二：

采访时间：2013 年 11 月 14 日下午

地点：广东省文艺中心大楼 15 楼

采访对象：李丽娜

性别：女

民族：瑶族

对象简介：广东省民间文艺家协会专职副主席兼秘书长。曾连续四届担任中国旅游艺术节暨广东欢乐节的演出总策划和开闭幕式总导演，为中国民间艺术的挖掘、收集、整理、传承作出了积极的贡献。曾组织策划许多大型文艺演出和文化艺术活动，如 2003 年“羊城新秀”歌手大赛、2006 年广州国际潮剧文化节、2007 年大型民族音乐剧《曲水流觞兰亭会》、2009 年“百越流金——庆祝澳门回归祖国十周年晚会”、2010 年“广东省文学艺术界联合会成立 60 周年文艺晚会”、2011 年“广东省民间工艺精品进京展览”、2012“首届广东省民间工艺博览会”等。这些文化活动有效地提升扩大了岭南文化的影响力，取得了良好的社会效益和经济效益。

采访内容：

问：李主席，您作为一个瑶族人，在瑶区长大，后来移居广州，从您所做的工作可以看出您对家乡民俗文化充满了热爱。我们知道瑶族节日众多，习俗多样，在这些节日习俗中哪些让您记忆深刻？

答：瑶族的节日有很多，最大的是农历十月十六的“耍歌堂”。严格意义上来说，它是我们瑶族一种特有的祭祖仪式。它最大的意义还是一种对神、对盘王的纪念。“文革”的时候，“耍歌堂”曾被迫中断过一段时间，那个时候“破四旧”，许多传统文化活动都不允许做了，我是在“文革”期间成长的人，其间都没有看过“耍歌堂”。“文革”后的1984年，“耍歌堂”在油岭排重新恢复，我去看了，这也是我第一次亲身经历“耍歌堂”。当时是纯民间祭拜的活动，按男丁凑钱凑米、打糍粑，杀牛杀猪杀鸡，祭盘王。“耍歌堂”在油岭排的田洞里举行。我说的田洞就是一个平地，开垦的田里，当时我一到田洞，在我眼前展现出一幅美丽的民族画卷，但见青山如黛，身穿色彩斑斓的瑶族服饰的瑶族人从山里走下来，欢歌起舞，咚咚的长鼓声在大山里回响，远古的瑶歌犹如天籁，这种感动无法用言语来表达，这让我感到一种心灵的极大震撼——原来我们瑶族文化是这么有魅力的！从此以后，我就深深喜爱了她。

瑶族地区还流行有一月一、二月二、三月三、四月四、五月五、六月六、七月七、八月八、九月九等传统习俗，但是都没有“耍歌堂”那么热闹，可以说，耍歌堂是我们瑶族最大的节日，就像汉人过春节一样。

总而言之，我认为瑶族的“耍歌堂”及其他民俗活动都是对神、自然的一种敬畏和崇拜。瑶民对祖先是非常敬仰的，比如平时大家坐在一起喝酒前，会先说“阿公喝酒”，阿公就是指祖先，倒一点酒在地上，然后自己才喝。这是一种非常宝贵的礼仪及敬祖精神。我始终觉得，人类对精神层面的需求比任何物质层面的需求更重要，而这种向往正是民族精髓的所在。

问：李主席，我们知道瑶族是能歌善舞的民族，您是瑶族人，而且是学舞蹈出身，您对舞蹈的理解强于常人，关于著名的瑶族长鼓舞可以向我们分享您对它的理解吗？

答：瑶族长鼓舞的传说和汉族的“天仙配”传说很像，有一个美丽动人的故事。大意是说，盘王的一个女儿装扮成瑶族姑娘，化名十三妹，下凡到瑶山，和忠厚诚实的瑶族青年唐冬比成了亲，过着幸福美满的生活。后来盘王发现了，就把她召了回去。唐冬比按照十三妹的嘱托，到南山砍琴树制成长鼓，在农历十月十六“耍歌堂”那天演奏起来。跳了360下之后，他就上天了。后来这个舞蹈也就传下来了。在现场看长鼓舞，最直接的感受是那“咚啪”“咚啪”的鼓声。携鼓盛装的鼓手，头缠红布，插着野鸡翎毛，两手旁伸，两肘微弯，微屈的双膝随着鼓点有节奏地一伸一屈，带着身体上下起伏地颤动，刚柔并济。

跳长鼓的都是“阿贵哥”（男子），姑娘们则在唱歌。节庆上，年轻姑娘多，“打嘟”（瑶语：打鼓）就是一种最好的展示年轻男子魅力的活动。跳得好，长得帅，抱得美人归的概率自然比较大。所以每逢冬令时闲，寨前屋后就有不少男青年跟着前辈学长鼓舞，练上两三年，就差不多可以登台表演了。

舞蹈始终离不开对神的敬仰和敬畏，后来才慢慢演变为大家娱乐的形式。比如交流聚会，对山歌，找对象等。瑶族人民祭祖的形式，最早是采用了歌的形式，歌还不行就通过舞蹈的形式，因为他们觉得只有这样才能淋漓尽致地表达对神的敬仰，对神的爱戴。同时，通过这种歌舞形式，可以把所有邪恶、病痛、鬼神全部驱走，能给我们的族人和这个民族带来安康幸福。

问：您是大山的子民，大山养育了您，虽然您现在移居汉区，但对于世外桃源般的家园必定充满了依恋，面对旅游业的强势入驻，对于养育您的家园您最想说的心里话是什么？

答：我觉得瑶族人从宋代迁徙到这里繁衍生息，生活在大山里，虽然艰苦一点，但是山美水美，在大山的怀抱中，那种自由，那种纯真，没有任何外界的压力，在那里惬意地生活是最美好的。是心灵的纯洁使得瑶族人在那里快乐地生活那么多年。

那里与世隔绝的生活多好，自给自足，惬意生活。我希望不要进行过度的旅游开发，要把瑶族民居和瑶族人的生活方式保留下来，不要破坏它，这样有利于别人了解瑶族的生活是什么样的，这也是一种历史文化的遗存。可以按照符合现代人类居住的方式去改造生活条件，但还是按照自己民族的生活模式去生活。在中华大地上，56个民族都有各自的生活模式，这样国家才会充满和谐与生机。

问：瑶族悠久的历史造就了灿烂的文化艺术，您认为在众多的艺术精品中最能代表瑶族文化的是什么？其特色又是什么？从文化传承与保护的角度看，当务之急哪些文化类型应该倍加重视？舞台艺术对于传承原生态艺术有哪些优势？

答：我认为瑶绣和歌舞是最能代表瑶族文化的。因为大部分的瑶族文化元素和文化基因都在这里，是最应该传承下去的。比如说瑶绣，它跟我们瑶族人的生活密不可分，瑶族人头饰、服饰、生活用品都离不开瑶绣的元素。瑶绣的图案是很抽象的，这种抽象的图案最能引入时尚的审美，可以引发人很多的想象，很适合现在的装饰和工艺的运用，这是它的独特之处。

关于歌舞的传承呢，我觉得原生态的舞蹈和舞台上的舞蹈一定要有所不同。上升到艺术的东西肯定要经过艺术家提炼的，这种艺术是要满足人民现在需求的审美。所有的艺术第一就是真，第二就是善，第三才是美，这种真善美的境界是艺术家追求的。舞蹈本来就很抽象，是一种肢体语言，需要体现一种善良，一种真切，给人一种美的享受，让人向往。这才是艺术的舞蹈。而民族民间舞蹈的传承更应该注重在族群里的传承，民族民间舞蹈只有在特定的地域环境中去传承才是真实的传承，舞台上的舞蹈是通过艺术家加工提炼的舞蹈，是艺术的舞蹈，在族群里传承的舞蹈是另外一种概念。我们谈民族民间文化艺术，不能离开它生长的土壤、地理环境、生存环境等因素来谈。原生态的舞蹈只有在原生态的环境当中去看，才会感到震撼。他们唱的歌、跳的舞除了对神的崇拜，对神的敬仰之外，还有一个自我宣泄、自我娱乐的效果在那里。原生态舞蹈的美是一种纯粹的美，自然的美，放松的美，和舞台上经过系统训练的舞蹈的美是不一样的。你看潮汕的英歌舞，我们怎么打都打不到潮汕人那么洒脱，那么自如。你看陕西安塞的腰鼓，那种转啊，甩啊，我们打得到吗？没法打得到。它血液里流淌的就是一种深深的乡土情怀，它就是在那个土壤里才能打出来的，那个就是地道的原生态味。

舞台上的传承也是一种途径，是在民间舞蹈基础上对它进行了理论化、艺术化的提升。所以我很反对人家说，“舞台上的舞蹈就是原生态的舞蹈”。我认为它离开了承载土壤的那个环境，加上声光电、导演的创意等就是舞台艺术。如果要看原生态的东西就应该去培育的那块土地看，才是原生态的。

问：您曾谈到保留民族传统服饰，应采取由外而内的传承文化的方式，从族群认同的角度，您认为这种方式如何增强文化自觉、认同和民族自我意识呢？对于“汉化”或“西化”问题您如何看待？

答：民族传统服饰是辨析一个民族的首要符号和外在样式，如果连这种符号和外在的样式都没有的话，内壳更难以收拾起来。民族传统服饰穿多以后，慢慢接受教育时间长了，他们就会有内心的触动，才可能会有这种文化自觉意识。可以说，保护服饰是一种最直接认同和保护民族文化的途径。

至于如何保留民族生活的样态，这个比较难。你初到这种生活的环境，只能告诉后辈，我们从哪里来，怎么来，在哪里，回家去看看，这就是我们的传承！许多瑶绣都有专门的图腾和图案，那些刺绣，打扮、头饰，都是八个排八个样，很有意思。一看这些图案就知道是哪个排哪个寨的，便于辨识。我有一次去油岭，有人绣了一个挎包给我，回家我就背着，在街上碰到一群族人，他们就说：“你是我们村的吗？我怎么没见过你？”我说：“你怎么知道的？你是哪里人？”他说：“油岭啊，你挎着我们的包啊！”这就很神奇，你不在那里生活，你不了解它的图腾文化，你是融入不了那里的生活的。

对于自身文化的认同和自我意识，我也曾迷茫过一段时间。我从瑶山出来以后，在城市生活，认识到汉文化比我们文化先进，应该向他们学习，从服饰到生活方式，都要有所改变。但是经过了相当长一段时间的生活和工作，在生活的一些感悟中，我才开始重新审视自己的民族文化。特别是20世纪90年代初，我在策划中国旅游艺术节的时候，曾走遍了全国各地，深入各民族地区，看到了多姿多彩的各民族文化，那时候，每个民族文化都保留得很完好。然而，过了20年再去看的时候，汉化的程度已经很高了。现在民间流传一句话：“汉族洋化，少数民族汉化。”可以看到，这不单单是我们瑶族的问题，也是其他民族同样普遍存在的现象。在世界信息化、多元化的冲击下，社会生活发生了许多交融和改变。在这种冲击下，在瑶族地区的汉化程度也非常快，瑶族本来的生活方式比较落后，向先进的民族学习是无可非议的，但是，我还是希望每个民族要有自己独特的生活样式，传承自己独特的文化。

文化自觉和文化的回归，我认为需要有个

过程，除了我们倡导以外，还要通过各种教育，政府的引导，让我们认同自己的民族文化，这样才能提高民族文化保护意识。

问：最后，您是如何看待南岗排的旅游开发模式的？现在政府计划对油岭村进行开发和保护，您作为一个文化持有者对此持什么态度？有什么建议吗？

答：南岗开发旅游的时候，把原住民都迁移出去了，这是当前国内不少古村落开发旅游的模式，这种模式我不太赞同。这样做没什么意义，游客来这里游玩，就是想了解这里的生活，其实原来是什么样的生活，就让别人怎么看就很好了，这样才能最接地气，让别人了解当地人的风土人情。

我跟油岭村的村民有过多次交流，跟他们说古寨不要拆，人也不要走，这样才能更好地保护好老房子。如果村民对自己的房子不认同，不去住也不去维修，没有人住的话自然而然就很容易倒塌。房子一定要有人气养着，这是一种缘分，分不开，没有缘分的话，房子肯定要倒塌了。

至于保护模式，我觉得首先要村民自己认同，要自发地保护起来，然后政府给一些规划，引导村民们去做好保护工作，等到游客来了，会带动当地的经济发展，自然也会改善他们的生活。生活一改善，他们就会更认同这种做法。

采访录三：

采访时间：2013 年 12 月 24 日上午

采访地点：广东省文联大楼 15 楼

采访对象：陈周起

性别：男

民族：汉族

对象简介：广东省民间文艺家协会民间文化遗产抢救与保护中心副主任，从事民间文化遗产保护工作多年，曾参与多套古村落丛书出版工作；曾参与组织省内多项大型民间文艺表演活动。

采访内容：

问：您好，您长期从事民间文化遗产保护工作，走访考察了 200 多个古村落，对传统村落有很深刻的认识，从价值评价体系看连南南岗瑶寨的特殊价值在哪里？

答：南岗是个少数民族聚居地，新中国成立以来国家对少数民族地区族群聚落有比较规范的标准做法，一是设立少数民族自治区，二是在汉族地区也有部分少数民族，形成“大杂居、小聚居”的分布形式。第一，在民族政策方面，南岗瑶寨奠定了它在连南瑶族的位置。而且随着目前城市化的加快，汉族古村落已不多，少数民族村落就更少了，所以它的存在和保护是很有意义的。第二，这个村落作为瑶族的精神支柱是非常强大的，我们汉族有一古语叫“居者有其屋”，居者有其屋就能乐业。那对少数民族其实也是一样的，有这么个地方免受外来人的侵扰，这对他们来说是一件很幸福的事情。所以从民族精神来说，这种建筑、古村落也代表了他们瑶族的精神支柱！这方面阐述有很多，我觉得这两块比较重要。一个是民族政策，一个是自身的民族精神。

问：您谈到南岗瑶寨的特殊价值在于它的

民族精神，南岗瑶寨保留了大量的物质文化和非物质文化遗产，从文化遗产的角度您是怎么看待它的价值呢？

答：它在遗产上最大的价值就是，它是少数民族聚居区。国内和世界上对古村落的研究，更侧重的是对种族的研究，因为建筑是死的，研究建筑归根结底还是要研究人。比如庞贝古城，它被火山给埋了，现在被挖掘出来，人们想方设法去复原它当时人类活动的情景，到底人类是怎么生活的，而不是研究它的房子能够做成什么样子。其实建筑学也是这样的，建筑学最终还是要研究人类的，所以我觉得最大的价值在这里。

问：我们知道南岗瑶寨被称为中国第一瑶寨，是目前全国规模最大、最古老、最具特色的瑶寨，吸引了大批专家、学者、游客前来考察观光。用审美的眼光看，南岗最具景观特色的是什么？

答：连南瑶寨是依山而建。当然挺多少数民族村落都是这样的，包括苗寨、侗寨。它的自然环境在以前相对比较封闭，有些甚至恶劣，当时瑶族同胞们最关键是解决环境问题。找一个地方，有太阳晒，你看他肯定不在背面，肯定在阳面。它整个建筑包括景观，都是围绕生存这个角度来建的。数百上千年来，瑶族同胞们能够依托这些建筑存活下来，这已是件了不起的事情。

现在汉族的古村落破坏得越来越严重，城市则是千城一面，我们现在新修的房子审美情趣也越来越糟糕，没有依据周边的环境来建房，比如说广州珠江新城的建筑十分不协调。此时的瑶寨周围群山峻岭连绵不绝，很磅礴，忽然发现一组依山而建的古建筑，一下子有种豁然开朗、步入桃花源的那种感觉。

问：您刚刚谈到了南岗瑶寨的遗产价值和景观特色，那么回到我们《大美村寨·连南瑶寨》这本书，您认为编写这本书的意义与价值是什么？

答：我们做民间遗产抢救工程，就是希望通过文字、影像等各种手段，把我们的文化遗产能够传播和传承出去。这本书就是基于我们的抢救工程，是我们抢救工程框架下的做法。这本书的意义也是把我们古村落的文化、历史价值等通过出版的形式传播出去。往往很多时候，我们古村落的很多东西，没有文字，也没有影像，不被外人知道。尤其在今天城市化急剧加速的情况下，再不去传播和传承的话，那它很容易就被忽略和遗忘。这种情况有可能导致古村落和民居不受到别人的重视和关注。最后的结果就是越来越小，慢慢地，房子也都坍塌得厉害，就像那些被遗忘的历史古城一样。当然除了出版，还有很多其他方式的保护措施。如果没有我们做的这些事情的话，那我们的古村落其实就会像楼兰古城一样，最后被遗弃，后人也会像我们现在这样对楼兰古城的遗落感到遗憾，会反思，有可能也会责骂我们，就像责骂我们当年为什么要乱砍树，为什么有那么多的战争，导致子孙后代要承担这么多自然的惩罚。

问：您是这个领域的乡土学者，对南岗瑶寨有深刻的认识，根据您的经验及专长看《大美村寨·连南瑶寨》一书，还有哪些地方需要变动的？

答：大的体例就是围绕建筑、历史、民俗三个方面开展，唐老师已布局得很巧妙。如用美学、文化学、人类学等方式把这本书进行提升和挖掘，可能会更好。

问：广东省民协长期从事广东传统村落的调查、认定工作，积累了丰富的经验，并取得了累累硕果，从传统村落研究与保护角度看哪些经验值得借鉴？

答：目前我们认定的只有200多个古村落，如果我们仅仅看这200个古村落会觉得好多啊！实际上，当我们放眼到全省17000个村落来看数量非常少。我们组织专家下去村落调研以后，通过与村民的面对面的对话交流，会提高他们的自我保护意识。而对于当地政府官员，无论他们是从政府管理工作的角度，还是从家乡情怀的角度，实际上都有促进作用。如果是列入我们古村落名单并挂了牌子之后呢，会有一个约束的作用，虽然没有法律，但有了这个约束，一些保护意识薄弱的村民不敢随便把房子拆掉，至少会想一下该不该拆，这样不管是对我们文保（特指文保单位）也好，对我们的文化保护也好，都是有很大的帮助。这是我们做古村落保护最直接的想法，希望通过这种方式来保护他们。

此外，我们联合了各方面的专家学者，调动社会上一切力量，同时积极联络地方政府和当地村民，通过这种由下而上、由上而下的联合沟通方式，形成一种全民参与的古村落保护话题——保护古村落是全面的工作。这个是我们广东省民协比较给力的工作经验。用一个通俗的词，就是“上蹿下跳”（笑）。我们属于串联的那个，穿针引线，把这件事情盘活起来。如我们和《南方日报》合作搞的评选“广东省十大最美古村落”，正是通过这种方式，对当地宣传古村落保护工作有很大的促进作用，提高了社会对古村落保护的认识。

问：当前传统村落保护已经成为一个全国性问题，已经上升到国家层面，传统村落保护迫在眉睫。您作为抢救办的副主任，对今后传统村落保护工作有什么样的期待和设想呢？

答：我们做古村落的命名和认定工作做了7年，当然也包含了向各方各面呼吁保护古村落。今后的工作，更多的将是对我们已经评出的200多个古村落文化资源进行整理和归纳，同时对它们进行档案信息化。因为做古村落保护需要很庞大的经费，同时需要很多部门来协助才能够做得好。我们尽量做好我们能力能做到的。同时，我们仍会综合各种古村落保护机构、单位或者个人，联络协调，充分利用各种综合的力量把古村落保护工作做好。保护古村落的工作有很多种，出书这是其中之一。还有我们会积极争取一些国家部门或者有关机构对古村落保护的经费。如有一次广东省旅游局有一笔旅游扶持资金，当时他们计划从古村落里面选取有代表性的列入扶持范围，于是我们提供了古村落名单和推荐了重点古村落名单。后来在各地进行项目PK赛的时候，旅游局重点选择了有这些村落的地区提供了经费，进行了扶持。

附录二：中国瑶族传统医药

瑶族居住在我国南方山区，他们在与恶劣的自然环境和疾病的斗争中，利用瑶山盛产的动植物药资源，积累了利用草药防病治病的丰富经验，形成了独具一格的瑶族医药。由于瑶族没有自己的文字，瑶族医药缺乏系统整理和专著记载，多为师徒相承，口耳相传，指药传授，许多以父传子、子传孙的方式传承。在瑶族民间，瑶族医药自成体系。它不仅广泛流传于民间民族医生中，还大量存在于民族风俗习惯之中[1]。

瑶族医药作为瑶族历史传统文化的一个重要组成部分，有其鲜明的民族特色及用药特点。2008年，“瑶族医药”正式入选国家第二批非物质文化遗产保护名录。而贵州省从江县的药浴，是瑶族人民独有的一种沐浴文化和古老的保健方式。具有抵御风寒、消除疲劳、防治疾病等功能。它是瑶族祖先独创，族内独有，传内不传外的保健良方，被专家称之为人类健康的古老传承。“瑶族药浴”以多种植物药配方，经过烧煮成药水，将药水放入杉木桶，人坐桶内熏浴浸泡，让药液渗透五脏六腑、全身经络，达到祛风除湿、活血化瘀、排汗排毒的功效。瑶族药浴被称为“绿色养生之道”，它与桑拿、土耳其浴一道被誉为“世界三大洗浴文化”。

◆ 瑶医概况

瑶医的最大特点是医药结合，一般懂药则会医，会医则必懂药[2]。其诊断方法与中医稍有不同，采用眼看、耳听、口问、手摸，而重于“问”，常用的还有甲诊、掌诊、舌诊、耳诊、面诊等，总结出了风、锁、痘等病症名称。在治疗方法上，除了采用本地丰富的药物资源，内服、外敷、垫、挂、洗、佩、熨、药灸，“还常用针放血、挑治、捶击、钳拿、滚油、蒸汽、生盐、针灸、磁灸、骨灸、蛋灸、火灸、艾叶灸、打火罐、按摩、刮痧等方法治疗疾病”[3]。治疗的病种有：内科、外科、五官科、妇产科、儿科、

[1] 何最武等．浅谈瑶族的卫生习俗与医药 [J]. 中华医史杂志，1990（2）.
[2] 罗金裕，覃显玉．瑶族医药概述 [J]. 中国民族民间医药杂志，1994（5）.
[3]《瑶族简史》编写组．瑶族简史 [M]. 南宁：广西民族出版社，1983.

皮肤科、神经精神科等共约280多种病症。例如妇女产后保健，采用内服外洗的方法，身体恢复快，产后一般7—10天即可参加野外劳动，身体也很健壮。而“对于毒蛇伤害、跌打刀伤、风湿瘫痪和避孕绝育的治疗，也有许多特效良方”[1]。在长期与疾病的斗争中，瑶族先民对于一些特殊的人体生理及病因也有了初步的认识。对于用药，他们有悠久的历史，并根据药物的性味功能及所治疾病的特点总结出独具一格的“五虎”“九牛”“十八钻”“七十二风”等104种瑶医常用药。这些都不愧为祖国民族医药宝库中的珍珠（如图附2-1所示）。

◆ 瑶药

所谓“瑶药”，就是瑶族人民发现和习惯使用的、用以防治疾病的有效药草。瑶药多为水龙骨科、蔷薇科、豆科、唇形科、菊科、葫芦科、百合科、兰科。

◇ 瑶药分类

瑶医经过长期的实践，根据药物的功效，将药物分为四大类：将解除表症、治疗疮积病的药物称为“表药”，将消炎解毒、利水消肿的称为“凉药”，将打胎和治疗跌打损伤、毒蛇咬伤的药物称为“打药”，将祛风除湿、活血止痒类的药称为“暖药”（“风药”）[2]。瑶

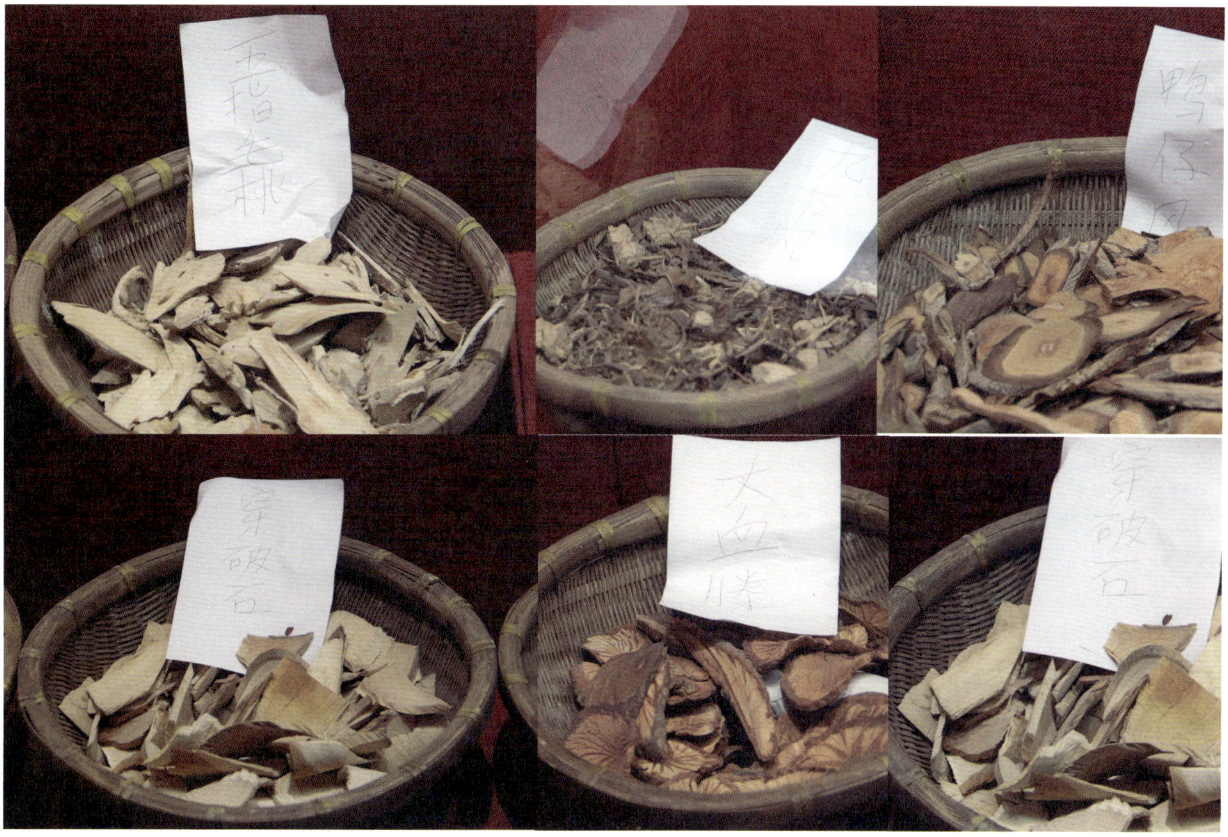

图附2-1　瑶药各种草药（连南文化馆提供）

[1] 胡起望．瑶医简述 [J]. 中央民族学院学报，1983（1）.

[2] 刘育衡，丁锋．瑶族及其医药概述 [J]. 湖南中医杂志，1995（9）.

图附 2-2 瑶药制作（连南文化馆提供）

医的“风”包括风湿、风水、风毒所引起的风寒湿痹、腰膝酸痛、关节不利、麻木不仁、半身不遂、风肿热痛、皮肤痒、湿疹、皮炎等症，这类药大都具有祛风除湿、利水消肿、芳香化湿、清热解毒的作用。还有根据药用部位、植物形态、生长习性、花种颜色来命名。

◇ 应用方法

瑶医医药相兼、自采自用。不仅用药经验独出心裁，药物的应用方法和形式也别具一格。瑶医用药大多就地取材、药物即采即用，一般不经炮制直接用于病人，是瑶医用药的特点之一[1]。瑶医认为曝晒烘烤，易丧失药性；鲜药有效成分破坏少，因而瑶族群众家家户户皆有种植草药的习俗。对于某些特殊的药物采集要求甚严，如走马风（兰科毛尊珊瑚兰）、蛇孤（蛇燕科）挖出后不能落地触泥，不能洗晒，只能悬挂，使之自然干燥，否则易造成中空，药性被“地气”吸收。例如，瑶医将葛根用米泔水浸泡 3—5 天，可以加强生津止渴的作用；七叶一枝花、山乌龟等洗净切片，需用姜汁浸泡 2—3 天供药用；剧毒药物天南星、草乌等必须先煮熟，洗净切片，再用生姜汁浸泡 5—7 天，口尝不麻舌方可入药服用。这种与中药的炮制方法有共同之处，但又有它独特之点。瑶医通常用一种称为“打刀烟”的制剂方法，即将药物鲜枝燃烧或煮沸，靠近未加热的铁器（如切菜刀等），让其蒸汽直接凝聚于铁器上，收集凝聚液供药用（如图附 2-2 所示）。这种方法相当于现代挥发油提取法，由于简单易行，瑶医至今仍常用这种古朴的方法。

[1] 瑶族医药：从民间走向社会 [J]. 民族团结，1998（12）.

◆ 治疗方法

瑶族医学是实践医学，治疗方法种类繁多，常用的有：（1）内治法：以内服药物为主，利用口服药物消除病因，纠正人体偏盛偏衰的现象，使之恢复正常状态。（2）饮食疗法：瑶医非常注重饮食疗法，常用谷、果、鸡、鱼、肉、蛋等食品配合药物治病。（3）外治法：除药物外敷外，还有如下方法：药浴——瑶医药的一大特色，瑶医称之为“庞桶药浴”（用大木桶盛装以植物药煎煮的药水浸泡洗身）、烧炙法（将药物捣烂成茸，将麻绳浸泡于药物汁液中，然后以药绳在体表穴位上烧灼、熏烫）、推抹法（类似中医推拿的平推法，多用于治疗小儿疾病）、热敷法（用热灰置于碗中，或用酒料拌湿布包敷脐上，治疗湿气、寒气等）、滚蛋法（将蛋与药同煮至熟，取蛋在患处来回不断滚动15—30分钟）、内病外治法（将药物敷于一定部位，如脐疗法、鼻中塞药治头痛、偏头痛等）。

◇ 神奇食疗

瑶族人特有的食疗，对本民族的健康、繁衍昌盛也起了积极的作用。在古代，瑶族先民就知道肠道中有寄生虫存在对人体健康的影响，所以广西金秀一带的瑶族有做“药粑”吃的习惯。吃了“药粑”就可驱出大量肠道寄生虫，对消除人们(特别是儿童)肠道寄生虫起了很大的作用。且驱虫的覆盖面相当广，男女老幼都吃“药粑”驱虫，效果也相当好。广西马山、都安一带的“打血旺”，实际上是利用动物（羊）血中丰富的蛋白质及铁质来补充人体内这些物质的不足，特别是对于营养性或缺铁性贫血患者，真是一味不可多得的良药。

瑶族用以待客的佳肴——鸟酢，一经腌制，可收藏十年八年之久而不变质，拿来吃时仍是酸甜可口，香气扑鼻。而久腌的酢水还是治疗腹泻的良药[1]。

◇ 特色药浴

瑶族药浴具有悠久的历史，是瑶医的一种特色疗法。作为一个不断迁徙的民族，瑶民长期生活在亚热带的深山密林中，气候湿热，毒虫遍布，瘟瘴盛行。瑶民偶尔发现某些草药有去毒强身功效，身口相传，悉成风俗。

瑶族人天天药浴，事事药浴，约定成俗，蔚为壮观。走进瑶家，

图附 2-3 瑶民药浴（连南文化馆提供）

[1] 莫莲英，黄汉儒，何最武，金源生 . 瑶族医药初探 [J]. 民族研究，1991（6）.

便可见到用杉木做成的高1米、宽0.6米、长0.7米的大木桶，瑶民称为“庞桶”。瑶民将采集的新鲜草药，分别捆成小把，放入大口锅中煎煮，药液煮沸后20—30分钟，趁热倒入庞桶中，加适量冷水，保持水温在38—42℃进行洗浴。每天浸泡30分钟，先客后主，先老后少，先男后女，一家老小逐次洗之。桶内不停浴，锅中不断火，身凉加热水，洗后即入睡，犹如城市中的“桑拿浴”（如图附2-3所示）。

瑶族药浴是瑶民生活的一部分，生老病死，莫不药浴。瑶民平时感到身体不适，或感冒初起，即刻采药熬水洗澡，药浴后病情解除。瑶族妇女分娩后第三天就开始药浴，小孩出生10天后便随母亲药浴，婴儿健康免疫，产妇祛风去瘀，补身强体，产后一周就能劳动。用艾叶煎液给初生婴儿沐浴，可免患皮肤病，用葫芦卷须在除夕夜给小儿洗澡，可免出麻疹。端午节家家户户采鲜药沐浴，能防治流行病。瑶医药浴对伤风感冒、头痛脑热、风寒湿痹、关节疼痛、皮肤感染、妇女痛经都有显著的疗效。它既是瑶民家传的保健方法，亦是瑶医最常用的治疗方法，功效甚佳。

关于瑶医的治疗效果及治疗方法，笔者于2013年10月22日上午在广东省连南县南岗瑶寨服务中心采访了村民唐阿贵，内容如下：

问：瑶族医药是中华医药的重要组成部分，千百年来在瑶族人民生活中发挥着巨大的作用，对瑶族的医术您有亲身的体会，请您结合您的经历谈谈瑶医在日常生活中是如何应用的？

答：生病了的话，一般是先生公或者采中药的药师（来治），以前都没有西药，打针。

问：不知您还记得小时候用瑶药治好的病例吗？瑶医不但医治身体还医治精神，所以涉及面非常广泛，那请您简单介绍一下瑶药的分类好吗？

答：我小时候不小心摔得都看得到骨头的时候，都是用药敷。如果严重的话，要十来二十天或者一个月。我们这里蛇很多，天气很热的话，会有很多瞎了眼睛的蛇，有些是蟒蛇，头三角形很毒的。我们这些中草药一般是会医术的人才会采得到，一般都是家族一代一代传下来的，比如我父亲会的话，他就会把我教会。这种药啊、唱歌的技艺都是口述传下来的。

我们的中草药，有吃的，有敷的，有搽的，有很多种疗效。我们有很多草可以做菜吃，又可以做药材的，像山楂叶啊、鱼腥草啊都是可以做药的，像这种草（指了指身边的一种植物）我们瑶话叫“诶奥”，去腥味的，但我们不知道用普通话叫什么（笑）。山上还有很多草药，如果被蛇咬了，被蜈蚣咬了，就可以用这些草药来治。还有一些是扎的，如果你这里（指了指耳后）生了一个肿瘤，一般都生在这里的，很多有脓的。现在都是开刀，我们一般用煤油点燃一盏灯，烧红那些针去扎，或者用线像打结一样慢慢来打，把它拉出来。还有敷药，就是慢慢把那些脓吸出来，敷药敷得好的话三四天就好了。

附录三：国家级、省级瑶族非物质文化遗产名录

瑶族非物质文化遗产名录					
序号	名称	地点	时间	级别	传承人
1	耍歌堂	广东·清远·连南	2006 年 5 月	国家级	
2	盘王节	广东·韶关·乳源	2006 年 5 月	国家级	
3	盘王节	广西·贺州	2006 年 1 月	国家级	赵有福
4	长鼓舞	湖南·永州·江华	2008 年	国家级	赵明华
5	铜鼓舞	广西·百色·田林	2006 年	国家级	黄文述
6	祝著节	广西·河池·巴马		国家级	
7	瑶族医药·药浴疗法	贵州·黔东南·从江	2008 年	国家级	赵德珍
8	瑶族服饰	广西·贺州	2006 年 6 月	国家级	李素芳
9	瑶族服饰	广西·河池·南丹		国家级	
10	蝴蝶歌	广西·贺州·富川		省级	
11	长鼓舞	广西·贺州·富川	2008 年 5 月	省级	黄道胜

附录四：南岗排瑶旅游攻略

◆简介

南岗千年瑶寨，位于广东省连南瑶族自治县三排镇，被誉为“中国瑶族第一寨”。据专家考证，千年瑶寨是全国乃至全世界规模最大、最古老、最有特色的瑶寨，堪称世界建筑奇观。瑶族“耍歌堂”“长鼓舞”被列为国家级非物质文化遗产名录，南岗村被评为“中国历史文化名村、中国民族民间艺术之乡”。

南岗瑶寨依山而建，民居层层叠叠，错落有致；石板道纵横交错，主次分明。此寨建于宋代，至今已有千余年的历史。宋代城墙内占地面积 11 公顷，鼎盛时期有民居 700 多栋，1000 多户，7000 多人，被称誉为世界瑶族首领排。现居住在山寨的瑶民，主要有邓、唐、盘、房四个氏族。他们在明代时就建立了民主选举的瑶老制，并形成了神圣而严厉的习惯法，严格管理山寨。现古寨保留了 200 余人和 368 幢明清时期的古宅及寨门、寨墙、石板道等。

◆瑶寨风貌

行走在古寨内的石板路上，古屋前、石阶上，偶尔能见到身着瑶族服装的老人和小孩。迈步在清静的山路上，一步一风景，古老的房子和重峦叠嶂的风景绝妙地配搭在一起，古朴而秀丽，阳光在青砖、黑瓦、枯木间投射下来，照着地上的青苔、石板、野草，这一片景象，清新中又带有一点苍凉。寨内还有千年石棺、千年古树、明清石拱桥等，但却没有汉族士大夫钟爱的那些题刻，那些楼阁，那些小桥流水……她像一个素面的山姑，羞涩地躲在葱茏的林中，却有着更令人愉悦的山野之风。

走到千年瑶寨对面的小山坡上的观景台，可以看到千年瑶寨雄伟而苍凉的全貌。层层的梯田旁、连绵的青山里、太阳的金光下，瑶寨的千年沧桑在风中尽情地舒展，一幅“天、人、地”自然和谐的美景，是摄影迷和丹青好手采风的胜地。

◆景点

弯弯曲曲的山路，错落有致的山房，连南南岗瑶寨完整地保存着瑶族人古老的生活风貌。一排排整齐划一的瑶族民居遍布山冈，青砖砌墙，黑瓦盖顶，造型独特，极为壮观。部分民居虽然年久失修，但颓门败瓦之间，仍然显露出当年的气势。古朴别致的吊脚楼，凌空高挂纵横交错的竹水笕，生火烟熏并举的火炉塘，下作牛栏上作储粮的粮仓，还有原始的酒坊、豆腐坊、榨油坊，一砖一瓦，一门一户。走进古寨，仿佛进入历史的时光隧道，让人感受到瑶族悠久的历史文化，思古之情油然而生。

瑶王屋：瑶王是南岗排的最高首领，瑶王掌管山寨内各项事务，处理各种纠纷，维护社会秩序，负责对外交涉等，遇有战争，则是排内最高的军事首领，大家都听从瑶王的指挥，只要瑶王一声令下，全寨瑶民团结一致，视死如归，奋勇战斗，直至取得胜利。瑶王在瑶民中有崇高的威望，如遇有矛盾纠纷，大家都得遵从瑶王的裁决。

瑶练屋：瑶练产生于清朝，是瑶长的副手，主要协助瑶长办理寨内各项事务、侦查审理案件，缉捕、看管犯人，组织领导公益劳动和宗教活动等。清朝道光十二年（1832年），排瑶地区设置了“瑶长瑶练”制，严密管理山寨。墙上贴的“习惯法”，是南岗排瑶为维护山寨的社会秩序而制定的；刑具是捆绑和关押犯人用的。由于“习惯法”神圣而严厉，所以，社会治安良好，千百年来，瑶家山寨，路不拾遗、夜不闭户，一派祥和景象。

洪秀全传教屋：洪秀全是近代中国杰出的农民运动领袖，他在发动金田起义前，辗转数地，于清道光二十四年(1844年)三月十八日与冯云山经阳山白虎圩（今阳山黎埠）到南岗排，在此屋居住数日，宣传拜上帝教，发动瑶民反清。根据有关史料和民间传说，屋内陈列了数幅图画和用具，恢复当年洪秀全和冯云山在南岗排开展传教活动的情景。

歌堂坪：在古寨的中间，有一块宽9米、长9米的大坪，是过去南岗排瑶民的活动中心，山寨凡举行重大活动，如召开全排瑶民大会，按“习惯法”处理犯事者，“耍歌堂”游神等。逢年过节，这里又是瑶民打铜锣、吹牛角、唱瑶歌、跳长鼓舞尽情欢乐的地方，所以，这里被称为“歌堂坪”。我们可以置身想象，一群头插羽毛、身穿黑衫红裙的莎腰妹和头缠红布、身穿黑衣黑裤的阿贵，在歌堂坪上轻快地跳起瑶族长鼓舞的欢乐场景。

龙组织：千年瑶寨的龙头，所谓的“龙”，是指风水龙脉。古时候，瑶民将南岗排依山势纵划分为三条“龙”，在每条“龙”的地势中间竖起一块石头，作为“龙”头，各姓氏就居住在“龙脉”上。过去，每条“龙”都有其首领，称之为“龙头”，相当于族长，负责管理“龙”内部的事务。在连南排瑶中，“龙”的组织仅存在于南岗古排，其他瑶寨是没有的。站在“龙头”向下望，就可以观看全寨的风貌。

南岗庙：南岗庙位于主干道的顶端，建在“龙头”的位置之上，而从中门到歌堂坪，至古庙，这是一条全寨的龙脉走向。古庙之所以建在龙头之上是保佑全寨瑶民平平安安，保佑善男信女五谷丰登、事事顺心、万事如意。排瑶的庙供奉的是盘古王。

得金石：相传在很久以前，南岗排住着一户人家，夫妇俩没有生育儿女，男的叫房伯，一场大病使他双目失明，靠房婆耕山过日子，生活非常艰难。李高贵见老人实在可怜，就决心去采药。十天后，李高贵真的采了一把“救目草”回来了。房婆赶紧把“救目草”拿去煎熬，药煎好后又立即给房伯洗眼，房伯的眼睛果然亮了。待他们感谢采药人时，才发现李高贵已经靠着墙根睡着了，夫妻俩不忍心叫醒他，就商量如何给李高贵补补身子，房伯说：“明天就把家里养的鹅杀了给他补身体吧。”半夜过后，李高贵醒了，忽然，他听到说话声，侧耳细听，原来是那两只鹅在说话！李高贵才知道自己在起微山上吃了一种人间稀有的果子，能够听懂动物的说话。只听到那只雄鹅说：“明天主人肯定杀我，你要记住屋后大石板盖着的水沟下面有四块金砖，那是我发现的宝物。”李高贵听了，又惊又奇，他立即到屋后的大石板旁，费了好大的力气才把它掀开，在石板下面果然找到了四块沉甸甸的金砖。李高贵非常高兴，他对房伯夫妻说：“我不吃鹅肉，我想吃鱼。”房伯说：“我们的鱼塘里还有几尾鱼，就抓来给你补身体吧！”因为李高贵要吃鱼，鱼救了鹅的命。据说这就是鹅为什么不吃鱼的原因。南岗排瑶胞也用这块得金石来教育子孙后代，多做好事自然会积福，善有善报。所以南岗排的瑶胞真诚团结，一人有难，众人相帮；遇事相邀，一呼百应。今天，这些传统美德仍在不断发扬光大。

石棺墓：石棺葬是权力的象征，只有瑶王才能享用石棺安葬。这是南岗排特有的葬礼，连南其他排瑶至今尚未发现有石棺墓葬。在南岗现存的石棺墓群中，发现有两座刻有碑文和楚人文化色彩图腾以及墓主“打道”后安的法名的明代石棺墓，说明至少在明代南岗排已有石棺墓葬，道教也许就是那时传入连南排瑶地区的。摆在此处的是末代瑶王备用的石棺和附件。新中国成立后，瑶王思想进步，自愿不用石棺安葬，故此石棺在山寨保存下来。因“文化大革命”期间此石棺被红卫兵砸毁，现在看到的只是部分残件。

竹笕供水：因瑶家住在高山上，全寨人的食用水必须从山寨后更高的山泉引来。因此，每个山寨都有长达10多里的引水工程，用水槽或毛竹衔接，把山泉水引到山寨，再用竹笕把水分别引进各家各户。竹水笕宛如蛛网，纵横交错地凌空高架，是瑶家的自来水管，同时也作为最古老的消防设施，成为瑶寨一大奇观。

◆门票收费

◆交通

从广州至连南220公里左右，可先走广花

千年瑶寨景区收费标准

收费项目	收费标准（元/人）	备注说明
全票价钱	80	
优惠票价	40	限身高在1.2—1.4米的儿童、60—70岁老人、持学生证或相关学生证明的学生
导游讲解员	30	负责景区旅行团及散客的导游服务

高速，过清远上清连高速公路（在三排或连南出口），自驾车 3 个小时可以到达。另外，省汽车站乘坐到连南的豪华空调快速大巴，约 3 小时路程到连南县城，连南县城车站有车直达南岗千年瑶寨。

◆住宿

游客可选择住在连南县城的酒店，如瑶族文化大酒店、国际大酒店等环境都不错，交通也很便利。游客也可以住在南岗瑶寨的瑶民小旅馆，也有人在寨子口扎营睡帐篷，欣赏千年瑶寨的静夜星空。

◆天气

千年瑶寨属于亚热带季风气候，四季分明，春暖夏热，秋凉冬寒，全年平均气温为 19.5℃，最低温度为 −4.8℃。月平均气温以 7—8 月为最高，在 28—28.5℃之间。寨门海拔 808 米，山上与平原相差 2—4℃，晚上比白天低 6—12℃。一般在 11 月下旬开始降霜，至翌年 2 月中旬终霜，年平均霜期 17 天，最多 33 天。

◆美食

在古寨的公社食堂和县城里的饭店，游客均可以品尝到特色瑶家菜。水酒必不可少，该酒度数不高，入口清香，但也颇有后劲儿。连南瑶胞采用传统方法放养的走地鸡，肉质鲜嫩、香滑。烟熏肉也不可不提，农户将五花肉挂在柴火灶上慢慢熏烤，鲜肉烤干，没有腌肉的咸味，只有肉香。此外，猴头菇、薯脯和茶油也是瑶山特产。特别是“瑶王家禽”及盘王鸡等，为瑶族特色美食。

连南特产也有很多，如沙田柚、生姜、百花冬蜜、瑶家黑米、淮山药、野生冬菇、美人腿（笋干）等，以及瑶族腊肉、腊排骨、腊猪头、腊肠、腐竹都是当地的土特产，特别是瑶山金银花、溪黄草、瑶山白菜、红豆杉、花生、绿豆、土鸡蛋等，不妨带一些回去馈赠亲朋好友。

◆两日游推荐

第一天：从广州出发，沿广清高速—清远—沿 107 国道—连南千年瑶寨—连州地下河—连南中国瑶族博物馆，连南篝火晚会等，游连山原始森林瀑布群，住连南广东民族大酒店。

第二天：沿 107 国道到英德市九龙镇，游英西峰林走廊，从 107 国道转广清高速回广州。

连南的篝火晚会及瑶族博物馆值得一看，篝火晚会每晚两场，票价 30 元，第一场 19：30，第二场 21：30，如果第一场看完不离场，可以接着看第二场。晚会主要表演瑶族歌舞，包括一些游客参与的节目，如喝迎宾酒、对歌、学穿瑶族服装、学跳瑶族舞等。

◆注意事项

带上常规旅游所需药品，如感冒药、胃肠类药品和去热止痛等药品。

为了防止饮食不习惯，可带上巧克力、牛肉干、榨菜、饼干及个人爱好的食品。

夏天务必带上驱蚊水、清凉油等物品，山路小昆虫较多。

若要在南岗瑶寨过夜，夜晚出去务必带上电筒，同时注意人身安全。

尊重当地文化，保护环境，行为举止文明。

附录五：瑶族支系分类

四大支系包括 16 个分支 39 个小支，具体分支和小支如下：

一、勉瑶支系的分支和小支划分

这一支系语言属于汉藏语系苗瑶语族瑶语支，包括 5 个分支 23 个小支（其中 3 个小支与分支同属），其分支和小支如下：

1. 盘瑶（优勉土语集团）——过山瑶、盘古瑶、红头瑶、顶板瑶、大板瑶、土瑶、本地瑶、坳瑶、小板瑶

2. 蓝靛瑶（金门土语集团）——蓝靛瑶、山子瑶、平头瑶、沙瑶、坝子瑶、贺瑶、黑瑶、白裤瑶、青衣瑶、长衣瑶、民瑶

3. 排瑶（藻敏方言集团）（本书所研究的具体对象）

4. 东山瑶（标敏土语集团）

5. 交公瑶（交公勉土语集团）

二、布努瑶支系的分支和小支划分

这一支系与苗族较接近，属于汉藏语系苗瑶语族苗语支，包括 5 个分支 10 个小支（其中 4 个小支与分支同属），其具体分支和小支如下：

1. 布努瑶（布努方言集团）——背篓瑶、山瑶、背陇瑶、白裤瑶、黑裤瑶、长衫瑶

2. 花篮瑶（炯奈方言集团）

3. 八姓瑶（巴哼方言集团）

4. 花衣瑶（唔奈方言集团）

5. 红瑶 （优诺方言集团）

三、拉珈瑶支系的分支和小支

这一支系语言与壮侗语侗水语支较接近，属于侗水语支，其只有 1 个分支 1 个小支（分支小支同属）：即：茶山瑶

四、平地瑶支系的分支和小支

这一支系的语言主要是汉语，包括 5 个分支 5 个小支（分支小支同属），其具体分支：

1. 平地瑶（炳多尤话集团）

2. 平话红瑶（优念话集团）

3. 山仔瑶（珊介话集团）

4. 瑶家（优嘉话集团）

5. 乐舞人（景东县瑶族）

参考文献

[1] 广东省编辑组 . 连南瑶族自治县瑶族社会历史调查 [M] . 北京：民族出版社，2009.

[2] 练铭志，马建钊，李筱文 . 排瑶历史文化 [M] . 广州：广东人民出版社，1999.

[3] 奉恒高主编 . 瑶族通史 [M]. 北京：民族出版社，2007.

[4] 广东省地方志史编纂委员会编 . 广东省志 • 少数民族志 [M]. 广州：广东人民出版社，2000.

[5] 全国人民代表大会民族委员会广东省民族社会历史情况调查组编 . 广东省连南瑶族自治县南岗、内田、大掌瑶族社会调查 [M] . 广州：全国人民代表大会民族委员会广东省民族社，1958.

[6] 杨鹤书，李安民，陈淑濂 . 八排文化——八排瑶的文化人类学考察 [M]. 广州：中山大学出版社，1990.

[7]（清）李来章 . 连阳八排风土记 [M]. 广州：中山大学出版社，1990.

[8] 林为民，曹春生，黎琼编著 . 连州过山瑶 [M]. 广州：中山大学出版社，2009.

[9] 李默 . 韶州瑶人：粤北瑶族社会发展跟踪调查 [M] . 广州：中山大学出版社，2004.

[10] 杨成志等 . 瑶族调查报告文集 [M]. 北京：民族出版社，2007.

[11] 广东省民族宗教研究院，中山大学人类学系，连南排瑶文化教学科研基地编 . 排瑶研究论文选集 [C]. 广州：广东人民出版社，2013.

[12] 陈志练 . 排瑶古寨社会研究 [D]. 西北民族大学硕士学位论文，2008.

[13] 江应梁 . 广东瑶人之宗教信仰及其经咒 [J]. 民俗，1937（1）.

[14] 张冠梓 . 瑶族村落组织的结构分析 [J]. 贵州民族研究，1996（3）.

[15] 民族问题五种丛书广东省编辑组 . 连南瑶族自治县瑶族社会调查 [M]. 广州：广东人民出版社，1987.

[16] 赵家旺 . 试论连南八排瑶习惯法 [J]. 广

东民族学院学报（社会科学版），1989（1）.

[17] 许文清 . 神奇的千年瑶寨 [M]. 北京：国际炎黄文化出版社，2003.

[18] 马菁 . 东南亚民族历史文化比较研究——以广西瑶族和泰国瑶族的民居结构为例 [J]. 中州大学学报，2008（1）.

[19] 方洁 . 云南传统民居平面布局比较研究 [D]. 昆明理工大学硕士学位论文， 2012.

[20] 任立昭 . 广西瑶族文化与设计研究 [D]. 湖南大学硕士学位论文，2004.

[21] 朱涛 . 金秀瑶族建筑探访 [J]. 广西城镇建设，2009（2）.

[22] 成长 . 江华瑶族民居环境特征研究 [D]. 湖南大学硕士学位论文，2004.

[23] 蒋廷瑜 . 桂北南丹白裤瑶民族考古札记 [J]. 南方文物，2008（2）.

[24] 李泓沁 . 江永兰溪勾蓝瑶族古寨民居与聚落形态研究 [D]. 湖南大学硕士学位论文，2004.

[25] 盘金贵 . 边境瑶族村寨经济社会发展研究 [D]. 广西民族大学硕士学位论文，2010.

[26] 李云霞 . 边寨新光——云南省梁子寨脱贫发展研究 [D]. 广西民族大学硕士学位论文，2011.

[27] 肖湘东 . 湘西民族建筑布局和空间的研究 [D]. 中南林学院硕士学位论文，2004.

[29] 黄善言 . 富川瑶族民居考记 [J]. 规划师，1997（4）.

[30] 郑力鹏，郭祥 . 南岗古排——瑶族村落与建筑 [J]. 华中建筑，2009（12）.

[31] 晏雪晴 . 张谷英村聚落景观空间形态研究 [D]. 中南林业科技大学硕士学位论文，2012.

[32] 凯文·林奇著，方益萍、何晓军译 . 城市意象 [M]. 北京：华夏出版社，2001.

[33] 徐晓光 . 芭茅草与草标——苗族口承习惯法中的文化符号 [J]. 贵州民族研究，2008（3）.

[34] 唐辉 . 广东民族研究论丛（第七辑）[M]. 广州：广东人民出版社，1995.

[35] 马建钊 . 论八排瑶的丧俗 [J]. 广州：排瑶研究论文选集，2013（1）

[36] 唐剑明 . 古雅风趣的“歌络堂”. 连南文史资料（第四辑）. 连南瑶族自治县档案局藏人民政府民政科档案，1987.

[37] 马建钊 . 排瑶研究论文选集 [M]. 广州：广东人民出版社，2013.

[38] 刘满衡，李春益 . 连南排瑶 [M]. 深圳：海天出版社，2007.

[39] 许文清 .“耍歌堂”与连南排瑶文化 [J]. 广州：排瑶研究论文选集，2013（1）.

[40] 许文清 . 论连南排瑶的神话故事 [J]. 广州：排瑶研究论文选集，2013（1）.

[41] 王建新，刘昭瑞 . 地域社会与信仰习俗 [M]. 广州：中山大学出版社，2007.

[42] 乔健，谢剑，胡起望 . 瑶族研究论文集 [M]. 北京：民族出版社，1998.

[43] 贾兰坡，甄翔南 . 原始墓葬 [J]. 史学月

刊，1985（1）.

[44] 连南瑶族自治县概况编写组．连南瑶族自治县概况 [M]. 北京：民族出版社，1985.

[45] 马克思恩格斯选集 [M]. 北京：人民出版社，1995.

[46] 列宁．列宁全集 [M]. 北京：人民出版社，1984.

[47] 恩格斯．家庭、私有制和国家的起源 [M]. 北京：人民出版社，1972.

[48] 汤耶碧．广东瑶族舞蹈与音乐艺术 [M]. 广州华南理工大学出版社，2008.

[49] 刘保元．瑶族风俗志 [M]. 北京：中央民族大学出版社，2007.

[50] 潘琼阁．中国瑶族 [M]. 银川：宁夏人民出版社，2012.

[51] 巢宗祺．广东连南油岭八排瑶语言概要 [M]. 广州：华南师范大学出版社，1990.

[52] 王明生，王施力．瑶族历史览要 [M]. 北京：民族出版社，2005.

[53] 瑶族简史编写组．瑶族简史 [M]. 南宁：广西民族出版社，1983.

[54] 胡起望．瑶医简述 [J]. 中央民族学院学报，1983（2）.

[55] 刘育衡，丁锋．瑶族及其医药概述 [J]. 湖南中医杂志，1995（5).

[56] 莫莲英，黄汉儒，何最武，金源生．瑶族医药初探 [J]. 民族研究，1991（6）.

[57] 黄晓梅．析广东瑶族民歌 [J]. 中国武汉音乐学院学报，2004（4）.

[58] 罗金裕，覃显玉．瑶族医药概述 [J]. 中国民族民间医药杂志，1994（5）.

后 记

2010年10月24日，应中国民间文艺家协会和广东省民间文艺家协会之邀，我出席了在广州花都召开的第一届中国古村落保护与发展研讨会，并作了题为《广东汉族民系古村落的文化精神》的大会发言。后来还应邀出席了第二届中国古村落保护与发展研讨会（2012年3月于广东梅州），作了《新农村建设中广东古村落保护与发展的问题与对策》大会主题发言。第三届中国古村落保护与发展研讨会（2013年6月于广东高要），作了《我国新型城镇化背景下古村落的保护措施与活化策略》大会主题发言。几年来，我有幸得到广东省民协的信任和委托，走访考察了广东省内数百个传统村落，投身于广东省民协组织开展的“广东古村落”考察认定工作，积极参与广东传统村落的保护和发展工作。

印象深刻的是，2012年11月29日，我应邀出席由南方日报社、广东省文学艺术界联合会、广东省民间文艺家协会联合举办的广东十大最美古村落评选揭晓晚会。清远市连南瑶族自治县三排镇南岗村“千年瑶寨”入选广东十大最美古村落，大会指派我为南岗瑶寨宣读入选颁奖词。2013年7月，我向广东省民协专职副主席李丽娜女士建议，希望为历史悠久、风格独特的南岗瑶寨编撰专著，以推动古村落的保护发展工作。李丽娜副主席很快给予了肯定回复，并说该书获批入选中国民协分党组书记兼副主席罗杨先生主编的“中国古村落丛书”。我很受鼓舞，随即开始深化全书的内容构思、细化全书的写作计划。

2013年10月，我第三次来到南岗瑶寨。与前两次不同的是，四位知晓写作计划的硕士研究生陶媛、孟悦、郑淑浩、邱爽也随我来到南岗瑶寨，并开展了8天的实地调研，按计划进行了相关访谈和资料收集。通过近一年的努力，经过多次讨论修改初稿，我们希望本书能够落实预期的几个特点。一是整体介绍、全面阐述南岗瑶寨的物质文化遗产价值和非物质文化遗产特色；二是点面结合，着力于南岗排瑶历史文化的深度挖掘，关涉到中国少数民族之一的瑶族的传统村落文化风情；三是雅俗共赏，既要为有志于瑶族传统村落保护与发展工作的专业人士提供研究参考，又要为南岗排瑶的特色文化走出大山走向世界予以旅游推介。

在本书的写作过程中，陶媛负责调研的组织和联络协调，孟悦执笔社会历史部分初稿，郑淑浩执笔建筑部分初稿，邱爽执笔民俗文化部分初稿，博士研究生王东协助我进行了后期的统稿修改工作，特此说明。

本书属于广州历史文化专题研究 2015 年度重点课题：《广州古村落史研究》（批准号：2015GZZ05) 重要组成部分。

感谢广东省民间文艺家协会给予的大力支持！感谢广东连南瑶族自治县给予的热情帮助！感谢接受采访的各位专家和嘉宾！

希望本书是我们推介和研究中国少数民族传统村落的开始，成为推动中国传统村落保护与发展工作的积极贡献。

唐孝祥

华南理工大学建筑学院教授、博士生导师

住房与城乡建设部传统民居保护专家委员会委员

中国民族建筑研究会民居建筑专业委员会副主任兼秘书长

2014 年 10 月 5 日，于广东清远恒大金碧天下